中國学術思想 研究輯刊

十 編
林 慶 彰 主編

第 7 冊

韓非子〈解老〉〈喻老〉研究
唐 淑 貞 著

身國一理的《老子河上公章句》
莊 曉 蓉 著

花木蘭文化出版社

國家圖書館出版品預行編目資料

韓非子〈解老〉〈喻老〉研究 唐淑貞 著／身國一理的《老子河上公章句》 莊曉蓉 著 — 初版 — 台北縣永和市：花木蘭文化出版社，2010〔民99〕
目 2+76 面／目 2+126 面；19×26 公分
（中國學術思想研究輯刊 十編；第 7 冊）
ISBN：978-986-254-336-8（精裝）
1.韓非子 2.老子 3.法家 4.黃老治術 5.研究考訂
121.677 99016447

ISBN - 978-986-2543-36-8

9 789862 543368

中國學術思想研究輯刊
十 編 第 七 冊
ISBN：978-986-254-336-8

韓非子〈解老〉〈喻老〉研究
身國一理的《老子河上公章句》

作　　者　唐淑貞／莊曉蓉
主　　編　林慶彰
總 編 輯　杜潔祥
出　　版　花木蘭文化出版社
發 行 所　花木蘭文化出版社
發 行 人　高小娟
聯絡地址　台北縣永和市中正路五九五號七樓之三
　　　　　電話：02-2923-1455／傳眞：02-2923-1452
網　　址　http://www.huamulan.tw 信箱 sut81518@ms59.hinet.net
印　　刷　普羅文化出版廣告事業
封面設計　劉開工作室
初　　版　2010 年 9 月
定　　價　十編 40 冊（精裝）新台幣 62,000 元

韓非子〈解老〉〈喻老〉研究

唐淑貞　著

作者簡介

唐淑貞，臺灣高雄人，民國五十四年生。淡江大學中文系、中央大學中文研究所畢業，現任教於輔英科技大學。著有〈韓非子解老‧喻老研究〉（碩士論文）、耕讀〈進入文學花園的 250 本書〉（合編）、國文教學論文集（合著）。

提　　要

　　《韓非子》中〈解老〉、〈喻老〉，乃一代疏解《老子》最早見之本子，也是將老學引入權術運用之典型代表。由於歷來學者對〈解老〉、〈喻老〉兩篇之成書年代、作者問題爭訟紛紜，一直未能對其思想內容作一完整之呈現，以致或視其義理為道家，或為法家，甚至儒家者，使其思想內容之歸屬搖擺不定。

　　本文即擬對〈解老〉、〈喻老〉此種思想性格之複雜現象作一探賾，進而提出一合理之詮釋。並藉由對〈解老〉、〈喻老〉之重加檢視，以期釐清兩篇中雜揉早期道家與法家、黃老道家複雜的義理性格，進一步評析〈解老〉、〈喻老〉對經文體悟之得失。

　　為達到以上為文之目的，本文除首末兩章為前言、結語外，共分四章進行析解論述。

　　第二章乃就歷來學者對〈解老〉、〈喻老〉時代與作者之討論作一概略反省，並斷定此兩篇乃法家後學在現實環境之時代需求下，與黃老道家結合所產生之作品。

　　第三章透過法治、任術、勢尊、尚功利等標目，以檢視〈解老〉、〈喻老〉雜揉法家思想之情形，而由兩篇的內容中出現多處明顯的誤解、援用之情形以觀，援道入法之迹是極其明顯的。

　　第四章則透過安定形神、重仁義禮智、於道外又言理、主因循待時等標目，以觀〈解老〉、〈喻老〉中雜揉黃老思想之偏頗，可知作者除受本身理論性格而影響了解喻內涵外，亦受當世黃老學說盛行氛圍之習染，方使解喻的內容有如此之偏轉衍引。

　　第五章乃略依〈解老〉、〈喻老〉對道之本體論、價值論、修養論及政治論四方面之論析，以反省其對《老子》義理思想之體悟得失。

　　觀〈解老〉、〈喻老〉釋喻的過程中，不時雜揉法家與黃老思想之理論色彩，此一者是解喻者藉以援道入法的義理轉向，二者是因應時代風氣之現實要求。而更可推知的是，老學本身之空靈智慧，在缺乏客觀規範下廣為各家各派所援用的歷史迴響。

目次

第一章　前　言

〈解老〉、〈喻老〉兩篇在《韓非子》書中自始即有其特殊之地位，陳柱云：

> 此兩篇爲解老子最古之書，最可寶貴，其長有三：一曰文字與今本
> 不同，可以訂正今本……；二曰古義與後人望文生訓者不同……三
> 曰佚文可補今本之闕。〔註1〕

事實上，〈解老〉、〈喻老〉兩篇除對今本文字之訂補、訓釋、參考上提供了不可抹殺之價值外，就思想史之意義以觀，張素貞謂此兩篇：「可以用來探討道、法思想之遞衍，研究儒、法學說之演變，辨析法家用意之所在。」〔註2〕故歷來就此兩篇而探源賾義者不乏其人。然綜觀諸家研究之內涵，不外是針對兩篇之時代、作者問題及章句義理加以釐析，此種作法雖有其成果，但值得省思的是，研究者往往自其對片斷章句之義理掌握，或承前人之說，於是便率爾認定兩篇之作者，再由所認定之作者本身的思想進路以附會〈解老〉、〈喻老〉的章句。如此一來，便使得時代作者之確認與章句義理之探析兩者之間落入了循環論證的窘境之中。

基於對前人研究結果之反省，以及〈解老〉、〈喻老〉在中國思想史上之意義，本文之討論擬自三方面入手：

一、時代作者之確立：此部分除對歷來討論作一篩省外，亦擬自思想史之角度以探尋〈解老〉、〈喻老〉與時代環境間之互動脈絡，期爲作者、時代問題作一廓清。

〔註1〕見陳柱、王協合編，《老學九篇》，臺北龍泉書屋，民國69年5月初版。
〔註2〕見張素貞，《韓非解老喻老研究》，長歌出版社，民國65年3月初版。

二、思想內涵之釐清分判：經由第一部分之討論，筆者視〈解老〉、〈喻老〉乃法家後學與黃老道家結合而來之作品，故兩篇在解、喻經文之過程中不免有意、無意地挹注法家、黃老之義理性格。故此部分為文之重點即擬對此雜揉現象作一檢視。至於檢視所進行之方式，乃分別就法家與黃老思想作一綱領式的提舉，再將兩篇解喻過程中的雜揉文字，依其思想性格列於綱領標目下，以進行探討。

三、對兩篇掌握《道德經》經文之原義所作之反省：此部分乃將兩篇對經文所作之解、喻內涵，以本體論、價值論、修養論及政治論作行文之綱領，以逐句討論，而觀兩篇對經文原義之體悟得失。

此外，在討論過程中，若兩篇引文與今本有所出入，將隨文點出，並適時參較之。而本文所採用之版本乃現存之《老子王弼注》本。

第二章 〈解老〉、〈喻老〉時代作者考

第一節 對歷來討論之反省

　　〈解老〉、〈喻老〉乃今本《韓非子》五十五篇中其中的兩篇。《韓非子》一書是否皆出於韓非所作，歷來學者所疑者眾，其中尤以對〈解老〉、〈喻老〉兩篇之討論，見解紛紜。綜觀學者歧見所生之由，不外兩端：

（一）自《史記》太史公之言起

太史公認為韓非之學「歸本於黃老」。〔註1〕

1、贊成兩篇乃韓非所作者，則謂史公之言，蓋有所自，且以史公距韓非之時代較近，其言自有一定之說明力，又焉得存疑。〔註2〕故昔日多數學者即據太史公之言，而謂此兩篇出於韓非無疑。

2、反對兩篇為韓非所作者，則以為「在韓非以前之法家申不害，司馬遷亦謂其學本黃老，固不獨韓非為然。又《史記》所列舉之《韓非子》篇名無〈解老〉、〈喻老〉，則司馬遷謂韓非之學本於黃老，或就其學術淵源言，故兩篇之是否出於韓非，並非不容置疑也」。〔註3〕

　　觀雙方之詞，皆未能對兩篇是否出於韓之問題，提出有力的證據。事實上，太史公之言或乃就學術淵源言，但太史公此種說法是否確當，後人頗有議詞，如楊日然先生即云：「蓋史公以韓學歸本於黃老，既有以〈解老〉、〈喻

〔註1〕見瀧川龜太郎《史記會注考證》，頁856，洪氏出版社，民國72年10月再版。
〔註2〕見黃秀琴《韓非學術思想》，頁33，華僑出版社，民國51年6月初版。
〔註3〕見趙海金《韓非子研究》，頁23，正中書局，民國56年1月臺初版。

老〉諸篇爲韓非自著而立說之疑，當不能更以此說證明其爲韓非自著，否則有陷入循環論法之虞。何況，史公此說，縱不能一概否定，亦不可不存以疑問。」〔註4〕故就此實不能構成證明兩篇是否出自韓非之手的堅強證據。再說上述反對者提出關於篇卷之質疑，觀《史記》雖未明言其數，但於〈老莊申韓列傳〉中云：「作〈孤憤〉、〈五蠹〉、〈內外儲〉、〈說林〉、〈說難〉十餘萬言。」〔註5〕若就史公所列舉之篇目以觀，內容不過五、六萬言，可知在其所舉諸篇之外，尚有他篇爲史公所略者，故遽以此而推翻兩篇爲韓非所作，證據上仍不充分。

（二）自兩篇之思想內容而論

1、贊成兩篇乃韓非所作者，有章太炎、林尹、謝雲飛、馬岡等〔註6〕此數人以爲「照〈解老〉、〈喻老〉兩篇所講的《老子》，既不『微妙』，也不『恍惚』，更不『恬淡』。這兩篇所表現的思想，是注重實際生活的，跟《韓非子》別篇的精神是一致的」。〔註7〕林尹先生亦云：「韓非言術，實原于老子之學。其〈解老〉、〈喻老〉諸篇，最能切於實際。」〔註8〕學者更引原典以證〈解老〉、〈喻老〉兩篇乃是以法家觀點釋老子之說，與韓非思想若合一契，故兩篇當爲韓非所作也。〔註9〕

此外，周勳初在贊成此兩篇乃韓非所作之前提下，更進一步說明「〈喻老〉用歷史傳說故事作爲比喻，解釋《老子》之哲理，純屬法家思想體系……〈解老〉中的這幾段文字無論從用詞造語或解說方式等方面看，還沒有跟儒家劃清明確的界限，不能清楚而具體地灌注進法家的思想，用法家獨有的詞匯加以表達，因此才會有這樣混淆不清的事發生，據此可以推斷，〈解老〉可能是韓非早期的作品，〈喻老〉應當是韓非後期的作品」。〔註10〕此處則更進一步

〔註4〕見楊日然〈韓非法家思想的特色及其歷史意義〉，頁8，《臺大法學論叢》三卷。
〔註5〕同註1，頁856。
〔註6〕分別見章太炎《國故論衡》，頁158，廣文書局，民國56年11月初版。
　　　林尹《中國學術思想大綱》，頁85，臺灣學生書局，民國67年7月十三版。
　　　謝雲飛《韓非子析論》，頁10，大林書店，民國62年2月初版。
　　　馬岡《中國思想史資料導引》，頁19，同註6。
〔註7〕見馬岡《中國思想史資料導引》，頁62，牧童出版社，民國66年3月初版。
〔註8〕見林尹《中國學術思想史大綱》，頁85，臺灣學生書局，民國67年7月十三版。
〔註9〕見吳秀英《韓非子研議》，頁19，文史哲出版社，民國68年3月初版。
〔註10〕見鄭良樹〈韓非子解老篇及喻老篇初探〉所引，《漢學研究》第六卷第2期，

指出兩篇分別爲韓非前後期之作品。

2、反對兩篇爲韓非所作者，有胡適、徐復觀、容肇祖、趙海金、陳啓天等，〔註11〕彼等謂〈解老〉釋老子虛無恍惚之道，而於〈五蠹〉、〈忠孝〉等篇卻非難「微妙之言」，視「恍惚之言、恬淡之學，天下之惑術也」，「韓非一方指斥《老子》的學說，一方爲《老子》學說作解釋，這種的思想的衝突，似是不可能的」。〔註12〕且學者亦廣引原典以說明兩篇所論與《韓非子》其他篇章思想頗多相異之處。〔註13〕

在考察兩方自思想內容所發之論以前，筆者認爲依內容以爲駁證之據時，除應考慮讀者本身閱讀經驗之差異、誤解外，更要考慮作品本身創作之目的。拿〈解老〉、〈喻老〉兩篇而論，由篇名可知，此兩篇乃是以經文爲主，作者再透過本身之學養以解之、喻之，故基本上，作者當消除個人主觀成見、思想信仰，站在經文立場客觀地貼洽經義，方能達到解經之目的。但當作者未能全然消除自身之主觀意念時，解經的文字在有意、無意間，自不免滲入了作者個人之學理、觀點。是以〈解老〉、〈喻老〉兩篇脫離韓非自身之思想體系去解喻《老子》的經文，自屬理論上的當然之舉，不能據此以言非韓非所作。另一方面，即使兩篇中或隱或現地透露出法家的性格，此僅可說明兩篇之作者自身之理論性格爲法家之流，至於是否即是韓非，則又待進一步之檢證。故觀歷來學者據思想內容以駁、證兩篇是否爲韓非所作，甚或據以證明兩篇乃韓非前後期之作品，不論所關懷的是在兩篇與韓非思想的相同處或相異處，皆未能構成有力之論據。

除以上據太史公之言與思想內容兩方面以駁證〈解老〉、〈喻老〉兩篇是否出於韓非外，另有學者自行文筆調、體例文氣、用字徵史等以論斷之，但皆有未能釋眾之疑。

頁 304，民國 77 年 12 月。

〔註11〕分別見胡適《中國古代哲學史》，頁 82，臺灣商務印書館，民國 62 年 5 月臺四版。

徐復觀《中國人性論史——先秦篇》，頁 440，臺灣商務印書館，民國 77 年 11 月九版。

容肇祖《韓非子考證》，同註 11。

趙海金《韓非子研究》，頁 24，同註 3。

陳啓天《增訂韓非子校釋》，頁 764，臺灣商務印書館，民國 74 年 12 月五版。

〔註12〕見容肇祖《韓非子考證》，頁 40，聯國風出版社，民國 61 年 3 月二版。

〔註13〕同註 10，頁 40。及同註 3，頁 24。

第二節　兩篇乃韓非後學與黃老思想結合下之作品

　　試自韓非生平觀之，由《史記‧老莊申韓列傳》所述可知，韓非乃韓之諸公子，當世之時，正處戰國末年列國紛擾、競相蠶食之局勢，傳統之禮樂、政教、經濟皆瀕臨解體，且韓國於此際又陷於內憂外患、阽危弱勢之境。韓非「見韓之削弱，數以書諫韓王」，〔註14〕且在懷才不遇之境況下，仍能應韓王之急而出使秦國，可見其對國家政治所懷抱的強烈切膚之感了。故太史公言韓非之「喜刑名法術之學」，〔註15〕一者實是受當時百家思想爭鳴之啓迪；另一方面即緣於其自身對環境強烈的現實感所驅使。韓非雖「不能道說，而善著書」，〔註16〕且其著書乃爲君王立論、爲政治痛下針砭，「……悲廉直不容於邪枉之臣，觀往者得失之變，故作〈孤憤〉、〈五蠹〉、〈內外儲〉、〈說林〉、〈說難〉十餘萬言」。〔註17〕可知「其一切學術莫不以救亡圖存、富國強兵爲旨歸」。〔註18〕由上之述可知，韓非之著述乃強烈之現實感驅迫下的產物，故較具學術性之著述，如〈解老〉、〈喻老〉者，實非以現實世代政局爲關懷重點之韓非所能分心著述者。

　　故今雖未能有堅強之證據以斷〈解老〉、〈喻老〉兩篇是否出自韓非，但筆者以爲兩篇並非韓非所作，當出自韓非後學之手。再就〈解老〉、〈喻老〉中雜揉黃老思想之現象以觀，此等法家之後學，實已處身於以黃老思想爲主流的時代風氣中。楊日然先生曾就此云：「蓋就我國思想發展之大勢言之，韓非之世，儒墨爲顯學，老莊之學尚未取得顯學之地位。及至秦漢之際，韓學反有取代儒墨而成顯學之勢。……所謂黃老思想之盛行，實爲入漢以後事……在這種崇老思想盛行之際，百家言大有非據黃老，莫足以立足之勢。這種狀態繼續維持到漢武罷黜百家、獨崇儒學時爲止。在這段期間內，宜乎韓非後學在〈主道〉、〈揚搉〉等篇中據引黃老以解釋刑名，並將〈解老〉、〈喻老〉等篇輯入韓非書中」。〔註19〕由楊先生之析論可知，〈解老〉、〈喻老〉兩篇蓋爲韓非後學所作而輯入《韓非子》中者，且選述之年代，當爲黃老學說形成之後，即戰國末期之後，甚至可進一步推測當作於黃老學說盛行之時，即西

〔註14〕同註1，頁856。
〔註15〕同註1，頁856。
〔註16〕同註1，頁856。
〔註17〕同註1，頁856。
〔註18〕見姚蒸民《韓非子通論》，頁49，三民書局，民國67年5月初版。
〔註19〕同註4，頁11。

漢初年，「漢初所實行的簡刑省罰的政治以及盛行一時的黃老思想都可視爲直接對於秦代『綱密文峻、苛法擾民』的政治之反動。而在這時代背景下，法家的『刑名參同』遂與虛靜無爲的思想互相結合」。〔註20〕再加以馬王堆《帛書老子》之出現，可知黃老一派學者所用之老子版本，是先《德經》、後《道經》，此與〈解老〉相同，更加深〈解老〉與漢初黃老學派之思想關聯性。故〈解老〉、〈喻老〉基本上可視爲法家後學在現實環境之趨勢下，與黃老道家結合的作品。

〔註20〕同註4，頁42。

第三章 〈解老〉、〈喻老〉中雜揉法家思想者

由於〈解老〉、〈喻老〉兩篇蓋出於黃老盛行時期的韓非後學之手,故解喻的字裡行間滲入法家思想之理論性格,自然可以理解,而值得推究的是,作者在解喻的過程中並非無意地帶入自家理論性格,相反地,由兩篇內容中出現多處明顯的誤解、援用之情形以觀,援道入法之迹象是極其明顯的。

〈解老〉、〈喻老〉中雜揉法家思想之部分,由於法家思想後亦為黃老道家多所吸收,故以下所舉其中數條,實為法家、黃老共具之思想內容。

第一節 法 治

法家倡言法治,以法之賞罰替代文化之毀譽,故主張信賞必罰,且是嚴刑峻法下的重罰厚賞,以使「浮萌趨於耕農,而游士危於戰陳」。〔註1〕在功利主義的考量下,「以君國之利為法之賞罰的惟一根據,並以法之賞罰取代世之毀譽,使其成為群體社會共有的且是唯一切的價值規範」。〔註2〕

相對於法家之法治,老子可謂是道治之主張,以為「法令滋彰,盜賊多有」(五十七章),且謂「民不畏死,奈何以死懼之」(七十四章),反對以刑法來干擾、扭曲生命之自然。道家此種超越一切而又偏在一切之道的地位,

---

〔註1〕見陳奇猷校注,《韓非子集釋》,頁238,華正書局,民國76年8月初版。
〔註2〕見王邦雄先生,《韓非子的哲學》,頁129,東大圖書有限公司,民國72年9月三版。

至法家則爲無所不在的治國之「法」所取代矣。

下文即就〈解老〉、〈喻老〉中透露法家思想之章節作一概述。

〈解老〉釋五十九章「治人事天莫如嗇」時云：

聾則不能知雷霆之害，狂則不能免人間法令之禍。

此即突顯法令對人民之高度規範性。

〈解老〉釋六十章「治大國者，若烹小鮮」時云：

凡法令更，則利害易，利害易則民務變，民務變謂之變業……治大
國而數變法，則民苦之。是以有道之君，貴虛靜而重變法，故曰「治
大國者，若烹小鮮」。

〈解老〉此段欲以虛靜與法結合，由「法令更」導致民之「數變業」以釋經
文之意。事實上經文之意乃謂上位者當以虛靜治國，不迷執妄爲、干擾人民。
故經文此句非僅針對重變法而發，而是指一切人爲的造作干擾。王協云：
「（韓）非言重變法，頗近老聃之旨，本已無法，奚待重變？」〔註3〕是篇是否
爲韓非所作，尚待商榷，然〈解老〉於此獨以「變法」釋說，實頗堪玩味矣。

〈解老〉釋六十章「聖人亦不傷民，兩不相傷」等處時云：

民犯法令之謂民傷上；上刑戮民之謂上傷民……民不敢犯法，則上
內不用刑罰而外不事利其產業。

事實上，聖人之不傷民，非待「民不傷上」之條件而後行，而是出自於生命
之自然虛靜、無爲而無不爲，更遑論以法令刑戮來規範人了。故〈解老〉所
標舉之法令刑戮，實是對經文之曲解也。

〈解老〉釋，五十章「陸行不遇兕虎」時云：

事上不忠，輕犯禁令，則刑法之爪角害之。

〈解老〉於此特意強調忠君守令，實已是滲入法家思想，偏離原典本義矣。

〈解老〉釋六十七章「慈於戰則勝，以守則固」時云：

慈於子者不敢絕衣食，慈於身者不敢離法度，慈於方圓者，不敢舍
規矩。

其「慈於身者，不敢離法度」之言，實非扣緊「慈」義而有之釋，乃是帶入
法家色彩之過度發揮。若就道家義理觀之，慈於身者，當致虛守靜，此方是
根本之務，而非「不敢離法度」所能盡也。

〔註3〕見王協，《老子研究》，頁80，臺灣商務印書館。

第二節　任　術

　　法家任術，以刑名參驗、賞罰當明為術之基本內容，「前者乃為人主燭察群臣，不受群臣蒙蔽之必然之道；而後者則為統御群臣及人民之必然之道」。〔註4〕故法家乃援道家虛靜之明，發展出一套「大臣不得擅斷，近習不敢賣重」〔註5〕之術。據王邦雄老師之論述，韓非之術可析之為三：一、不可知的無為術；二、因任而授官的參驗術；三、循名而責實的督責術。〔註6〕

　　以下即就〈解老〉、〈喻老〉中透露法家任術思想之章節作一概述。

　　〈解老〉釋三十八章「上德無為而無不為」時云：

　　　夫無術者，故以無為無思為虛也。

對此，張素貞云：「就廣義來說，可將『術』字看為『道術』，仍不失道家玄旨。至於以『法術』視之，便是認定韓非法家思想依託於老子，立意自然不同。」〔註7〕關於〈解老〉所謂的「術」之內涵究竟為何，由下列所引之各段得之，其乃是以虛為術的特殊性格以為有意為虛反而不虛，故謂無術。

　　〈解老〉釋五十九章「夫謂嗇，是以蚤服」時云：

　　　嗇之謂術也，生於道理。

此乃將生於道理之嗇視為術，透露出〈解老〉作者之理論性格。

　　〈解老〉釋五十九章「無不克則莫知其極」時云：

　　　其術遠，則眾人莫見其端末。

事實上，之所以「莫知其極」，並非因為「其術遠」。經文「莫知其極」，王弼注云：「道無窮也。」，〔註8〕以其無為而無不為，故體道無窮而莫知其極，並非如〈解老〉所云，因「其術遠」故「莫知其極」，〈解老〉此乃以法家不可知之無為術來解經矣。

　　〈解老〉釋五十九章「有國之母，可以長久」時云：

　　　道也者，生於所以有國之術，所以有國之術，故謂之有國之母。

〈解老〉此段將道與術作一結合，且以道生於術，此實已將道家視為超越一切又徧在一切之根源性作一扭轉，帶入濃厚的法家任術色彩矣。

〔註4〕見楊日然，《韓非思想的特色及其歷史意義》，頁26，《臺大法學論叢》三卷。
〔註5〕同註1，頁238。
〔註6〕同註2，頁187。
〔註7〕見張素貞，《韓非解老喻老研究》，頁22，長歌出版社，民國65年3月初版。
〔註8〕見樓宇烈校釋，《老子王弼注校釋》，頁156，華正書局，民國72年9月初版。

第三節　勢　尊

　　法家政治目的在富國強兵，行專制君權，故「產於春秋戰國之際的黃帝傳說和黃帝形象……演變爲法家筆下『擅四方』、『操度量以割其下』（《韓非子‧揚權》）的專制帝王形象」。〔註9〕爲了鞏固君權，故強調因資、乘勢，使得「道之動的天地之和，亦轉爲無不禁的君上之『勢』」。〔註10〕

　　以下即就〈解老〉、〈喻老〉中透露法家勢尊、乘勢思想之章節作一概述。

　　〈解老〉釋五十八章「人之迷也，其日故以久矣」時云：

　　　夫緣道理以從事者，無不能成。無不能成者，大能成天子之勢尊，

　　　而小易得卿相將軍之賞祿。

此乃站在政治之現實人生以言其大小，與道家爲成全生命自然、精神人格之旨大爲不同。

　　〈喻老〉釋二十六章「重爲輕根，靜爲躁君。君子終日行，不離輜重」時云：

　　　　制在己曰重，不離位曰靜。重則能使輕，靜則能使躁。

事實上經文之意在說明人之心境當以重、靜爲根本修養，心靈若能虛靜鎭重，自能歸導化解生命中因受外物牽引所起的盲躁輕浮。亦即由於心上的重、靜修養，能對輕、躁起一歸導化解的作用，故以重靜是根、是君，是心可以成爲根本，可以做爲君主的修養工夫。是以有道之君子，生活的每一日皆在修養己心之靜重，不敢稍怠偏離也。此處輜重乃比喻靜重之心境。至於〈喻老〉以「制在己曰重，不離位曰靜」，此處「制在己」、「不離位」皆非針對心境上之修養立言，而直是法家勢尊之性格。且〈喻老〉將重、靜對輕躁所起的歸導化解作用，直接以任「使」言之（「重則能使輕，靜則能使躁」），此由人生轉向政治，由修養轉成駕御驅使之術用了。且經文所謂不離輜重乃對天下所有人之心境修養而說的，非只針對在上位之君王發言，更非專就勢治立說。由以上之分析可知，〈喻老〉對此段經文之釋解已偏離經義矣。

　　〈喻老〉釋二十六章「萬乘之主，而以身輕於天下，輕則失臣，躁則失君」時云：

　　　邦者，人君之輜重也。主父生傳其邦，此離輜重者也。故雖有代、

〔註9〕見吳光，《黃老之學通論》，頁107，浙江人民出版社，民國74年6月初版。
〔註10〕見王邦雄先生，《老子的哲學》，頁186，東大圖書公司，民國75年9月四版。

雲中之樂，超然已無趙矣。主父萬乘之主，而以身輕於天下。無勢
之謂輕，離位之謂躁，是以生幽而死。故曰輕則失臣，躁則失君，
主父之謂也。

〈喻老〉解此段乃承上之輜重續言，上文已說明經文之「輜重」乃就心境上之修養立言，〈喻老〉此處以邦者為人君之輜重，乃謬解經文。人君之輜重亦當就心上虛靜鎮重之修養言，故經文所謂「萬乘之主，而以身輕於天下」，乃指人君若未能虛靜鎮重，則連己生命中之輕浮躁動都未能化解以歸根，又如何能觀照歸導天下呢？故續云「輕則失本，躁則失君」（〈喻老〉引作「輕則失臣」）。生命若輕浮躁動，亦即心已然喪失以虛靜鎮重為根本的修養境界了。

〈喻老〉釋此段時，特舉主父傳邦之事以說明，承其「邦者，人君之輜重」之體會，故謂主父之傳其邦乃離其輜重，進而言「無勢之謂輕，離位之謂躁」，此乃回應其起始所言「制在己曰重，不離位曰靜」，可見〈喻老〉對此章經文所言重、靜（輕、躁），乃就勢位以掌握發揮之。其云「故曰輕則失臣，躁則失君」，就其面對本章時將經義轉放在政治勢術的關懷上而觀，此句引文作「臣」，是順符其釋義的。但就全篇之經義而觀，當以今本經文作「本」較恰，亦能對前文「重為輕根」作一回應。全篇看來，〈喻老〉之釋乃帶進法家勢治理論的附會與發揮，實已全然偏離經義矣。

〈喻老〉釋三十六章「魚不可脫於深淵」時云：

勢重者，人君之淵也。君人者，勢重於人臣之間，失則不可復得也。
簡公失之於田成，晉公失之於六卿，而邦亡身死，故曰魚不可脫於
深淵。

〈喻老〉此處直接以「勢」譬人君之淵，謂「魚不可脫於深淵」，意即人君不可失其勢重，故舉簡公失之於田成、晉公失之於六卿這兩則史事以說明之。由〈喻老〉之言可知，其已帶入法家勢治理論以比附經文，故對經義有偏頗之發揮。事實上經文「魚不可脫於深淵」之意，乃要人虛靜守柔、無為處弱，以魚處淵譬況人之守處柔弱虛靜，如此魚與人方可自在自得也。

第四節　崇尚功利

法家自功利出發，凡事以功利作為考量之標準，「韓非所以主張法術為治國必然之勢數，殆因其認為凡人皆有利慾心，亦即『民之故計，皆就安利，

如辟危窮』（〈五蠹〉）之根本動機，用嚴刑重罰，即足以治國之故，就這點言，韓非的法理論，可說建立在功利主義之基礎上」，〔註 11〕天下臣民僅成爲實現君國功利的工具。至於老子則不言功利，且極力打破人心外逐所起的功利欲念。

　　以下即就〈解老〉、〈喻老〉中透露出法家崇尙功利思想之章節作一概述。

　　〈解老〉釋六十章「治大國者，若烹小鮮」時云：

　　　工人數變業則失其功，作者數搖徙則亡其功。一人之作，日亡半日，
　　　十日前亡五人之功矣。萬人之作，日亡半日，十日則亡五萬人之功
　　　矣……故以理觀之，事大眾而數搖之則少成功，藏大器而數徙之，
　　　則多敗傷；烹小鮮而數撓之，則賊其宰。

〈解老〉釋此段經文時除以虛靜與法結合外（前已述之），又以數變業、數搖徙引論至功虧實效的衡量，此與經義相去甚遠矣。

　　〈喻老〉釋三十六章「是謂微明」時云：

　　　起事於無形，而要大功於天下，是謂微明。

〈喻老〉此乃承其上對經文「將欲歙之，必固張之」等句之解，而有之綜結語，事實上已顯援道入法之跡。經文「微明」之意乃謂人當明白歙弱獲取之心之所以起，乃是在於人的張之、強之、與之，因此戒人當愼明於事端之初、事微之際（以挽救禍事將然之勢），此亦即五十二章《老子》所言「見小曰明」之意，是以老子所謂「微明」，乃就心靈虛靜觀照的修養立言，〈喻老〉之釋已轉爲權謀運用，帶有法家術智功利之濃厚色彩了。

　　〈喻老〉釋四十七章「不行而知，不見而明，不爲而成」時云：

　　　是以聖人無常行也。能並智，故曰不行而知。能並視，故曰不見而
　　　明。隨時以舉事，因資而立功，用萬物之能而獲利其上，故曰不爲
　　　而成。

〈喻老〉釋此段乃先以「能並智」、「能並視」釋經文「不行而知，不見而明」之義。「能並智」、「能並視」隱藏著有一以天下人爲耳目的法家觀點，此不免有功利之考量。事實上經義乃在說明心若虛靜，自能以其明照應物，故能不行而知、不見而明也。且後面〈喻老〉之釋「不爲而成」，更明顯見出其已帶入法家之功利計畫以釋經。其云「隨時以舉事，因資而立功，用萬物之能而

〔註11〕同註4，頁30。

獲利其上」，事實上道家只應事而不舉事，無心而有功利，從不用心立功獲利。換言之，經文之「不行」、「不見」、「不為」，乃就心之虛靜無為而言，後之「知」、「名」、「成」則就其無不為之成全言，由是可知，〈喻老〉之解已離經義遠矣。

〈喻老〉釋四十一章「大器晚成，大音希聲」時云：

> 楚莊王涖政三年，無令發、無政為也。右司馬御座而與王隱曰：「有鳥止南方之阜，三年不翅、不飛、不鳴，嘿然無聲，此為何名？」王曰：「三年不翅，將以長羽翼。不飛不鳴，將以觀民則。雖無飛，飛必沖天；雖無鳴，鳴必驚人。子釋之，不穀知之矣。」處半年，乃自聽政，所廢者十，所起者九，誅大臣五，舉處士六，而邦大治。舉兵誅齊，敗之徐州。勝晉於河雍，合諸侯於宋，遂霸天下。莊王不為小害善，故有大名，不蚤見示，故有大功，故曰「大器晚成」、「大音希聲」。

〈喻老〉釋此，特舉楚王涖政之事喻之，然細觀楚莊王之所以三年無令發、無政為，乃是為日後之作沖天、驚人之舉作準備。其大名、大功之成就亦即其功利計算的目的所在，故其之所以不早見示，乃為成就功名所故示之姿態。然觀道家義理，乃主虛靜無為，且在無為當下無不為，亦即在虛靜之當下成全對方、成就自己，並非為了另一目的而有虛靜，故莊王之不為小害善，非道家之虛靜也。

觀經文「大器晚成」之意，因「晚」之訓釋不同，可有兩解：一作「晚」，說明道之善貸成全，因其虛靜謙沖，故乃在成全一切之後成就自己，是以曰其大器晚成。此亦為〈喻老〉所採之意。然道家之無為居下，非故示姿態，乃出於自身之虛靜而有之修養，非為另一最大利益而一味隱忍，而是在每一當下均是成全、每一當下都具意義，故能終其大器；另一則視「晚」為「免」之假借，故「晚成」即「免成」，可釋為「無成」，乃指道之器大而無固定之形。採此意時，經文上下文意之疏通較順暢。至於「大音希聲」，希聲只在說明其音之大，亦即經文十四章「聽之不聞、名曰希」之意。

以上已就法治、任術、勢尊、崇尚功利各點以觀〈解老〉、〈喻老〉中雜採法家思想之大要。實則，除上述之外，尚有諸多法家的思想性格摻雜其中。

第四章 〈解老〉、〈喻老〉中雜揉黃老思想者

　　黃老學派雖以道家思想爲基礎，然其理論內涵上實已雜揉各家學說，此現象產生之因，吳光以爲最重要的是在於「戰國后期，伴隨著國家統一趨勢的日益明朗化以及思想領域中出現的從『百家爭鳴』走向『百家合流』趨勢的發展，道家學說的內容與性質也發生著新的變化，表現出由排斥別家到吸收諸家主張的傾向，開始了向黃老學派的轉化」。〔註1〕黃老道家學派，雖仍以《老》、《莊》之早期道家學說爲其思想基礎，但多假託黃帝立言，加以雜揉了儒、墨、陰陽、名、法等各家學說，形成一個有別於早期道家的學說體系。故司馬談面對此黃老學派之特點，云其：「因陰陽之大順、采儒墨之善、撮名法之要。」〔註2〕且黃老道家雜揉了各家思想，亦可視爲造成其與早期道家思想差異的主要原因之一。不過黃老道家在雜揉各家思想之後，由於理論本身缺乏一系統整合，理論體系粗糙，故內容結構上不免矛盾、鬆散。

　　由於黃老道家之思想內容中已滲入不少法家思想，故與法家思想重疊處，於上章即已引出，此章僅就其與法家之異處而雜揉入〈解老〉、〈喻老〉之中者，提出說明。

第一節　安定形神

　　黃老道家喜言神（精神），且以神、形對舉。此特點由司馬談〈論六家要

〔註1〕見吳光，《黃老之學通論》，頁123，浙江人民出版社，民國74年6月初版。

〔註2〕見瀧川龜太郎，《史記會注考證》，頁1367，洪氏出版社，民國72年10月再版。

指〉中所述可知：「道家（指黃老道家）使人精神專一，動合無形」、「夫神大用，則竭，形大勞，則蔽。形神騷動，欲與天地長久，非所聞也」、「凡人所生者，神也。所託者，形也。神大用，則竭，形大勞，則敝；形神離，則死……神者，生之本也；形者，生之具也。不先定其神，而曰我有以治天下，何由哉？」〔註3〕至於老子則不言守神、定神，而言虛心弱志。黃老之神須定之，不可用竭，如老子之心。且老子言形亦未與神連用，僅言專氣致柔，或心氣連用，如心使氣曰強，而不言形勞，故此安定形神之言，乃黃老學說之特點之一。

　　以下即就〈解老〉、〈喻老〉中透露出黃老神形思想之章節作一概述。

　　〈解老〉釋三十八章「上德不德，是以有德」時云：

　　　德者，內也。得者，外也。上德不德，言其神不淫於外也。神不淫
　　　於外，則身全。身全之謂得，得者，得身也。

〈解老〉於此首先以內、外區分德、得，故經文「上德不德」即為「上德不得」，且進一步提出神乃內德之根本內容，此印證於《道德經》中之「神」，皆無〈解老〉「神不淫於外」之「神」義，此安定形（身）神之言乃黃老學說之特點。

　　〈解老〉釋五十九章「治人事天莫如嗇」時云：

　　　所謂事天者，不極聰明之力，不盡智識之任，苟極盡則費神多，費神
　　　多則盲聾悖狂之禍至，是以嗇之。嗇之者，愛其精神，嗇其智識也。

〈解老〉在此提舉強逞聰明智識乃擾惑耗竭精神之因，所謂精神耗散亦即因心知執於聰明智識，使得官能思慮皆向外馳逐，故精神不能向內凝聚，頓失清明。是以〈解老〉釋「嗇之者，愛其精神，嗇其智識也」，自精神上之愛惜解「嗇」，頗得經文之義，但因《道德經》老子之「嗇」當就心之虛靜立言，未曾有「精神」之言，此乃黃老學派所言也。

　　〈解老〉釋五十九章「夫謂嗇，是以蚤服」時云：

　　　眾人之用神也躁，躁則多費，多費之謂侈。聖人之用神也靜，靜則
　　　少費，少費之謂嗇。

此段〈解老〉重述上節之意，即以神之靜釋嗇。

　　〈解老〉釋五十章「出生入死」一段時云：

〔註3〕同註2，頁1368。

> 是以聖人愛精神而貴處靜。

此乃爲是段之解作一總結之語，說明要化解形軀生死之患累，唯有自心上用功（老子並不言精神，而就心之虛靜言），致虛守靜以無生無死者，方爲眞正之善攝生者。

〈解老〉釋六十七章「儉故能廣」時云：

> 聖人愛寶其神則精盛。

此與前言嗇時云「嗇之者，愛其精神，嗇其智識也」意思相通，皆據精神以解經。然依精氣神連言而論，神已落於形而下之精神作用矣。

〈喻老〉釋四十七章「不出於戶，可以知天下；不闚於牖，可以知天道」時云：

> 空竅者，神明之戶牖也。耳目竭於聲色，精神竭於外貌，故中無主。
>
> 中無主則禍福雖如丘山，無從識之，故曰不出於戶，可以知天下；
>
> 不闚於牖，可以知天道，此言神明之不離其實也。

經文之意在點出道家所重者，乃在由無（虛靜）而生之明照直觀，而不重外在之經驗知識。觀〈喻老〉所釋，其云「空竅者」乃指耳目之官，故其乃以耳目之官爲神明之戶牖也。過度追逐耳目之嗜欲，亦即放任精神之外馳，便造成中心無主之局也。所謂中心無主，亦即神明離其實之意。〈解老〉、〈喻老〉慣以「神明」、「精神」解經，此乃黃老道家之特點。老子則言「明」，明乃指心之虛靜而生之明照，〈喻老〉之「中無主」，就道家之義理言，中無主乃就心失其虛靜明照之作用言。觀〈喻老〉此段解經文字，並未明白點出：何以不出戶、不闚牖便可以知天下、知天道？依《道德經》的說法，此乃因爲有心之虛而生之直觀明照之故也。

第二節　重仁義禮智

黃老道家重仁禮、講慈惠、主張任賢使能，此皆從儒家思想而來，而與老子所主張「絕仁棄義」、「絕聖棄智」不同。

以下即就〈解老〉解經文三十八章，探討其對老子仁、義、禮意涵之掌握，次明其帶入黃老重仁禮思想之迹象。

釋「上仁爲之而無以爲」時云：

> 仁者，謂其中心欣然愛人也。其喜人之有福，而惡人之有禍也。生

心之所不能已也，非求其報也。

〈解老〉以「心生之所不能已」釋上仁「為之而無以為」之意。因為仁是生於心之所不能已，故基本上仁心之發用已屬為之，以其無所為而為，故能為之而無以為。觀〈解老〉之釋，大抵已抓住經文之義，然仍不夠精微洞徹，仁是「生心之所不能已」，乍見之下使人誤以仁乃同於無以為的上德，實則仁者愛人，無虛靜無為之觀照化解，故在「生心之所不能已」之際，會因有為而牽累受傷，故縱然是無所為而為，畢竟已為之，不如上德之無為而為以為。但〈解老〉此段並未點出此意，故未能突顯道家失德而後仁之義理性格。其云「仁者，謂其中心欣然愛人也」，此與樊遲問仁，子曰：「愛人。」〔註4〕及孟子「仁者愛人」〔註5〕之意相若，故〈解老〉之釋，反而較接近儒家立場。

釋「上義為之而有以為」時云：

> 義者，君臣上下之事，父子貴賤之差也，知交朋友之接也，親疏內外之分也。臣事君宜下懷上宜，子事父宜賤敬貴宜，知交友朋之相助也宜，親者內而疏者外宜。義者，謂其宜也，宜而為之。

〈解老〉以宜釋義，此乃為君臣、父子、朋友、親疏等人際交接尋求一適當表現的衡量依準。一切人際交接皆要合乎義（合宜），故持義者乃是有所制，故有所為有所不為，其所為者皆有所為而為。觀〈解老〉以宜釋義，乃於「義」之勝義立說，亦未能突顯道家失仁而後義之義理特色。《禮記·中庸》云：「仁者，人也，親親為大；義者，宜也，尊賢為大。親親之殺，尊賢之等，禮所生也。」〔註6〕可見〈解老〉所釋乃具有濃重之儒家性格。尚須一提的是，上義與下德皆是「為之而有以為也」，但由〈解老〉之釋可知，兩者皆有所制之制不同：不德者制於「故為虛之意」，上義者乃制於「宜」的衡量。不過就經文此章之義理觀之，下德與上義間乃有一價值高下，〈解老〉此釋是否能充分交代下德、上義兩者之價值等級？此是未能服人的。

釋「上禮為之而莫之應，攘臂而扔之」時云：

> 禮者，所以貌情也。群義之文章也，君臣父子之交也，貴賤賢不肖之所以別也。中心懷而不諭，故疾趨卑拜以明之。實心愛而不知，故好言繁辭以信之。禮者，外飾之所以諭內也，故曰禮以貌情也。凡人之

〔註4〕見朱熹，《四書章句集註》，頁139，鵝湖出版社，民國73年9月初版。
〔註5〕同註4，頁298。
〔註6〕見《禮記鄭注》，頁691，學海出版社，民國70年9月再版。

爲外物動也，不知其爲身之禮也。眾人之爲禮也，以尊他人也，故時
勸時衰，君子之爲禮，以爲其身。以爲其身，故神之爲上禮。上禮神
而眾人貳，故不能相應。不能相應，故曰上禮爲之而莫之應。眾人雖
貳，聖人之復恭敬盡手足之禮也不衰，故曰攘臂而仍之。

〈解老〉注禮云「禮者，所以貌情也」，又言「群義之文章也」，群義之文章，
據陳啓天、陳奇猷兩家之釋，乃指以禮飾義也。〔註7〕此處即知禮是用以飾情
且又用以飾義的，而情、義、禮之間的關係又如何呢？〈解老〉云：「禮者，
外飾之所以諭內也」，此處「內」當指「中心懷而不諭」之「心」（情）言，
由上段〈解老〉言義，可知義爲人際交接合宜之依準，此乃進一步對「心之
所不能已」的發用作一合宜的規導（但在道家，此已淪爲「爲之而有以爲」
之困境），而禮又是進一步將此合宜之規導具體地以禮文、形式規範出來，使
心之懷、心之愛通過合宜且具體的形式表現出來，故禮是飾義，而其根本亦
即是爲達情而飾義。

禮既已成一套禮文規範，故爲禮之君子亦自然地欲眾人神之爲上禮，即
使眾人不能與之相應，君子仍恭禮不衰，因其爲禮以爲其身，非爲尊他人耳，
故能攘臂仍之。〈解老〉釋「攘臂而扔之」之「扔」作「仍」義（陳啓天、陳
奇猷皆同之），筆者意較贊同王弼注所採用之「扔」義：「尚好修敬，校責往
來，則不對之間，忿怒生焉，故上禮爲之而莫之應，則攘臂而扔之」。〔註8〕
樓宇烈校釋云：「此處形容氣勢洶洶，強迫人遵守禮節」，〔註9〕作「扔」，方
能接應經文後之「夫禮者，忠信之薄而亂之首」句，〈解老〉此處既分君子之
禮與眾人之禮之不同，作「仍」乃重在強調君子之敬禮不衰，卻未呈顯出「失
義而後禮」、禮爲「忠信之薄而亂之首」之經義，故作「扔」較恰當。

此段〈解老〉釋禮，綜言之可含三義：

（一）禮之功用有二：對內所以貌情、飾義；對應外物，所以治身也。

（二）君子爲其身而爲禮，不同於眾人爲禮以尊他人也。

（三）眾人雖不應，君子仍敬禮不衰。

就〈解老〉之釋觀之，禮非但沒有道家「失義而後禮」的沉落意義，且〈解

〔註7〕見陳啓天《增訂韓非子校釋》，頁725，臺灣商務印書館，民國74年12月五
　　　版。
　　　見樓奇猷，《韓非子集釋》，頁332，華正書局，民國76年8月初版。
〔註8〕見樓宇烈校釋，《老子王弼注校釋》，頁94，華正書局，民國72年9月初版。
〔註9〕同註8，頁101。

老〉美禮為飾情、飾義之文章，可示君臣父子之交，可別貴賤賢不肖之分，並尊君子之上禮以明眾人之未能達禮，此已接近儒家之系統。荀子曰：「禮義以分之，使有貧富貴賤之等，足以相兼臨者，是養天下之本也。」（〈王制〉），〔註10〕又曰：「禮者養也，君子既得其養，又好其別。曷謂別？曰：貴賤有等，長幼有差，貧富輕重，皆有稱者也。」（〈禮論〉），〔註11〕由此可知〈解老〉對經文的掌握已有背離之迹矣。

釋「失道而後失德，失德而後失仁，失仁而後失義，失義而後失禮」時云：

> 道有積而德有功，德者道之功。功有實而實有光，仁者德之光。光
> 有澤而澤有事，義者仁之事也。事有禮而禮有文，禮者義之文也。

〈解老〉此段所引之經文不同於今本，今本作「失道而後德，失德而後仁，失仁而後義，失義而後禮」。觀〈解老〉所釋，積、實、澤、理相對於功、光、事、文，似乎有一內、外（本、末）之區別，德、仁、義、禮皆執前者之外，略其內部之主而馳，故沉淪不返（後文有「行情實而去禮貌也」、「必緣理不徑絕也」，可見實與理皆就內在真實之部分言），〈解老〉所引之經文，其重點在指出道乃德、仁、義、禮之根源，失其根源則後之人為設施皆不得保障，亦即失道後則失德、仁、義、禮，可見〈解老〉並不以仁、義、禮為失道之後的層層沉墮。

若以此段釋文以解今本經文，自然有所出入，今本經文之重點乃在點明人偏離大道之後，德、仁、義、禮的層層轉下。細解今本經文之義，乃謂谷神不死之道，當它以德此遮詮姿態被掌握時，實已不等於道本身，故曰失道而後德。德者以虛無為本，故能無不為，但當失去此虛無之本，而由有為心姿意發用時，縱然無以為，但因失虛無化解的工夫，以致累而不能無不為，故曰失德而後仁。仁雖失卻虛靜之本，但仍有無以為的自由，一旦再加入人為設定的準則以選擇「為」之對象，此又加一層桎梏，義即是此種人為設定的準則，故曰失仁而後義。義縱是一人為設定的準則，但人人標準不一，仍有其特殊性和一定限度內的自由性，一旦將此衡量標準落實成具體規範儀文，則個人的特殊性立刻與社會規範的普遍性起一衝突，人此時所受之人為桎梏又加一層，離自然無為又遠一程，故曰失義而後禮。由以上之析述可知，

〔註10〕見李滌生《荀子集解》，頁165，臺灣學生書局，民國77年10月五版。
〔註11〕同註10，頁418。

經文之義不在否定道德踐履之價值，而在點出道德的形上根源，藉以保住仁義禮智之可能。

釋「禮者，忠信之薄，而亂之首」時云：

> 禮為情貌者也，文為質飾者也。夫君子取情而去貌，好質而惡飾。夫恃貌而論情者，其情惡也；須飾而論質者，其質衰也。何以論之？和氏之璧，不飾以五采，隋侯之珠，不飾以銀黃，其質至美，物不足以飾之。夫物之待飾而後行者，其質不美也。是以父子之間，其禮樸而不明，故曰禮薄也。凡物不並盛，陰陽是也。理相奪予，威德是也。實厚者貌薄，父子之禮是也。由是觀之，禮繁者，實心衰也。然則為禮者，事通人之樸心者也。眾人之為禮也，人應則輕歡，不應則責怨。今為禮者，事通人之樸心，而資之以相責之分，能毋爭乎？有爭則亂，故曰「夫禮者，忠信之薄也，而亂之首」乎。

此段〈解老〉之釋可粗分三小段以明之：

（一）〈解老〉首先由道家之「文質觀」以疏解經文之義，但〈解老〉所述，顯然是曲解了道家文質觀。道家以生命之素樸自然為質，且以質為生命之本真，故欲人「見素抱樸」，但道家捨文就質的文質觀，乃是對「文」的辯證超越，是作用上的保存文，而非取消文。顏崑陽先生即就此而言：「老莊是從現實存在的經驗中，眼見『文勝於質』的時代弊病，才提出他們去文就質的價值取向……道家對於『文質』這個問題的處理，也並非純在邏輯形式上，將它們視為平面對立的兩個觀念，而完全將『文』取消。他們仍然從現實的存在中，對『文』作辯證的超越。」〔註12〕

由是以觀〈解老〉之釋，乃視文質為兩個對反的概念，故謂「君子取情而去貌，好質而惡飾」，甚且進一步言：「夫物之待飾而後行者，其質不美也。」事實上道家以生命之素樸自然為質，其並未反對貌、飾，只要貌、飾是順生命本質之自然，不造作、不虛妄，亦仍是生命本色的呈顯，故情貌是可以內外符應而非對反不相容的。再說道家重質，以質為真，故無「質不美」之論也。且〈解老〉上一段尚謂禮乃作為明心之懷、信心之愛的達情中介，此處

〔註12〕見顏崑陽，〈論魏晉南北朝文質觀念及其所衍生諸問題〉，頁60，《古典文學》第九集，臺灣學生書局，民國76年4月初版。

又以「君子取情而去貌」斷然否定之，可見出作者游移於自家思想型態與經文義理間的矛盾。

雖然此小段中〈解老〉之釋對道家思想多所曲解，但其以禮發生之因，乃根源於人之情質的衰惡，此亦對經義作了某一程度的說明，情質之衰惡，亦即心之衰惡，而心之衰惡乃就心失其虛靜無爲之主說，故方有德、仁、義、禮之外馳沉落。

（二）〈解老〉次引父子之禮樸而不明，以說明「禮繁者，實心衰也」之理。其中云「理相奪予，威德是也」，此非道家、儒家之思想，經二十六章云：「重爲輕根，靜爲躁君。」可見威德是可相涵養的，〈解老〉此言較近法家色彩。

（三）〈解老〉於此段最後云：「然則爲禮者，事通人之樸心者也。」陳奇猷集釋引陶鴻慶之言曰：「此言始爲禮者，本以通達人之樸心爲事，而不虞其啓爭而首亂也。」〔註13〕由上文所述可知，人心之所以不可通達，乃因心已遠離虛靜之樸而外馳，人唯有從內部心上下工夫，方能全道成德，若一味外馳，欲從外之禮文著手，實開爭亂之始矣。

此處值得注意的是，〈解老〉云：「眾人之爲禮也，人應則輕歡，不應則責怨。」此乃針對經文「莫之應，攘臂而扔之」而發，與前段云「眾人雖貳，聖人之復恭敬盡手足之禮也不衰」對照，可知〈解老〉對「扔」字的詮釋上，仍有搖擺，上作「仍」，此處又視爲「扔」，前面已說明作「扔」較符經義。

釋「前識者，道之華也而愚之首也，是以大丈夫處其厚，不處其薄；處其實，不處其華，故去彼取此」時云：

> 先物行、先理動之謂前識。前識者，無緣而忘意度也。何以論之，詹何坐，弟子侍，有牛鳴於門外，弟子曰：「是黑牛也，而白在其題。」詹何曰：「然，是黑牛也，而白在其角。」使人視之，果黑牛而以布裹其角。以詹子之術，嬰眾人之心，華焉殆矣，故曰「道之華也」。嘗試釋詹子之察，而使五尺之愚童子視之，亦知其黑牛而以布裹其角也。故以詹子之察，苦心傷神，而後與五尺之愚童子同功，是以曰「愚之首也」。故曰「前識者，道之華也，而愚之首也」。所謂大丈夫者，謂其智之大也。所謂處其厚不處其薄者，行情實而去禮貌也。所謂處其實不處其華者，必緣理不徑絕也。所謂去彼取此者，

去貌徑絕而取緣理好情實也，故曰去彼取此。

〈解老〉此段可分兩小段說明之：

（一）〈解老〉首先引詹何察牛的故事以說明「前識者，道之華而愚之首」之意。〈解老〉曰：「先物行、先理動之謂前識。」道家主張「後其身而身先，外其身而身存」（第七章），故〈解老〉之釋是合於道家之義理的。詹何能先物行、先理動，然使其術以攖人心，此乃華也，苦心傷神之結果與五尺之童同功，故曰前識者，似智實愚。

由〈解老〉以破攖人心之術，而重實效功用之觀點以釋經文，可透露出〈解老〉者重緣理以求實效之理論性格。事實上經文言此前識者，即指離道失德後那些以己之心知為執見之人。站在道之立場，一切人為心執的設施皆是樸散之器、大道之末華也。而站在人的立場，此心知執用、離樸失真之智迷，未嘗不是人陷蹈愚網之始（今本經文作「愚之始」，〈解老〉所引之經文乃作「愚之首」，故以詹何此等前識者為愚之首、愚中至愚，與今本經文意涵略有不同）。

（二）後〈解老〉以智之大者釋經文大丈夫之意，亦能與「前識者」作一對比。又以行情實而去禮貌、必緣理不徑絕釋處其厚不處其薄、處其實不處其華之經意，此在其〈解老〉之語脈中，似乎是順理成章之推論，然回至經文本身，似乎又與經義稍有出入。經文處厚、處實之意乃要那些偏離大道、心知執用之前識者離其薄、華之處，而回到大道淳厚真實之樸。〈解老〉以緣理好情實釋道之厚實，以禮貌徑絕釋前識者之薄華，似乎於經義之解稍有未能全遍之虞。

以上即是據〈解老〉對經文三十八章「上仁為之而無以為」之後的經文所作之釋，重新加以反省檢視，由前三節可知〈解老〉者已帶入儒家重仁禮之思想以釋經，此乃黃老道家吸收儒家思想後而有之面貌。後三節雖未明顯見出重仁禮之黃老色彩，仍有助於瞭解〈解老〉釋仁義禮時所持之觀點，故亦於此併述之。

第三節　於道外又言理

封思毅先生云：「同為探究道與萬物兩者之間的關係，其最大相異於老莊之處，在乎《韓非子》另於道之外，特別拈出一個『理』的新觀念。」〔註14〕

〔註14〕見封思毅，《韓非子思想散論》，頁89，臺灣商務印書館，69年9月二版。

考諸《韓非子》一書中言「理」之篇目，除〈解老〉、〈喻老〉外，分散於「收集韓非學派的論難問答者」（如〈難四篇〉、〈難勢篇〉）、「韓非後學早期之作品者」（如〈南面〉、〈説疑〉）、「輯述韓非學派所傳之說話類者」（如〈外儲說〉）、「韓非後學晚期之作品中雜揉黃老思想者」（如〈主道〉、〈揚攉〉）、「其他可視爲韓非後學晚期之作品者」（如〈大體〉、〈制分〉），﹝註15﹞而不見於韓非自著之篇章中。且對道與理間之關係又以〈主道〉、〈揚攉〉兩篇最詳（除〈解老〉、〈喻老〉外），此兩篇乃韓非後學雜揉黃老思想者，故推測於道之外另言理者，蓋爲黃老道家所發。

　　以下即就〈解老〉、〈喻老〉中言道、理者條列於下：

　　〈解老〉釋三十八章「前識者，道之華也，去彼取此」時云：
　　　所謂處其實不處其華者，必緣理不徑絕也。

　　〈解老〉釋五十八章「福兮禍之所伏」時云：
　　　驕心生則行邪僻而動棄理，行邪僻則身死夭，動棄理則無成功。

　　〈解老〉釋五十八章「孰知其極」時云：
　　　夫緣道理以從事者，無不能成。無不能成者，大能成天子之勢尊，
　　　而小易得卿相將軍之賞祿。夫棄道理而妄舉動者，雖上有天子諸侯
　　　之勢尊，而下有倚頓、陶朱、卜祝之富，猶失其民人而亡其財資也。
　　　眾人之輕棄道理而妄舉動者，不知其禍福之深大而道闊遠若是也，
　　　故諭人曰孰知其極。

　　〈解老〉釋十四章時云：
　　　道者，萬物之所然也，萬理之所稽也。理者，成物之文也。道者，
　　　萬物之所以成也，故曰道理之者也。物有理不可以相薄。物有理不
　　　可以相薄，故理之爲物之制，萬物各異理，萬物各異理而道盡，稽
　　　萬物之理，故不得不化。

由以上所舉〈解老〉之釋，可知「道」乃萬物之所以成也、萬理之所稽也，亦即根源之道。理乃成物之文、爲物之制也，亦即規範之道。即因理乃成物之文、爲物文制，故〈解老〉方以「緣理」、「緣道理」（見前所引之三段解經文字）以解經。

_____

〔註15〕以上乃根據楊日然先生之考訂結果，見其所著《韓非法思想的特色及其歷史意義》，頁10，《臺大法學論叢》三卷。

〈解老〉釋第一章「道之可道，非常道也」時云：

　　凡理者，方圓短長麤靡堅脆之分也。故理定而後物可得道也……夫
　　物之一存一亡、乍死乍生、初盛而後衰者，不可謂常。

〈解老〉以理乃為物之制，故有方圓短長麤靡堅脆之分，此乃就規範之道而言，但若執此規範定理以為道，則離背常道，而遭致死生盛衰之變矣。

　　〈解老〉釋六十七章「不敢為天下先，故能為成事長」時云：

　　短長大小方圓堅脆輕重白黑之謂理，理定而物易害也……聖人盡隨
　　於萬物之規矩，故日不敢為天下先。

〈解老〉此釋「不敢為天下先」句，乃自萬物之規矩，亦即「理」解起。何謂理呢？「短長大小方圓堅脆輕重白黑之謂理」，此即其於解注經文十四章時所云：「理之為物之制」之意，理定，萬物乃有規矩且方容易進一步裁割也，故〈解老〉以「聖人盡隨於萬物之規矩」釋所以「不敢為天下先」之故。

　　有關〈解老〉、〈喻老〉以「道——理」釋經文之內涵，將於第五章作進一步的詳細說明。

第四節　主因循、待時

　　黃老道家不同於早期道家的一點亦反映在黃老道家特別強調與時遷移、應物變化之因循、待時之道。「所謂『因循』即因自然之勢，循萬物之理。所謂『待時』即待時而動，適時興作」。〔註16〕故司馬談要提舉「其術以虛無為本，以因循為用……不為物先，不為物後，故能為萬物主。有法無法，因時為應，有度無度，因物與合」〔註17〕為道家（指黃老道家）之基本宗旨。而吳光先生亦云：「黃老道家所主張的『自然無為』，不是消極的無所作為，而是積極審察時機、適時而動，從而順應客觀形勢和自然規律的變化而做到『有為』」。〔註18〕至於早期道家，老子書中不講因循，對於「時」，《道德經》第八章云「動善時」，其義乃明動宜於自然無為之時，此「時」乃就心境言，非就外在環境條件言，與黃老之「審時」、「適時」不同。

　　以下即就〈解老〉、〈喻老〉中透露出黃老因循、待時思想之章節作一概述。

〔註16〕同註1，頁206。
〔註17〕同註2，頁1368。
〔註18〕同註1，頁230。

〈解老〉釋十四章時云：

> 凡道之情，不制不形，柔弱隨時，與理相應。

〈解老〉釋五十章「陸行不遇兕虎，入軍不備甲兵」時云：

> 夫兕虎有域，動靜有時，避其域，省其時，則免其兕虎之害矣。民
> 獨知兕虎之有爪角也，而莫知萬物之盡有爪角也。

〈解老〉釋「陸行不遇兕虎」乃因能避域省時也。〈解老〉以避域塞原爲免害之道，而未一步說明所以能避域塞原之因，此乃根源於心之虛靜明照，故能避之、塞之而不遇險害，是以心之虛靜乃善攝生者之所以善矣。

〈喻老〉釋六十四章「學不學，復歸眾人之所過」時云：

> 王壽負書而行，見徐馮於周塗，馮曰：「事者，爲也。爲生於時，知
> 者無常事。書者言也。言生於知，知者不藏書。今子何獨負之而行？」
> 於是王壽因焚其書而儛之。故知者不以言談教，而慧者不以藏書篋，
> 此世之所過也，而王壽復之，是學不學也。故曰「學不學，復歸眾
> 人之所過也。」

〈喻老〉此處舉徐馮對王壽負書而發的一番話以說明經義，觀徐馮之言，可知徐馮主張不藏書，乃因書、言皆知者可自生，無需藏負也，此與經文所謂「學不學」之義仍有相當的距離。經文之「不學」非僅就不藏書而言，更指絕棄一切人爲智巧設施，「絕學就是欲人之所不欲，學人之所不學，知人之所不知，已由經驗層面往上超拔，轉向爲道之工夫了」。〔註19〕換言之，唯有當人不執著於一切人爲的智巧設施，方能成就眞正的「學」，亦即回歸人本然素樸的狀態，故經文二十章云「絕學無憂」。而徐馮之言以無常事、不藏書標榜智者，實非經文原意，且其「爲生於時，知者無常事」之觀念，更接近於法家、黃老因時備變的主張。至於經文「復歸眾人之所過也」，眾人之所過在學，亦即執著於人爲的智巧設施，學不學的用意即欲使人在此學之執著沉落中，經由不學、絕棄以歸根復命也。

〈喻老〉釋四十七章「不行而知，不見而明，不爲而成」時云：

> 隨時以舉事，因資而立功，用萬物之能，而獲利其上。

事實上，道家只應事而不舉事，無心而有功、利，從不用心立功獲利。

以上即就安定形神、重仁義禮智、言道理、主因循待時等標目，以觀兩

〔註19〕見王邦雄先生，《老子的哲學》，頁118，東大圖書公司，民國75年9月四版。

篇作者之解喻文字與經文義理間的轉衍偏差，且此等偏差又爲早期道家與黃老道家間的顯明差異處，可知〈解老〉、〈喻老〉之作者除受本身理論性格而影響了解喻內涵外，更受了當世黃老學說盛行氛圍之染習，方使解喻的內容有如此之偏轉衍引。

第五章　〈解老〉、〈喻老〉對老子思想之體悟

　　上兩章對〈解老〉、〈喻老〉中，滲入法家與黃老道家思想的部分作一概述，以知〈解老〉、〈喻老〉作者並未能全然拋開自家理論性格與時代思想潮流之影響，使得解喻文字未能充分貼切經義。縱然如此，面對現今所見最早解喻《老子》的資料——〈解老〉、〈喻老〉，其仍然為後學者提供了許多彌足珍貴的洞見別解。此章試著依〈解老〉、〈喻老〉對道體之性格、存在情狀所作的規定、描述，與對宇宙現象作一價值考察，以及對生命修為化養，人間政治運作之體悟等方面的釋喻上，重作檢視，簡言之，本章乃略依〈解老〉、〈喻老〉對道之本體論、價值論及修養論、政治論四方面之論析，以反省其對老子義理思想之掌握程度。

第一節　對道本體論之體悟

　　〈解老〉、〈喻老〉對老子道體性格、存在情狀所作的描述、掌握，可透過其對經文第一、十四、四十一、五十八等章之解喻以檢視之。

一、道之超越性與內在性

　　〈解老〉、〈喻老〉論道之本體，首先可自其言道之超越性與內在性作一觀察：

（一）道之超越性

　　道為萬物之宗主，〈解老〉亦就此言道之根源性、主宰性：

〈解老〉釋十四章時云：

> 道者，萬物之所然也、萬理之所稽也。理者，成物之文也；道者，
> 萬物之所以成也，故曰道理之者也。物有理不可以相薄。物有理不
> 可相薄，故理之爲物之制。（此段〈解老〉所引之經文，皆未出現於
> 今本之《老子》經文中。其所云「故曰道理之者也」，據顧廣圻、王
> 先慎等所考證，皆以此處之「道理」即經文十四章之「道紀」，故認
> 爲此段乃針對經文十四章而發，且下段即引十四章「無狀之狀，無
> 物之象」句，亦可證此兩段當皆解經文十四章。）

〈解老〉此段乃於道之外又拈出一「理」字，謂道乃萬物之所以成也，萬理
之所稽也，亦即根源之道；理乃成物之文、爲物之制也，亦即規範之道。〈解
老〉之釋雖改紀爲理，但亦頗能得經文古始、道紀之義。

由於道乃萬物存在之形上根源，於萬物有眞實實現之作用，故〈解老〉
續云：

> 是以死生氣稟焉，萬智斟酌焉，萬事廢興焉，天得之以高，地得之
> 以藏，維斗得之以成其威，日月得之以恆其光，五常得之以常其位，
> 列星得之以端其行，四時得之以御其變氣，軒轅得之以擅四方，赤
> 松得之與天地統，聖人得之以成文章。道與堯舜俱智，與接輿俱狂，
> 與紂桀俱滅，與湯武俱昌……萬物得之以死、得之以生，萬事得之
> 以敗、得之以成。溺者多飲之即死，渴者適飲之即生。譬之若劍戟，
> 愚人以行忿則禍生，聖人以誅暴則福成，故得之以死、得之以生、
> 得之以敗、得之以成。

〈解老〉此以死生氣稟、萬智斟酌、萬事廢興皆繫之於道，「天得之以高……與
湯武俱昌」，此皆補足上所謂死生成敗皆根源於道之意。由於死生成敗皆根源於
道，故〈解老〉方云「萬物得之以死、得之以生、萬事得之以敗、得之以成」，
何謂得之以死？如「溺者多飲」，此即經文七十七章所謂「人之道」，唯有翻轉
「人之道」復歸於「天之道」，方有「渴者適飲」之生。此段〈解老〉之釋，大
體頗符經義，後之所謂「得之以死、得之以生、得之以敗、得之以成」句，前
人多謂爲經之佚文，但詮釋上頗爲不易，合乎道則「得之以生」、「得之以成」，
悖離道則「得之以死」、「得之以敗」，生死成敗的道理，都在天道自然之中。

〈解老〉釋五十九章時云：

> 嗇之謂術也，生於道理。

其後又云：

> 道也者，生於所以有國之術。所以有國之術，故謂之有國之母。

由此兩段文字可知〈解老〉視嗇爲術，已將無爲自然轉爲政治術用，且術生於道理，如是，「理」已成「術」的依據，道生於所以有國之術，言道不待術之落實，可見其欲引自身思想系統中「術」之觀念與「道」結合，而對經義有了偏執。

（二）道之內在性

由前面引〈解老〉對經文十四章之釋可知，老子言道之具體化的德，至〈解老〉則援「理」代之，且據之以言規範之道。除十四章外，尚有言之者：

〈解老〉釋第一章時云：

> 凡理者，方圓短長麤靡堅脆之分也。故理定而後物可得道也。故定理有存亡、有死生、有盛衰。

〈解老〉此理當爲物之所以爲物，《道德經》言「德」，〈解老〉轉言「理」，而言方圓短長麤靡堅脆之分。物得道而理定，而物之本德包括生死得失，似已有氣化的傾向，故謂氣稟萬智。

〈解老〉釋六十七章時云：

> 短長大小方圓堅脆輕重白黑之謂理。

此亦即〈解老〉釋十四章所云「理之爲物之制」之意。

二、道之常存性與無常操

〈解老〉言道之常，可就道之超越言常存性（永存性）、道之內在無常操兩方面述之。

（一）道之常存性

〈解老〉釋第一章時云：

> 夫物之一存一亡，乍死乍生，初盛而後衰者，不可謂常。唯夫與天地之剖判也俱生，至天地之消散也，不死不衰者謂常。而常者無攸易、無定理。無定理，非在於常，是以不可道也。聖人觀其玄虛，用其周行，強字之曰道，然而可論，故曰道之可道，非常道也。

老子以常言道，而觀〈解老〉釋常乃就無攸易、無定理兩方面言之。似就道

之無言道之常，無攸易就道不殆、不改之常存性言；無定理乃就道之虛無玄妙、非感官語言所能掌握而言。後云「無定理，非在於常，是以不可道也」，此處之常乃指「定則」之意，強調道之超越性，無定常之常。聖人雖能觀道之玄虛、用道之周行，而強字之曰道。然字之曰道，無法表達道無攸易、無定理之常，故不等於常道本身，是以人當自道之無性以體會道之真常。

（二）道之無常操

道之常存性在無攸易無定理，此就超越性之無而言；就內在性之有而言，則道無常操，以萬物各異理之故。

〈解老〉釋十四章時云：

> 萬物各異理，萬物各異理而道盡。稽萬物之理，故不得不化。不得
> 不化，故無常操。無常操，是以死生氣稟焉……以為近乎，遊於四
> 極；以為遠乎，常在吾側；以為暗乎，其光昭昭；以為明乎，其物
> 冥冥。而功成天地，和化雷霆，宇內之物，恃之以成。凡道之情，
> 不制不形，柔弱隨時，與理相應。

此乃就道之內在性描述其「無常操」之狀象，亦即經文十四章所云「視之不見名曰夷、聽之不聞名曰希、搏之不得名曰微」、「其上不皦、其下不昧」、「迎之不見其首，隨之不見其後」。凡此皆說明道體乃內在於萬物，虛靜應時，隨物而化，非感官所能掌握。此中〈解老〉云：「無常操，是以死生氣稟焉，萬智斟酌焉，萬事廢興焉」，可見內在性乃所以成就一切萬有之實現。

〈解老〉釋十四章時續云：

> 人希見生象也，而得死象之骨，案其圖以想其生也。故諸人之所以
> 意想者，皆謂之象也。今道雖不可得聞見，聖人執其見功以處見其
> 形，故曰無狀之狀、無物之象。

〈解老〉此段之釋，王先慎於「聞」字斷字句，而解為「今人不聞道，見一聖人，則執其顯見之功，以處見其形也」，認為兩「其」皆指聖人。但依〈解老〉之文，兩「其」字當承「道」而言，故於「見」字斷句，此說當為正解。

經文「無狀之狀，無物之象」之意在點明道乃是不具任何形象的形上實體。道虛靜，而無常操，然有實現萬物之作用，是以可由此功成實現處想見其狀象，亦即可由狀象畢露之萬物想見道無狀之狀、無物之象，〈解老〉於此之釋頗符經義。

第二節　對道價值論之體悟

　　老子面對周文疲弊的桎梏之局，從無常、不定、窘迫的人生悲感中，興發其對宇宙現象作一價值省察，試圖由宇宙的自然秩序中尋求生命安立之所。以下即就〈解老〉、〈喻老〉中對道之價值論的體悟作一檢視反省。

　　觀〈解老〉、〈喻老〉對道之價值論的體悟，乃通過禍福觀、生死觀及對難易、輕重、強弱現象的體察以掌握之。

一、禍福觀

　　經文五十八章藉禍福無常以說明在大道之觀照下，一切人為的分別概念皆無法立定住自己，因為人間並無一定的得失標準，人執於成見，往往見不到事實之真相。關於〈解老〉對經文五十八章之釋，可略分四段觀之：

　　〈解老〉釋經文「禍兮福之所倚，福兮禍之所伏」時之文字，可表之如下：

禍 → 心畏恐 → 行端直 → 思慮熟 － 得事理 → 必成功 → 富與貴 ┐
　　　　　　　　　　　　└ 無禍害 ──────→ 盡天年 → 全而壽 ┘ → 福

福 → 富貴至 → 衣食美 → 驕心生 ┌ 行邪僻 → 身死夭 ┐
　　　　　　　　　　　　　　　└ 動棄理 → 無成功 ┘ → 禍

　　由是可知，〈解老〉所析的重點放在由禍導至福與由福導至禍之轉變行程的說明，以為由禍至福與由福至禍乃有一可循的心理、行為上的轉折過程，但仔細推敲〈解老〉設立之行程，不免長遠曲折，且前因後果間之繫接，很值得商榷（如云「心畏恐則行端直」、「衣食美則驕心生」等），此種人為因果之導引，實非一必然之人間行程，且〈解老〉以富貴、全壽為福，以無成功之「名」、有死夭之難為禍，此與老子之思想義涵是有所出入的。

　　事實上經文之意，不在指出人可因禍（福）得福（禍）以使人心理、行動上有所警惕，而是在打破世俗對禍福等既有之成見與心執。因為在大道之觀照下，一切人為的分別概念本身皆無法立住自己，人間並無一定的禍福標準，人執於成見，往往見不到事實之真相。

　　〈解老〉釋「孰知其極」時云：

　　　夫緣道理以從事者，無不能成。無不能成者，大能成天子之勢尊，

而小易得卿相將軍之賞祿。夫棄道理而妄舉動者，雖上有天子諸侯
之勢尊，而下有倚頓、陶朱、卜祝之富，猶失其民人而亡其財資也。
眾人之輕棄道理而易妄舉動者，不知其禍福之深大而道闊遠若是
也，故諭人曰孰知其極。

經文「孰知其極」乃是針對上面禍、福兩句而發，謂人執於禍福成見，往往
見不到禍福事實的真相，故在成見的執迷下，誰能洞知禍福得失的究竟呢？

但依〈解老〉之析，「孰知其極」乃指知「緣道理以從事」，謂能緣道理
以從事者，則能成勢尊、得賞祿，亦即能保住福，世人之所以不能保福避禍，
皆因不知緣道理以從事。〈解老〉之釋有一些問題須待解決：老子在其他經文
中雖時提及要人保福避禍，但此段經文重點是否在點醒人如何保福避禍？且
成勢尊、得賞祿是否即老子所謂之福？由上面對經文之疏解，可知經義之重
點在消解世人對禍福所執之成見，故下文云：「其無正。」意謂無一定之標準
答案，且在其他經文中亦不見老子以勢尊、賞祿為福之意，此乃〈解老〉作
者帶入政治現實之功利色彩以解經也。

〈解老〉釋「人之迷也，其日故以久矣」時云：

人莫不欲富貴全壽，而未有能免於貧賤死夭之禍也。心欲富貴全壽，
而今貧賤死夭，是不能至於其所欲至也。凡失其所欲之路而妄行者
之謂迷，迷則不能至於其所欲至矣。今眾人之不能至於其所欲至，
故曰迷。眾人之所不能至於其所欲至也，自天地之剖判以至于今，
故曰人之迷也，其日故以久矣。

觀〈解老〉此段之釋，乃承上之全福避禍之意而來，以富貴全壽為人之欲至，
上文重點已偏離經義，故此處謂人之迷在於不知如何全福避禍，就此解經義，
不免偏差。

〈解老〉釋「方而不割，廉而不劌，直而不肆，光而不耀」時云：

所謂方者，內外相應也，言行相稱也。所謂廉者，必生死之命也，
輕恬資財也。所謂直者，義必公正，必不偏黨也。所謂光者，官爵
尊貴，衣裘壯麗也。今有道之士，雖中外信順，不以誹謗窮墮，雖
死節輕財，不以侮罷羞貪，雖義端不黨，不以去邪罪私，雖勢尊衣
美，不以夸賤欺貧，其何故也？使失路者而肯聽習問知，即不成迷
也。今眾人之所以欲成功而反為敗者，生於不知道理，而不肯問知
而聽能。眾人不肯問知聽能，而聖人強以其禍敗適之，則怨。眾人

多而聖人寡，寡之不勝眾，數也。今舉動而與天下爲讎，非全身長
生之道也，是以行軌節而舉之也，故曰方而不割，廉而不劌，直而
不肆，光而不耀。

此段〈解老〉可分三部分，首釋方、廉、直、光，次釋方而不割、廉而不劌、直而不肆、光而不耀，再釋方而不割、廉而不劌、直而不肆、光而不耀之目的。

　　經文所謂方、廉、直、光皆就生命之精神人格，直與道同其大言，故〈解老〉釋「光者，官爵尊貴，衣裘壯麗」，以外在官裘言光，非也。且觀其釋方而不割、廉而不劌，其「不割」、「不劌」之對象皆在「己」，以己受外之誹謗、侮羞，仍不改方、廉，此與王弼對象在「物」，以己之方、廉不該對物產生割、劌之傷不同。〔註1〕至於〈解老〉釋下兩句之「不肆」、「不耀」時，其對象又轉回己之外的他人，但仍未能切中經義。事實上經文之義乃承上「正復爲奇，善復爲妖」之意而來，欲使正、善不致在時間的流變中沉落扭曲，唯有不把正、善視爲優越，方能不傷己、不傷物，進而成就正、善。故方、廉、直、光唯有經過「不」的放開去執，方能不對己、不對物產生割、劌、肆、耀的傷害，亦唯有如此，方能成全方、廉、直、光。

　　〈解老〉再釋何以要做到方而不割、廉而不劌、直而不肆、光而不耀，其目的在使失路者肯聽習問知也。此乃承上文爲救人之迷而言，但以此言聖人方而不割、廉而不劌、直而不肆、光而不耀之目的，未免狹矣。有道之士所行皆自然，即道，是無爲而無不爲，故方而不割四句，乃爲指出眾人之迷在於不知致虛守靜、去執放開，亦即不知如何成全己之方、廉、直、光而與道同大，並非指聖人欲以此使失路者而肯聽習問知也。

二、生死觀

　　老子於經文五十章中經由對生死問題之探索，明示人當效道之不生之生，通過無爲放開以成全生命之長久。〈解老〉對經文五十章之釋可略分爲四段說明之：

　　〈解老〉釋「出生入死，生之徒，十有三；死之徒，十有三，民之生生而動，動皆之死地，亦十有三」時云：

〔註1〕見樓宇烈校釋，《老子王弼注校釋》，頁152，王弼注「方而不割，廉而不劌」
　　　　時云：「不以方割物……不以清廉劌傷於物也。」民國72年9月初版。

人始於生而卒於死，始之謂出，卒之謂入，故曰出生入死。人之身，三百六十節，四肢九竅，其大具也，四肢與九竅十有三者。十有三者之動靜，盡屬於生焉。屬之謂徒也，故曰生之徒也十有三者。至其死也，十有三具者，曾還而屬之於死，死之徒亦十有三，故曰生之徒十有三，死之徒十有三。凡民之生生而生者固動，動盡則損也，而動不止，是損而不止也，損而不止則生盡，生盡之謂死，則十有三具者，皆爲死死地也，故曰民之生生而動，動皆之死地，亦十有三。是以聖人愛精神而貴處靜。

在此段中，我們先討論〈解老〉對經文「十有三」之解，其乃據「四肢與九竅，十有三者」以釋之，此解與王弼所注：「十分有三分」〔註 2〕之意異。觀〈解老〉以「四肢九竅」作解，雖亦能疏通經文，但以「四」肢九「竅」以合「十有三」之數，不免予人牽強之感，且在經義的闡發上不若王弼以「十分有三分」作解來得精微。作「十分有三分」，可對比出「人之生、動之死地者」之數與「生之徒」、「死之徒」相若，故面對生死當跳開形軀先天體質強弱的拘限，重要在攝生之善否。

而如何是善攝生呢？老子提出的是「無死地」，亦即不生之生，此無（不）即是虛靜心的無爲放開，唯有在放開對形軀生死之執著掛慮，方能在生死間自在出入。故經文此章起始即云「出生入死」，生死是出入的過程此爲生死現象的描述，無死地則是致虛守靜、照破死生欲慮後的出入自在。故〈解老〉以「人始於生而卒於死，始之謂出，卒之謂入」釋「出生入死」，並未全得出入自在之意旨。

再就〈解老〉所引經文：「民之生生而動，動皆之死地，亦十有三。」此在今本經文則作：「人之生，動之死地，亦十有三。夫何故？以其生生之厚。」兩者文字上雖無有大差異，但詮釋卻有一些出入。先觀〈解老〉言「動」，乃著重於說明四肢九竅因「勞作」而遭損致死之意，此由後文云「動無死地，而謂之善攝生」可證。而今本經文之「動」乃強調人由生「轉」至死之生命「動變」（「動」有：1.勞作；2.轉移、改變等意），再由此生命動變帶出生生之厚之癥源。〈解老〉則是順著因果紋述，以人之生生故使四肢九竅勞作而遭損致死。此在陳述上亦與今本經文之說解不同。

此段最後，〈解老〉又云：「是以聖人愛精神而貴處靜。」此乃爲上段作

〔註 2〕同註 1，頁 135。

一總結，說明要化解形軀上生死之欲慮，唯有自心上用功（老子不言精神而就心之虛靜言），致虛守靜，出入自在，方為真正之善攝生者。

〈解老〉釋「陸行不遇兕虎，入軍不備甲兵」時云：

> 夫兕虎有域，動靜有時，避其域、省其時，則免其兕虎之害矣。民獨知兕虎之有爪角也，而莫知萬物之盡有爪角也，不免於萬物之害。何以論之？時雨降集，曠野閒靜，而以昏晨犯山川，則風露之爪角害之；事上不忠，輕犯禁令，則刑法之爪角害之；處鄉不節、憎愛無度，則爭鬥之爪角害之；嗜慾無限、動靜不節，則痤疽之爪角害之；好用其私智而棄道理，則網羅之爪角害之。兕虎有域，而萬害有原，避其域、塞其原，則免於諸害矣。凡兵革者，所以備害也。重生者，雖入軍，無忿爭之心，無忿爭之心，則無所用救害之備，此非獨謂野處之軍也。聖人之遊世也，無害人之心，無害人之心則必無人害，無人害則不備人，故曰陸行不遇兕虎；入山不恃備以救害，故曰入軍不備甲兵。

據今本經文，「陸行不遇兕虎，入軍不備甲兵」兩句，乃承「善攝生者」所作之進一步說明。〈解老〉釋「陸行不遇兕虎」乃因避域省時也，並自兕虎之害引申至萬物之害，且更牽引出刑法之害，〈解老〉者於此特意強調忠君守令，乃不脫法家思想之性格也。但其能由兕虎之害引申至萬物之害，概括一切傷生之禍源，解經已入深刻之境也。只是其以避域塞原為免害之道，而未進一步說明所以能避域塞原之因，事實上，此乃根源於心之虛靜明照，故能避之、塞之而不遇險害，是以心之虛靜乃善攝生者之所以善矣。

至於「入軍不備甲兵」一句，今本經文作「入軍不被甲兵」，故詮釋上亦有小異。由於〈解老〉引作「備」，故以「兵革者，所以備害也」作解，謂無忿爭、害人之心，故無人害，是以無須備害。今本經文「備」作「被」，乃指在心之虛靜明照下，即使入軍亦不為甲兵所傷（「被」在此解作「受」），說明即使遇險亦能化解之。此與上句「陸行不為兕虎所傷」及下句「兵無所容其刃」，文意上較連貫，不似〈解老〉須於「陸行不遇兕虎」下加注一句「入山不恃備以救害」以貫串下句。

〈解老〉釋「兕無所投其角，虎無所錯其爪，兵無所容其刃」時僅以「遠諸害」三字解之，而未能進一步解析其理。觀此三句乃承上而來，「兕無所投其角，虎無所錯其爪，兵無所容其刃」，此並非一味地在時空條件上避域省時，

而是在根本上使心致虛守靜以明照化解，心中無兕虎甲兵，故能避開兕虎、甲兵之害，自然兕虎兵刃皆無法施其角爪兵刃之暴也。

〈解老〉釋「無死地焉」時云：

> 不設備而必無害，天地之道理也。體天地之道，故曰無死地焉。動無死地而謂之善攝生矣。

〈解老〉以無死地者乃因體天地之道，然天地之道為何？〈解老〉只云「不設備而必無害」，未進一步探賾所以能「不設備而必無害」之因，知此因乃是真正體天地之道也。據上對經文語脈之疏通可知，所以能「不設備而必無害」，乃根源於心之致虛守靜，化解了對形軀死生之執著欲慮，故能觀照明白而避禍解患。「無死地」之「無」乃虛靜心之無為放開，唯有在放開死生掛慮後，方能在生死間出入自在。

三、對難易、輕重、強弱現象之考察

老子經由對難易、輕重、強弱、等現象之考察，以證成大道之本質、自然之律則，並藉此以指點人生的道路。

（一）天下難事必作於易，天下大事必作於細

〈喻老〉釋經文六十三章「天下之難事必作於易，天下之大事必作於細」時舉「有形之類，大必起於小；行久之物族必起於少」說明之，但此乃又一次地譬況，而未能達到說明經義的效果。經文此兩句之意可由兩方面觀之：一方面點明一切難事、大事之形成皆自易時、細處慢慢積累而成；另一方面點明化解難事必趁其尚容易時著手，欲成就大事亦必自其細處用心。此處說難事、大事，雖一則欲以化解，一則欲以成就，事實上是互足文意的。且易、細亦是綜就事件在時空上之發展狀況言，此亦即見微知幾之意。

〈喻老〉續釋六十三章「圖難於其易也，為大於其細也」時云：

> 是欲制物者，於其細也，故曰圖難於其易也，為大於其細也。千丈之隄，以螻蟻之穴潰；百尺之室，以突隙之煙焚，故曰白圭之行隄也，塞其穴；丈人之慎火也，塗其隙。是以白圭無水難，丈人無火患，此皆慎易以避難，敬細以遠大者也。扁鵲見蔡桓公，立有間，扁鵲曰：「君有疾在腠理，不治將恐深。」桓侯曰：「寡人無疾。」扁鵲出，桓侯曰：「醫之好治不病以為功。」居十日，扁鵲復見曰：

「君之病在肌膚，不治將益深。」桓侯不應，扁鵲出，桓侯又不悅。
居十日，扁鵲復見曰：「君之病在腸胃，不治將益深。」桓侯又不應，
扁鵲出，桓侯又不悅。居十日，扁鵲望桓侯而還走，桓侯故使人問
之，扁鵲曰：「疾在腠理，湯熨之所及也；在肌膚，鍼石之所及也；
在腸胃，火齊之所及也；在骨髓，司命之所屬，無奈何也。今在骨
髓，臣是以無請也。」居五日，桓侯體痛，使人索扁鵲，已逃秦矣，
桓侯遂死。故良醫之治病也，攻之於腠理，此皆爭之於小者也。夫
事之禍福，亦有腠理之地，故曰聖人蚤從事焉。

〈喻老〉此段首云「是以欲制物者，於其細也」，乍看之下，〈喻老〉之言似
無不妥，然仔細推敲，實已有援道入法之迹象。因為此兩句經文，意在提醒
人欲化解難事，成就大事，必須見微知幾，自易時、細處著手。經義中並沒
有「欲制物」之意，制物之解乃〈喻老〉作者援經之過份發揮也。

其後〈喻老〉又舉「白圭之行隄也，塞其穴；丈人之慎火也，塗其隙」
之事例以說明一切難事之形成皆自易時微處慢慢積累，故欲化解、避免難事，
亦必自其尚容易解決之時、端微之處著手，故曰「慎易以避難，敬細以遠大
者也」。此處可知〈喻老〉理解「天下之大事必作於細」之「大事」亦指難事、
禍事之類。筆者以為，大事、難事亦包含成功之事，此方更能加強經義之涵
概面。

〈喻老〉最後又舉扁鵲治桓公疾之故事以說明「事之禍福，亦有腠理之
地，故曰聖人蚤從事焉」。此處云「事之禍福」，可見〈喻老〉亦以為禍福成
敗皆應自易時、細處著手以防範或成就。故可知經文是以「難事」、「大事」
涵概一切禍福成敗之狀況的。

（二）守柔曰強

老子謂弱者道之用、物壯則老，此皆以柔弱能勝剛強也。以下即就〈喻
老〉之釋析之。

〈喻老〉釋五十二章「守柔曰強」時云：

> 句踐入宦於吳，身執干戈，為吳王洗馬，故能殺夫差於姑蘇。文王
> 見詈於王門，顏色不變，而武王擒紂於牧野。故曰守柔曰強。

〈喻老〉此段引句踐與文、武王兩史事以說喻經義，但觀句踐能忍為吳王洗
馬之辱，乃為日後之能誅殺夫差而作之隱忍。至於文王受詈而顏色不變之事，
此於《淮南子・道應訓》高注云：「文王得歸，乃築靈臺、作玉門、相女童，

武王以此爲恥而不忘也。」〔註3〕明顯可知，無論句踐或文、武王之忍辱守柔，皆爲日後之報仇雪恥預作準備，此已非老子經文之本義矣。經文之守柔居下乃爲使己復歸於道，與道同德。換言之，是爲了當下即通過虛靜心之化解而成全自己，此方是眞正的「強」，非爲了現實恩仇功利之爭勝求強而有之暫時的隱忍計算。故就此以觀〈喻老〉之述，實未達到釋經之目的也。

〈喻老〉釋三十六章「將欲翕之，必固張之；將欲弱之，必固強之；將欲取之，必固與之」時云：

> 越王入宦於吳，而觀之伐齊以弊吳，吳兵旣勝齊人於艾陵，張之於江、濟，強之於黃池，故可制於五湖，故曰將欲翕之，必固張之；將欲弱之，必固強之。晉獻公將欲襲虞，遺之以璧馬；知伯將襲仇由，遺之以廣車，故曰將欲取之，必固與之。

〈喻老〉舉出越王觀之伐齊以弊吳、晉獻公遺虞以璧馬、知伯遺仇由以廣車之史事以說明經義。由〈喻老〉所舉之事例，可知其所理解之經義乃爲：若欲令對方收歛，必先使對方擴張；欲令對方疲弱，必先使對方強盛；欲從對方處有所獲取，必先給予對方。〈喻老〉如此釋經，雖可順通經義，然一不小心即易令人誤解道家乃權謀術智之說。梁啓超即云：「老學最毒天下者，權謀之言也。將以愚民，非以明民，將欲取之，必先與之，此爲老學入世之本。」〔註4〕實則經文此段之意，乃在於點明由固強之微，透顯將弱之明。關於此，憨山大師亦云：「此言物勢之自然，而人不能察，教人當以柔弱自處也。天下之物，勢極則反，譬夫日之將昃必盛赫，月之將缺必極盈，燈之將滅必熾明，期皆物勢之自然也。故固張者，翕之象也；固強者，弱之萌也；固興者，廢之機也；固與者，奪之兆也。天時人事，第人所遇而不測識，故曰微明。斯蓋柔弱勝剛強之義耳。」〔註5〕〈喻老〉之釋並未能深切經義，且亦流爲偏解。

〈喻老〉釋三十六章「弱勝強也」時云：

> 處小弱而重自卑，謂損，弱勝強也。

〈喻老〉此釋實未能對「弱勝強」之經義作深切之闡釋。由經文之述，「弱勝強」可視爲「將欲翕之」以下之文句的一個結論。關於柔弱之所以勝剛強之

〔註3〕見《新編諸子集成七》，《淮南子》，高誘注，頁202，民國72年4月新四版。
〔註4〕見《梁啓超學術論叢》，〈中國學術思想變遷之大勢〉，頁708，南嶽出版社。
〔註5〕見憨山大師著，《老子道德經憨山解》，頁95，臺灣瑠璃經房，民國61年1月再版。

理，王邦雄老師析云：「一是柔弱本身就是歸根之靜與復命之常的和，二是柔弱可以拉引剛強，而成其天地陰陽之和。」〔註6〕就此可知「弱勝強也」，無心無爲的弱，遠比有心有爲的強，好過太多。

第三節　對修養論之體悟

老子視道爲宇宙萬物的形上根源，故道家的修養論乃是立足於向生命根源之道的回歸。關於〈解老〉、〈喻老〉對老子修養論之體悟，可略分爲：德之內涵、修養之目的、修養之原則、修養之實踐途徑四方面探析之。

壹、德之內涵

觀〈解老〉、〈喻老〉對老子「德」之內涵的掌握是與經文有所距離的。

〈解老〉釋三十八章「上德不德，是以有德」時云：

德者，內也；得者，外也。上德不德，言其神不淫於外也。神不淫於外，則身全。身全之謂得。得者，得身也。

〈解老〉此段之釋於第四章時已略析之，其乃以內、外區分德、得，故經文「上德不德」即爲「上德不得」，且其進一步提出神乃內德之根本內容，其云：「神不淫於外則身全，身全之謂得。得者，得身也。」此處兩「得」字，陳啓天、陳奇猷等皆主改爲「德」，〔註7〕筆者卻贊成作「得」，試將此小段幾個關鍵字眼間之關係排列於後：

```
上德 ── 德 ── 內 ── 守神
  ↑                    ↗
不德 ←── 得 ── 外 ── 身
（得）
```

可見〈解老〉之意乃謂守神後自能成德全身，若作德，則窒礙難解。由上之述可知〈解老〉者所理解之德與道德經內之德是有距離的。陳啓天云：「老子王弼注云：『上德之人，惟道是用，不德其德，無執無用，故雖德而無德名也。』

〔註6〕見王邦雄先生，《老子的哲學》，頁142，東大圖書公司，民國75年9月四版。
〔註7〕見陳啓天，《增訂韓非子校釋》，頁722，臺灣商務印書館，民國74年12月五版。
　　　見陳奇猷，《韓非子集釋》，頁327，華正書局，民國76年8月初版。

彼以名實分釋德字，與此以內外分釋德字者，實有異也。」〔註8〕陳啓天對〈解老〉作者與王弼所注之異雖已作分析，卻未詳密。兩者較之，王弼先亦以「德者，得也」釋之，但後又以名、實作解，較得老子之深意，茲將〈解老〉、王弼兩者之解，析之如下：

王弼：道 ──→ 德 ──→ 不德 ──→ 德

　　　實　　實＋名　　去名　　實

解老：上德 ── 德 ── 內 ── 守神

　　　↑　　　　　　　　　　　　↓

　　　不德 ←── 得 ── 外 ── 全身

　　　（得）

　　　事實上老子「上德不德」乃謂上德者不以其德爲德也，上兩「德」字的內涵未變，只是中間經過「不」的翻轉放開，更保存德之眞實，有德後而能放開德，方能成就德之長久，故若純以不得釋上德，未盡經文之義也。且〈解老〉以神爲德之內容，且以「不德（得）」指神不淫於外，此印證於《道德經》中之「神」，皆無〈解老〉「神不淫於外」之「神」義（此於第四章已述之）。

　　　〈解老〉釋六十章「兩不相傷，則德交歸焉」時云：

　　　　　民蕃息而蓄積盛之謂有德……精神不亂之謂有德。

〈解老〉此處對德之釋，可回應其在三十八章時對德之釋：「德者，內也；得者，外也。」蓄積盛之德即外得，精神不亂即內德，此雖在〈解老〉作者的脈絡中有其一致的解析理路，但與經文「德交歸」之「德」義實有異也。

　　　由上之述可知，《道德經》中由道而下貫的「德」，至〈解老〉時，「德」失去了自道下貫的原意，而轉爲人主之神。故〈解老〉、〈喻老〉中所呈顯之修養目的亦轉而爲守神全身之追求。

貳、修養之目的

　　　前已明道家的修養論乃是立足於向生命根源之道的回歸，但由於〈解老〉、〈喻老〉對道下貫之德的內涵已不同於經義，故〈解老〉、〈喻老〉所言修養之目的亦與經義有所距離。由前文之述可知，〈解老〉、〈喻老〉以修養之

〔註8〕　同註7，陳啓天條，頁723。

目的乃在守神全身、富貴全壽，此於其釋三十八章、五十九章、六十七章、五十章、四十七章等處皆可見出，由於前文已析之，故於此不再贅述。

參、修養之原則

　　〈解老〉、〈喻老〉對修養原則的探討，可自主要原則、其他細則兩方面說明之。

一、修養之主要原則

　　〈解老〉、〈喻老〉言修養之主要原則為「緣道理以從事」。而何謂道理呢？據〈解老〉、〈喻老〉所析論道理之內涵來看，包括嗇、虛靜、慈等，以下即就道理之內涵以進一步言「緣道理以從事」之意。

（一）治人事天莫如嗇

　　關於「嗇」之說解乃集中於經文五十九章，而〈解老〉對五十九章之釋，可略分五段析之。

　　〈解老〉釋「治人事天莫若嗇」云：

> 聰明睿知，天也；動靜思慮，人也。人也者，乘於天明以視，寄於天聰以聽，託於天智以思慮。故視強則目不明、聽甚則耳不聰、思慮過度則智識亂。目不明則不能決黑白之分，耳不聰則不能別清濁之聲，智識亂則不能審得失之地。目不能決黑白之色則謂之盲，耳不能別清濁之聲則謂之聾，心不能審得失之地則謂之狂。盲則不能避晝日之險，聾則不能知雷霆之害，狂則不能免人間法令之禍。書之所謂治人者，適動靜之節省思慮之費也。所謂事天者，不極聰明之力、不盡智識之任，苟極盡則費神多，費神多則盲聾悖狂之禍至，是以嗇之。嗇之者，愛其精神、嗇其智識也，故曰治人事天莫如嗇。

　　〈解老〉此段首以人之視聽思慮當寄託於天之聰明睿知，反之，若強恃己之視聽思慮，則不明、不聽、智識亂，亦即不能決黑白、別清濁、審得失，而成為盲、聾、狂，以致於不能避險、知害、免禍。觀〈解老〉所謂乘於天明、寄於天聰、託於天智，當指人之一切動靜思慮應順乎自然、合於道，不應妄馳強求，一旦官能智識之自然清明在向外的奔逐競馳中衰退糾亂，險禍災害即及身矣。

〈解老〉在此段提舉強迫聰明智識乃擾惑耗竭精神之因，所謂精神耗散亦即因心之知執於聰明智識，使得官能思慮皆向外馳騁，故精神不能向內凝聚，頓失清明。是以〈解老〉釋「嗇之者，愛其精神，嗇其智識也」。自精神上之愛惜解「嗇」，頓得經文之意，但因《道德經》未曾有「精神」之言，老子之「嗇」當就心之虛靜言，「嗇即生命內歛不外露，凝聚不耗散之意」，〔註9〕此亦即老子「致虛極、守靜篤」之意。

又經文所謂治人事天，涵蓋了人生在世面對的一切事物，〈解老〉以動靜適節、思慮省費解釋「治人」；以不極聰明之力、不盡智識之任解釋「事天」，可知治人事天之重點皆放在個人修養上，亦即一切皆當以嗇處應之。

〈解老〉釋「夫謂嗇，是以蚤服」時云：

> 眾人之用神也躁，躁則多費，多費之謂侈。聖人之用神也靜，靜則少費，少費之謂嗇。嗇之謂術也，生於道理。夫能嗇也，是從於道而服於理者也。眾人離於患，陷於禍，猶未知退而不服從道理。聖人雖未見禍患之形，虛無服從於道理以稱蚤服，故曰夫謂嗇是以蚤服。

此段〈解老〉乃重述上節之意，即以神之靜釋嗇。「嗇之謂術也，生於道理」，此乃將生於道理之嗇視為術，透露〈解老〉作者之理論性格。

王弼注：「早服，常也。」〔註10〕常即指道也。〈解老〉則以蚤服之服乃服從於道理之意。〈解老〉於其他章節中亦云：「道者，萬物之所然也、萬物之所稽也。理者，成物之文也；道者，萬物之所以成也。」可知理雖是稽道而成物之文，但畢竟不等於道，故其解與王弼之注仍有差異。就服之字義推敲，當以服道之義較長，因道乃物之所然、理之所稽也，嗇之致虛守靜即服於道之境界。

〈解老〉釋「蚤服是謂重積德，重積德則無不克，無不克則莫知其極」時云：

> 知治人者，其思慮靜。知事天者，其孔竅虛。思慮靜故德不去，孔竅虛則和氣日入，故曰重積德。夫能令故德不去、新和氣日至者，蚤服者也，故曰蚤服是謂重積德。積德而後神靜，神靜而後和多，和多而後計得，計得而後能御萬物，能御萬物則戰易勝敵，戰易勝敵而論必蓋世，論必蓋世故曰無不克，無不克本於重積德，故曰重

積德則無不克。戰易勝敵則兼有天下，論必蓋世則民人從，進兼天
下而退從人民，其術遠則眾人莫見其端末，莫見其端末，是以莫知
其極，故曰無不克則莫知其極。

〈解老〉此段點出虛靜兩字，知治人事天，即知嗇，亦即能早服虛靜，而使
故德不去、新和氣日入，故能重積德。

　　後〈解老〉乃以因果推論釋「重積德則無不克」句，此實待商榷。〈解
老〉前云「思慮靜故德不去，孔竅虛則和氣日入，故曰重積德」，即以神靜
而後積德。但此卻云積德而後神靜。再如和多是否即能計得？戰易勝敵是否
即能論必蓋世？且經文「無不克」之意亦非針對戰易勝敵、論必蓋世而言。
關於此段經文，王邦雄老師云：「重積德就是守柔，生命不外逐散落。無不
克就是勝剛強，生命內斂凝聚。守柔曰強，重積德則無不克，當下已在道常
之和的無限妙用中，『天乃道，道乃久』（十六章）故曰莫知其極，故曰可以
長久。」〔註11〕是以「重積德則無不克」乃老子「無爲而無不爲」之意。

　　後釋「無不克則莫知其極」一段，已於前面第三章中析之，不再複述。

　　〈解老〉釋「莫知其極則可以有國」時云：
　　　　凡有國而後亡之，有身而後殃之，不可謂能有其國，能保其身。夫
　　　　能有其國，必能安其社稷。能保其身，必能終其天年。而後可謂能
　　　　有其國、能保其身矣。夫能有其國、保其身，必且體道，體道則其
　　　　智深，其智深而其會遠。其會遠，眾人莫能見其所極，唯夫能令人
　　　　不見其事極，不見其事極者，爲能保其身、有其國，故曰莫知其極，
　　　　莫知其極則可以有國。

此段〈解老〉乃承上之「莫知其極」，而又做的進一步之發揮。其云「智深則
其會遠」與上節「其術遠則眾人莫見其端末」對照觀來，可見〈解老〉「智術」
之釋實已將道家之「無」援引至明主之「術」。「莫知其極」乃因虛靜體道而
發之解會，故既能合道虛靜、無爲而無不爲，自能治國也，非如〈解老〉以
智術令人不見其事極而有國之釋。

　　〈解老〉釋「有國之母，可以長久。深其根、固其柢，長生久視之道」
時云：
　　　　所謂有國之母，母者道也。道也者，生於所以有國之術。所以有國

〔註11〕同註6，頁142。

之術，故謂之有國之母。夫道以與世周旋者，其建生也長，持祿也
久，故曰有國之母，可以長久。樹木有曼根、有直根。根者，書之
所謂柢也。柢也者，木之所以建生也。曼根者，木之所以持生也。
德也者，人之所以建生也。祿也者，人之所以持生也。今建於理者，
其持祿也久，故曰深其根。體其道者，其生日長，故曰固其柢。柢
固則生長，根深則視久，故曰深其根、固其柢，長生久視之道也。

此段經文乃進一步說明何以能有國，亦即回應章首知嗇早服之意。有國是因
能服道、能深固其母。此母即道，亦即根柢大要，故能長生久視也。〈解老〉
云「母者，道也」，實充分掌握了經義，亦可證明前之「早服」，以服於道較
服於道理之意佳。但其後又云「道也者，生於所以有國之術，所以有國之術，
故謂之有國之母」，以道生於所以有國之術，此乃曲解經義、援道入法之迹也。

後又以「其建生也長，持祿也久」釋經文「長久」之意。長久即「長生
久視」，此非落在時空條件下言形軀之長久，而是精神人格之長久，故〈解老〉
之釋尚未深解經義，其後云「祿也者，人之所以持生也」，更是強解經文也。

（二）思慮靜、孔竅虛

關於「虛靜」，前述五十九章時已一併述之，另於三十八章〈解老〉亦以
「無為無思為虛」釋之，此於下述修養之細則時併述之。

（三）慈故能勇

〈解老〉釋「慈」乃集中於六十七章。

〈解老〉釋「慈故能勇」時云：

愛子者慈於子，重生者慈於身，貴功者慈於事。慈母之於弱子也，
務致其福。務致其福則事除其禍。事除其禍則思慮熟。思慮熟則得
事理。得事理則必成功。必成功則其行之也不疑，不疑之謂勇。聖
人之於萬事也，盡如慈母之為弱子慮也，故見必行之道，見必行之
道，則其從事亦不疑，不疑之謂勇，不疑生於慈，故曰慈故能勇。

〈解老〉首先就愛子、重生、貴功三方面說明慈，其重生、貴功兩者皆已遠
離老子「慈」之意，尤其貴功之論，更非老子之言意也。

〈解老〉釋慈之所以能勇，可析為：

慈→務致其福→除禍→思慮熟→得事理→成功→行之不疑—勇

觀〈解老〉述由慈而勇之歷程，分析雖細密，卻不免予人牽強拘泥之感，且前

後之因果亦多無必然之關係。然其推論以慈之所以能勇，乃出於感情與理智兩方面之融成，此頗得老子虛靜觀照之深意。故〈解老〉以「不疑」釋勇，此「不疑」一方面緣於慈柔所蘊蓄之充沛的勇氣，另方面，則緣於虛靜心之明照，方能生此「得事理」之智慧。且慈柔又根源於心之虛靜，故慈乃虛靜心所表現出之德，而勇則就其發用而言，故慈柔非但不軟弱，且更生發、保障了勇。

〈解老〉釋「慈於戰則勝，以守則固」時，有一段論述：

> 慈於子者不敢絕衣食，慈於身者不敢離法度，慈於方圓者不敢舍規
> 矩。故臨兵而慈於士吏，則戰勝敵；慈於器械，則城堅固。故曰慈
> 於戰則勝，以守則固。

細析此段文字，其「慈於身者，不敢離法度」之言，實非扣緊「慈」義之釋，而是帶入個人現世關懷之過度發揮。若就道家義理觀之，慈身者當致虛守靜，此方是根本之務，而非「不敢離法度」所能盡也。

下半段由臨兵之慈於士吏、器械，以釋戰勝、守固之理。由於乃是承接上半段之論述而導出，而上半段已不切經義，故此段之論證自難圓說，且於經義之疏通上亦未切要點。事實上，經文戰則勝，守則固，乃自迎、退兩方面而言慈德之勇，亦即承上文「慈故能勇」之意而言，慈之勇不僅能明照迎戰，亦能虛靜退守也。

〈解老〉釋「天下之道，盡之生也，若以衛慈之也」時云：

> 夫能自全也，而盡隨於萬物之理者，必且有天生，天生也者，生心
> 也。故天下之道，盡之生也，若以衛慈之也。

〈解老〉此處之引文與今本經文略異，今本作：「天將救之，以慈衛之。」不著「生」字。而〈解老〉之釋則以天生慈心，而以慈衛生也。至於經文之義乃謂天將救人，則以慈衛之，以點明人將救己、救人亦當如天道之虛靜慈柔也。

〈解老〉釋「吾有三寶，持而寶之」乃於全章之末引而釋之。今本中此句經文乃置於章首「慈故能勇」之前。〈解老〉釋此句云：「事必萬全而舉無不當。」就此釋所以為寶也。據經文之述，所以持慈、儉、不敢為天下先為寶，乃因此三者能勇致廣且成器長之故也。

二、修養之細則

〈解老〉、〈喻老〉釋老子之修養論，乃以「緣道理以從事」為修養之主要原則，再以虛靜、嗇、慈之道理內涵，帶出無為、無欲、不思，不用，作

爲其餘修養細則之綱領。關於〈解老〉言無爲、無欲、不思、不用，可自其
對三十八章之解釋作一概略的掌握。

〈解老〉釋三十八章「上德不德，是以有德」時云：

> 凡德者，以無爲集，以無欲成，以不思安，以不用固。爲之欲之則
> 德無舍，德無舍則不全。用之思之則不固，不固則無功。無功則生
> 有德，德則無德，不德則有德。故曰上德不德，是以有德。

此段之釋可表之如下：

$$
德
\begin{cases}
無爲 —— 集 \\
無欲 —— 成
\end{cases} 舍 - 全 \\
\begin{cases}
不思 —— 安 \\
不用 —— 固
\end{cases} 固 - 功
$$

由此可知欲使德舍且固，則需無爲、無欲、不思、不用以集成安固；反之，
則不全無功。〈解老〉此乃扣緊其前言「神不淫於外」之意，使德舍且固，亦
即使神舍且固。

至於「無功則生有德」句，依王先愼云：「生有德，承上不全無功兩者言，
疑無功上脫『不全』二字。」〔註12〕而「生有德」，陳啓天、陳奇猷兩位先生
皆作「生於德」。〔註13〕就文意觀之，作「生於德」較恰，此德乃逐外之「得」，
由於是逐外之得，故爲之、欲之、思之、用之、造成不全、無功之無德困境，
此皆生於德（得）也，故下云「德（得）則無德」。

後言「德則無德，不德則有德」，陳啓天校釋云：「德則無德，謂有所得
於外，則無所得於內也……不德則有德，謂無所得於外，乃能有所得於內也。」
〔註14〕觀陳啓天先生之釋，並未得〈解老〉之意。因無所得於內，則外亦不
可得。而無所得於外，也不一定保證即能有所得於內也。事實上〈解老〉此
段之意乃謂：當人執力外求身全，則神之德不得保（而身之得亦不保），當人
不執於外求身全，而能內返守神，則神、身皆得保。

〈解老〉此段言欲使德舍且固，則需無爲、無欲、不思、不用以集成安
固。無爲、無欲皆可在經文中尋得印證，但「不思」、「不用」則待商榷，一

〔註12〕見王先愼，《韓非子集解》，頁95，世界書局，民國58年10月。
〔註13〕同註7，陳啓天條，頁722。陳奇猷條，頁327。
〔註14〕同註7，陳啓天條，頁723。

則經文中未嘗提及「思」，〈解老〉之「不思」較近於老子之「棄智」義。再則經文中亦未嘗有以「不用」固德之意，〈解老〉「不用」可能較近於老子之「絕聖」義。

〈解老〉釋「上德無爲而無不爲」時云：

> 所以貴無爲無思爲虛者，謂其意無所制也。夫無術者，故以無爲無思爲虛也。夫故以無爲無思爲虛者，其意常不忘虛，是制於爲虛也。虛者，謂其意無所制也。今制於爲虛，是不虛也。虛者之無爲也，不以無爲爲有常。不以無爲爲有常則虛，虛則德盛，德盛之謂上德，故曰上德無爲而無不爲也。

此處〈解老〉以虛釋無爲（無思），「虛者，謂其意無所制也」，無所制故能無不爲。此段〈解老〉之釋大抵而言頗符經義，下德之人制於「故爲虛之意」，以無爲爲有常，所以會有選擇地作爲以成其德名。雖有德名，卻因沒有無爲、虛靜之保障，故不能長久。

〈解老〉亦於此段透露出其以虛爲術之特殊理解，此已於本文第三章時述之。後其「故曰」雖只引「上德無爲而無不爲」句，而事實上此段可分爲兩部分：前半段釋上德句，下半段即釋「下德無爲而有以爲」句。其中「其意常不忘虛，是制於爲虛也」句，陳奇猷釋爲「意不忘虛，則虛已佔於中，故爲虛所制」，〔註15〕此釋有誤，並非被「虛」所制，而是被「故爲虛之意」所制也。

以下即據無爲、無欲、不思以言修養之細則。

（一）無　爲

〈解老〉、〈喻老〉對「無爲」綱領下之修養細則，可分爲：不敢爲天下先、含垢處下、恃自然而不敢爲、聖人不病、自見自勝等分述之。

1. 不敢為天下先

〈解老〉釋六十七章「不敢爲天下先，故能爲成事長」時云：

> 凡物之有形者，易裁也，易割也。何以論之？有形則有短長，有短長則有小大，有小大則有方圓，有方圓則有堅脆，有堅脆則有輕重，有輕重則有白黑。短長大小方圓堅脆輕重白黑之謂理。理定而物易割也，故議於大庭而後言，則立。權議之士知之矣。故欲成方圓而隨其規矩，則萬事之功形矣。而萬物莫不有規矩，議言之士，計會

〔註15〕同註 7 陳奇猷條，頁 328。

規矩也。聖人盡隨於萬物之規矩，故曰不敢爲天下先。不敢爲天下
先則事無不事，功無不功，而議必蓋世，欲無處大官，其可得乎？
處大官之謂成事長，是以故曰不敢爲天下先，故能爲成事長。

〈解老〉釋「不敢爲天下先」句，乃自萬物之規矩，亦即「理」解起，關於
此，筆者已於本文第四章時述之。

〈解老〉雖以「聖人盡隨於萬物之規矩」釋經文，然由其於本段中之述：
「理定而物易割也」、「欲成方圓而隨其規矩，則萬事之功形矣。而萬事物莫
不有規矩，議言之士，計會規矩也」，可知其將聖人之所以能盡隨於萬物之規
矩，乃是智識計量之結果，而隨物之規矩的用意亦在裁制形功矣。此皆背離
了經文之義也。老子主張民棄巧智，且未有裁制立功之說。聖人之所以「不
敢爲天下先」乃因其虛靜無爲、謙退無執（「不敢」乃虛靜心之自然，無半分
功利的考量勉強），此即〈解老〉所謂「聖人盡隨於萬物之規矩」之根本原因，
亦乃〈解老〉未深及者。

2. 含垢處下

〈喻老〉釋五十四章「善建不拔，善抱不脫，子孫以其祭祀，世世不輟」
時云：

> 楚莊王既勝，狩於河雍，歸而賞孫叔敖，孫叔敖請漢間之地，沙石
> 之處，楚邦之法，祿臣再世而收地，雖孫叔敖獨在，此不以其邦爲
> 收者瘠也，故九世而祀不絕，故曰善建不拔，善抱不脫，子孫以其
> 祭祀，世世不輟，孫叔敖之謂也。

〈喻老〉此處敍述孫叔敖受封之事，孫叔敖獨擇瘠地以居處之，然即以其地貧
瘠而避開收地之法，故能九世而祀不絕，此即所謂無用之大用也。依〈喻老〉
之述，孫叔敖之擇瘠地乃善建、善抱之守雌、處下，以其能虛靜守柔，故能成
就不拔、不脫、祭祀不輟之功。此章〈解老〉亦曾述之，而〈喻老〉之解析不
同於〈解老〉直接自人生修養入手釋經，乃藉孫叔敖封地史事以譬喻經義也。

3. 恃自然而不敢爲

〈喻老〉釋六十四章「恃萬物之自然而不敢爲也」時云：

> 夫物有常容，因乘以導之，因隨物之容，故靜則建乎德，動則順乎
> 道。宋人有爲其君以象爲楮葉者，三年而成，豐殺莖柯，毫芒繁澤，
> 亂之楮葉之中而不可別也，此人遂以功食祿於宋邦。列子聞之曰：「使
> 天地三年而成一葉，則物之有葉者寡矣。故不乘天地之資，而載一

> 人之身，不隨道理之數，而學一人之智，此皆一葉之行也。故冬耕
> 之稼，后稷不能羡也；豐年大禾，臧獲不能惡也。以一人之力，則
> 后稷不足；隨自然，則臧獲有餘，故曰恃萬物之自然而不敢爲也。」

〈喻老〉此處舉宋人以象爲楮葉者之事爲例，以說明人當「乘天地之資」、「隨道理之數」。〈喻老〉之引文與今本經文有小異，今本作「輔」，而〈喻老〉引作「恃」，故其釋經義有「因乘以導之」、「乘天地之資」之乘、恃義。就經文觀之，老子之意在點出自然乃天道之性，故指人當虛靜無爲，以順任萬物之自然也，故以今本經文作「輔」字較恰。

4. 聖人不病

〈喻老〉釋七十一章乃承其上對五十二章「守柔曰強」之述而續言之。〈喻老〉釋五十二章「守柔曰強」時引句踐與文、武王之史事以譬況之，其後又言：「越王之霸也，不病宦；武王之王也，不病胥。」以釋七十一章「聖人之不病也，以其不病，是以無病也」之經義。在本文引述〈喻老〉釋五十二章「守柔曰強」時已論及。越王、武王之不病宦、不病胥，乃爲完成其後之復仇雪恥、霸王大業，此「不病」乃一種暫時的隱忍，而非虛靜化解的成全，故〈喻老〉所引之史並不能對經義作一相應的理解。

又〈喻老〉所引之經文與今本有異，今本經文作「聖人不病，以其病病，是以不病」。言「病病」乃承上句經文而來，其意即聖人能正視其「不知知」之病而化解之，故能不病。就今本經文而言「以其病病，是以不病」乃是解釋「聖人不病」之因。而〈喻老〉引「病病」作「不病」，且末之「不病」引作「無病」，使得整句「以其不病，是以無病也」乃承「聖人之不病也」而衍說，亦即「聖人之不病」乃成「是以無病」之因，與今本經文文意重點不同。但就七十一章全章之文意觀之，聖人當是以「不知知」之病爲病的，故以今本經文所引較能通貫全章文意。

5. 自見、自勝

〈喻老〉釋三十三章「自見之謂明」時云：

> 楚莊王欲伐越，莊子諫曰：「王之伐越何也？」曰：「政亂兵弱。」莊
> 子曰：「臣患智之如目也，能見百步之外，而不能自見其睫。王之兵
> 自敗於秦晉，喪地數百里，此兵之弱也。莊蹻爲盜於境內，而吏不能
> 禁，此政之亂也。王之弱亂，非越之下也，而欲伐越，此智之如目也。」
> 王乃止。故知之難，不在見人，在自見，故曰自見之謂明。

〈喻老〉舉楚莊王見人不見己之事例喻之，且以「知之難，不在見人，在自見」作經文「自見之謂明」之註腳。今本經文云「知人者智，自知者明」，〈喻老〉之述乃結合此兩句以釋之。然就其意觀之，乃以爲見人不難、自見尤難。事實上就經文之義理察之，見人與自見此間非一難易之較，而是一超越的區分。自見是道心，見人是成心，智是有執的心，明是無執的心，此明由心之虛靜所生，若能以虛靜心之直觀明照，自可見己，而推及見人，此《道德經》四十七章云：「不出戶，知天下。」故〈喻老〉之解未能切合經義也。

〈喻老〉釋三十三章「自勝之謂強」時云：

> 子夏見曾子，曾子曰：「何肥也？」對曰：「戰勝故肥也。」曾子曰：「何謂也？」子夏曰：「吾入見先王之義則榮之，出見富貴之樂又榮之，兩者戰於胸中，未知勝負，故臞。今先王之義勝，故肥。是以志之難也，不在勝人，在自勝也，故曰自勝之謂強。

〈喻老〉在此舉子夏因胸中義勝而肥之事的例子來比喻，而且以「志之難也，不在勝人，在自勝也」爲經文「自勝之謂強」作一註腳。今本經文云：「勝人者有力，自勝者強。」〈喻老〉之解乃結合此兩句以釋之，且以經文之勝不勝指「志」說。就其意觀之，乃以爲勝人不難，自勝尤難。事實上由經文之義理察之，勝人與自勝之間並不在於難易之比較，而是一種超越的區分，自勝是無心無爲，而勝人是有心有爲。勝人者有力是打天下，自勝者強是回歸自我，此「強」乃由心之虛靜守柔而來，亦即虛靜守柔方能自我超越，自勝者不求勝人。故「此所謂的『強』，與柔弱勝剛強的『強』有異。非飄風驟雨的『強』，非物壯則老的『強』，而是虛弱柔和的『強』與道家同其長久的『強』」。〔註16〕虛靜守柔做爲根源，守柔不求勝，故能成就自己，又不會傷害對方。

（二）無 欲

〈解老〉、〈喻老〉對「無欲」綱領下之修養細則，又可依「破欲利」、「儉以廣」等分述之。

1、破欲利

關於破欲利這一修養細則的論述，集中於〈解老〉對經文四十六章之釋，而〈解老〉對四十六章之釋，又可分四段說明之：

〈解老〉釋「天下有道，卻走馬以糞」時云：

〔註16〕同註6，頁143。

有道之君，外無怨讎於鄰敵，而內有德澤於人民。夫外無怨讎鄰敵
者，其遇諸侯也外有禮義。內有德澤於人民者，其治人事也務本。
遇諸侯有禮遇，則役希起，治民事務本，則淫奢止。凡馬之所以大
用者，外供甲兵而內給淫奢也。今有道之君，外希用甲兵，而內禁
淫奢。上不事馬於戰鬥逐北，而民不以馬遠通淫物，所積力唯田疇。
積力於田疇，必且糞灌，故曰天下有道，卻走馬以糞也。

此段〈解老〉以禮義、務本以言有道之君內外之政。據「上不事馬於戰鬥逐
北，而民不以馬遠通淫物」以推釋經文「卻走馬以糞」之意。觀〈解老〉之
釋，條理清晰，因果分明，然由君上禮義、務本之釋，仍有未觸經文深義之
憾。此章經文首以「天下有道」之句以襯應出下文由欲得、不知足而至無道
的結果。故「天下有道」乃全句之重點，以天下皆在道之觀照中而足於生命
之自然，「卻走馬以糞」不過是作者取之以狀天下足於生命之自然的一景。但
取馬以況譬，站在當時的戰役與農耕型態，「卻走馬以糞」實可十分傳神地表
達「天下有道」的安足自然。故知此句並不重在說明君上行禮義、務本之內
外之治。

〈解老〉釋「天下無道，戎馬生於郊」時云：

人君者無道，則內暴虐其民，而外侵欺其鄰國。內暴虐則民產絕，
外侵欺則兵數起。民產絕則畜生少，兵數起則士卒盡。畜生少則戎
馬乏，士卒盡則軍危殆。戎馬乏則將馬出，軍危殆則近臣役。馬者
軍之大用，郊者言其近也，今所以給軍之具於將馬近臣，故曰天下
無道，戎馬生於郊矣。

〈解老〉此仍以人君內外兩方面之政立說，「內暴虐其民而外侵欺其鄰國」故「給
軍之具於將馬近臣」釋「戎馬生於郊」之經義。但經文「戎馬生於郊」非指「戎
馬乏則將馬出、軍危殆則近臣役」，乃是以馬因天下之多欲貪得而盡服戰役，且
迫生於郊，斷殺其生命之自然，以況譬「天下無道」對生命之傷殘也。

〈解老〉釋「禍莫大於可欲，禍莫大於不知足」時云：

人有欲則計會亂，計會亂而有欲甚，有欲甚則邪心勝，邪心勝則事經
絕，事經絕則禍難生，由是觀之，禍難生於邪心，邪心誘於可欲，可
欲之類進則教良民為姦，退則令善人有禍。姦起則上侵弱君，禍至則
民人多傷。然則可欲之類，上侵弱君而下傷人民。夫上侵弱君而下傷
人民者，大罪也，故曰禍莫大於可欲。是以聖人不引五色，不淫於聲

樂，明君賤玩好而去淫麗。人無毛羽，不衣則不犯寒，上不屬天而下不著地，以腸胃爲根本，不食則不能活，是以不免於欲利之心，欲利之心不除，其身之憂也。故聖人衣足以犯寒，食足以充虛，則不憂矣。眾人則不然，大爲諸侯，小餘千金之資，其欲得之憂不除也，胥靡有免死罪時活。今不知足者之憂，終身不解，故曰禍莫大於不知足。

〈解老〉此段之釋可分爲兩部分，首先點出禍莫大於可欲，再由可欲點出禍莫大於不知足（在王弼本中無「禍莫大於可欲」句）。〈解老〉爲說明禍莫大於可欲，析之爲：

有欲 － 計會亂 － 欲甚 － 邪心勝 － 事經絕 －禍難┌ 姦 － 侵弱君┐
　　　　　　　　　　　　　　　　　　　　　└ 禍 － 人多傷┘ － 大罪

由是可知，〈解老〉將由可欲至得禍罪之過程交待得十分詳密，以侵君傷人爲大罪，事實上得此大罪亦即傷己傷生矣。後承可欲進一步說明「禍莫大於不知足」，雖然可欲與不知足間之關係爲何，文中並未明顯表之，但由其中所云「欲利之心不除，其身之憂也」、「其欲得之憂不除也，胥靡有免死罪時活」，似乎透露出可欲之心乃是招不足之憂的根本禍因，故後云「今不知足者之憂，終身不解」，〈解老〉將經文不知足之意再探進一層，導出可欲之心，可謂解經深矣。

〈解老〉釋「咎莫憯於欲利」時云：

故欲利甚於憂，憂則疾生，疾生而智慧衰，智慧衰則失度量，失度量則妄舉動，妄舉動則禍害至，禍害至而疾嬰內，疾嬰內則痛，禍薄外則苦，苦痛雜於腸胃之間，則傷人也憯，憯則退而自咎，退而自咎也，生於欲利，故曰咎莫憯於欲利。

〈解老〉此處所引之經文與今本有異，今本經文作「咎莫大於欲得」且後有「故知足之足，常足矣」句。此段乃承上節「禍莫大於可欲」之釋，再加詳細說明。觀此段欲利與禍咎之因果關係實乃上一節的複述，但除了說明更詳外，亦將上所謂侵君傷民之禍罪拉回至個人生命苦痛之傷咎，更具真切的感動力。

除了以上所述〈解老〉對四十六章之分析外，另外〈喻老〉亦對四十六章提出說解：

關於經文四十六章，〈解老〉已釋之，此處除前兩小段仍承〈解老〉釋經方式外，其餘皆引史事以喻釋之。〈解老〉、〈喻老〉由於兩者表達型態不同，

對此章自然有著重不同的發揮。大致而言，〈喻老〉對此章之討論，說理部分不如〈解老〉之析來得詳纈細密，且兩者對經文義理之掌握亦有些許出入。就〈喻老〉此章所引之史事觀之，多爲政治上興亡盛衰之事例，可見作〈喻老〉者之關懷面向，亦可藉此等政治史事爲其轉老入法立一方便。不過觀〈喻老〉此章對史事之引述，大致上都能守住道法分際，未對經義做過分的發揮。以下即分六小段以說明之。

〈喻老〉釋「天下有道，卻走馬以糞」時云：

> 天下有道，無急患，則曰靜，遽傳不用，故曰卻走馬以糞。

無急患乃就戰事之平靜言，〈喻老〉所言過簡，只是順解經義，未能對「有道」做更深刻的發揮。反觀〈解老〉對此段之釋，尚能對所以「有道」提出一套解釋（雖然未能貼切經義），而此處皆付諸闕如，且以「遽傳不用」釋「卻走馬以糞」，未能掌握經義，請詳見前面引述〈解老〉釋此章處。

〈喻老〉釋「天下無道，戎馬生於郊」時云：

> 天下無道，攻擊不休，相守數年不已，甲冑生蟣蝨，鷰雀處帷帷，
> 而兵不歸，故曰戎馬生於郊。

〈喻老〉釋「戎馬生於郊」在於「戰事歷數年」而不休，〈解老〉則就「兵禍數起」以釋之，兩者對於自天下無道而至戎馬生於郊之過程，在說明上重點方向雖不同，但皆能順通經義。〈喻老〉此段未能見一「馬」字，乃藉戰數年以說明戎馬生於郊。

至於〈解老〉釋經的文字較長，但謬誤亦較多。

〈喻老〉釋「罪莫大於可欲」時云：

> 翟人有獻豐狐玄豹之皮於晉文公，文公受客皮而歎曰：「此以皮之美
> 自爲罪。夫治國者以名號爲罪，徐偃王是也。以城與地爲罪，虞虢
> 是也。」故曰罪莫大於可欲。

〈解老〉引此句時作「禍莫大於可欲」，今王弼本無此句。〈喻老〉釋此句時，引翟人獻美皮之事以喻，似乎與「罪莫於可欲」之義有所出入。「可欲」之「可」當作「認可」解，即以欲爲可以有，則人沉落於欲求之馳逐。至於〈喻老〉理解「可欲」爲「有可欲」，指擁有可令人冀欲之物，故其引翟人獻美皮之史事以證。但皮之美、國之名號、城地，皆皮之本有、國之本有，本身實無罪禍可言，罪禍之所以生，乃在人面對此皮之美、國之名號、城地時所生的可

欲冀求，故曰罪之大在此。

〈喻老〉釋「禍莫大於不知足」時云：

> 智伯兼范、中行，而攻趙不已，韓魏反之，軍敗晉陽，身死高梁之
> 東，遂卒被分，漆其首以為溲器，故曰禍莫大於不知足。

為說明「禍莫大於不知足」之經義，〈喻老〉舉智伯之不知足以明之，此事在《韓非子・十過篇》中有詳細的引述，兩篇皆引此事說明貪欲、不知足之禍。但〈十過篇〉更強調出了智伯之愎戾自用、無術剛暴的形象。此事又見載於《戰國策・趙策》、《戰國策・魏策》、《說苑・權謀篇》、《淮南子・人間訓》、《史記・韓趙魏世家》、《史記・刺客列傳》、《韓非子・說林上篇》、《韓非子・難三篇》。但此兩篇之述皆不及〈十過篇〉之詳也。

〈喻老〉釋「咎莫憯於欲得」時云：

> 虞君欲屈產之乘與垂棘之璧，不聽宮之奇，故邦亡身死，故曰咎莫
> 憯於欲得。

〈解老〉引此句時作「咎莫憯於欲利」，今本經文作「咎莫大於欲得」。〈喻老〉釋此句與〈解老〉除引文上之異外，最大不同在於對「咎」之內涵有不同之說明：〈解老〉著重於言個人之傷咎，即以自我咎責為意，至於〈喻老〉則以災禍釋之，故舉虞君之貪利欲得，遭致邦亡身死之災禍以說明。

〈喻老〉釋「知足之為足矣」時云：

> 邦以存為常，霸王其可也。身以生為常，富貴其可也。不欲自害，
> 則邦不亡、身不死，故曰知足之為足矣。

〈解老〉釋此章時無引此句，今本經文作「知足之足，常足矣」。〈喻老〉釋此句云：「不欲自害，則邦不亡、身不死。」以說明邦亡身死皆自害也。而自害之根本原因在於不知知足之為足矣。但〈喻老〉以霸王、富貴為國存身在之可期者，實已偏離老子之意。

關於破欲利之修養細則，〈喻老〉於釋六十四章「欲不欲，而不貴難得之貨」時云：

> 宋之鄙人，得璞玉而獻之子罕，子罕不受。鄙人曰：「此寶也，宜為
> 君子器，不宜為細人用。」子罕曰：「爾以玉為寶，我以不受子玉為
> 寶。」是鄙人欲玉，而子罕不欲玉，故曰欲不欲，而不貴難得之貨。

〈喻老〉此處舉子罕拒鄙人之玉之事以說明經義。《道德經》第三章云：

「不尚賢，使民不爭；不貴難得之貨，使民不爲盜；不見可欲，使民心不亂。」
賢與難得之貨乃是世俗價值認知上的分判，此價值分判亦即人之可欲，聖人
面對此分判，唯有不尚之、不貴之、不見之，亦即不執於知、欲也。就此觀
〈喻老〉所引述之事例，尚能對經義作一符切的喻譬。

2、儉以廣

關於儉以廣之修養細則之述，〈解老〉於釋六十七章「儉故能廣」時云：

> 周公曰：「冬日之閉凍也不固，則春夏之長草木也不茂。天地不能常
> 侈常費而況於人乎？」故萬物必有盛衰，萬事必有弛張，國家必有
> 文武，官治必有賞罰，是以智士儉用其財則家富、聖人愛寶其神則
> 精盛，人君重戰其卒則民眾，民眾則國廣，是以舉之曰儉故能廣。

〈解老〉釋「儉故能廣」，乃從天地不能常侈費以推論萬事萬物張弛盛衰之原
理，其意乃以爲當事物張、盛時即當持儉以避弛衰，但其下又言「國家必有
文武、官治必有賞罰」，此文武賞罰已非經文儉義之範圍。老子亦從未言及於
此，尤其「官治必有賞罰」一句，此乃法家「法」之主張，出現於此，不免
令人疑其已隱爲本身之理論找一根據，故方有此援道入法之言。且由〈解老〉
所云可知，其已將老子虛靜心之儉嗇之德，推擴至儉財重戰之種種面對，基
本上仍能貼符經義，不過在行文上未見其點明「儉故能廣」乃源於心之虛靜
無爲，故能儉嗇廣裕也。

（三）不　思

〈解老〉、〈喻老〉述「不思」，可由下幾則經文以見。

〈喻老〉釋經文六十四章「學不學，復歸眾人之所過也」所云，已於前
第四章部分述之，此不複也。

〈喻老〉釋四十七章「其出彌遠，其智彌少」時云：

> 趙襄主學御於王子期，俄而與於期逐，三易馬而三後。襄主曰：「子
> 之教我御，術未盡也。」對曰：「術已盡，用之則過也。凡御之所貴，
> 馬體安於車，人心調於馬，而後可以進速致遠。今君後則欲逮臣，
> 先則恐逮於臣。夫誘道爭遠，非先則後也，而先後心在於臣上，何
> 於調於馬？此君之所以後也。」白公勝慮亂，罷朝倒杖，而策銳貫
> 頤，血流至於地而不知。鄭人聞之曰：「頤之忘，將何爲忘哉？」故
> 曰其出彌遠者，其智彌少，此言智周乎遠，則所遺在近也。

〈喻老〉釋此段，乃舉趙襄主學御及白公勝慮亂兩則以明之。趙襄主御馬，以其所逐在外（前後之慮）、未調於內（以心調馬），喻人所慮在遠而忽略切近之事。但〈喻老〉此僅作一譬喻，卻未真正點出經文之義。所謂切近根本之事，即就心之虛靜修養而言，當心一旦失位外逐，則失其明照之知也。

至於白公勝慮亂一則，又見於《左傳・哀公十六》、《史記・楚世家》、《淮南子・說山訓》及〈道應訓〉、《列子・說符篇》等。此處重點在以白公勝之忘其頃之出血，點明其復仇之心切。〈喻老〉以此來說明經文「其出彌遠，其智彌少」之義，有過分引申之嫌。

再今本經文作「其知彌少」知乃就虛靜心之明言，此乃老子所謂之真正的知。〈喻老〉作「其智爾少」，後又云「智周乎遠」，可見其智乃就心之思言。就道家義理而言，以作「心之明」（知）較佳。

（四）見小曰明

除上所述無為、無欲、不思等之修養細則外，《道德經》中亦積極地提出見小曰明、謀於未兆之修養細則，以下便加以論述之。

1、見小曰明

〈喻老〉釋經文五十二章「見小曰明」時云：

> 昔者紂為象箸而箕子怖，以為象箸必不加於土鉶，必將犀玉之杯。象箸玉杯必不羹菽藿，則必旄象豹胎。旄象豹必不衣短褐而食於茅屋之下，則錦衣九重、廣室高臺。吾畏其卒，故怖其始。居五年，紂為肉圃、設炮烙、登糟邱、臨酒池，紂遂以亡。故箕子見象箸以知天下之禍，故曰見小曰明。

此處〈喻老〉乃引其箕子預見商紂之將亡一事以說明經文「見小曰明」之義。箕子之預見紂之將亡，乃自紂製作象箸這一小事而洞明之。〈喻老〉述其推明之過程，乃由為象箸以推見紂王在食、衣、住將有之豪奢。君王之豪奢已然背離道之素樸自然，故必帶來國家、個人之衰亂，故曰「箕子怖」，乃其因預見了商紂之卒而怖也。〈喻老〉除述箕子由小見大之推明過程外，更引史事以證驗箕子之預言：「居五年，紂為肉圃、設炮烙、登糟邱、臨酒池，紂遂以亡。」此中四事據俞樾、王先慎之釋，當皆屬飲食奢侈之事。〔註17〕可見紂亡之結局不僅符合箕子之預想，且其亡卒之因亦早為箕子所洞知。

〔註17〕同註12，頁120。

觀〈喻老〉之引述，僅能對經文作字意表面上的譬喻解釋，而未能進一步深探經義。「見小曰明」中，「明」乃就「見小」所達到的效果而言。然而何以能見小呢？此乃由於虛體心之如鏡朗照所致，故「見小曰明」的提出，乃要人先返回根本上心之虛靜修養，如此方能見小、方能明。

2、謀於未兆

〈喻老〉釋經文六十四章「其安易持也，其未兆易謀也」時云：

> 昔晉公子重耳出亡，過鄭，鄭君不禮，叔瞻諫曰：「此賢公子也，君厚待之，可以積德。鄭君不聽，叔瞻又諫曰：「不厚待之，不若殺之，無令有後患。鄭公又不聽。及公子返晉邦，舉兵伐鄭，大破之，取八城焉。晉獻公以垂棘之璧，假道於虞而伐虢，大夫宮之奇諫曰：「不可，脣亡而齒寒，虞虢相救，非相德也。今日晉滅虢，明日虞必隨之亡。」虞君不聽，受其璧而假之道。晉已取虢，還反滅虞。此二臣者，皆爭於腠理者也，而二君不用也。然則，叔瞻、宮之奇亦虞、鄭之扁鵲也，而二君不聽，故鄭以破、虞以亡。故曰其安易持也，其未兆易謀也。

基本上經文六十四章乃承六十三章「天下難事必作於易，天下大事必作於細」之意做進一步的發揮。〈喻老〉此處並未直接釋經，乃引鄭君不聽叔瞻之諫而為重耳所敗，及虞君不聽宮之奇之諫而亡於晉這兩則事例，以說明事當爭於腠理、未兆之際的道理。但叔瞻、宮之奇雖能圖謀於事之未兆之際，卻離道家虛靜修養尚有一段距離。觀叔瞻曰：「君厚待之可以積德……不若殺之，無令有後患。」宮之奇曰：「虞虢相救，非相德也。今日晉殺虢，明日虞必隨之亡。」可見兩人之關懷集中在政治上之存亡利害，此乃涉及術智之運用。觀〈喻老〉之述，兩人可謂謀慮深矣，卻非老子所謂因虛靜觀照而有之明白。〈喻老〉之所以引此兩則以說明經義，乃因其已將經文虛靜明照而有的持於安、謀於未兆之義轉化理解為政治上權謀智術之運用矣。

綜上所言道家之修養原則，其目的即在使人自好徑背道中返回大道自然。關於〈解老〉、〈喻老〉析道家（老子）之修養原則，可以以〈解老〉對經文五十三章之釋作結。

〈解老〉對五十三章之釋可分兩段說明之：

〈解老〉釋五十三章「使我介然有知，行於大道，唯施是畏，大道甚夷，而民好徑」時云：

書之所謂大道也者，端道也；所謂貌施也者，邪道也；所謂徑大也
者，佳麗也。佳麗也者，邪道之分也。

〈解老〉於此並未完整引入經文，〈解老〉此處以正、邪之道釋經文中之「大
道」、「施」（〈解老〉作「貌施」）、「徑」（〈解老〉作「徑大」）之意。所謂邪
道乃就背離大道而言，故「施」者乃指背離大道之為（如王弼以「唯施為之
是畏也」〔註 18〕釋之），〈解老〉以「邪道」概之，並與「正道」對比，可謂
獨到之見解。

〈解老〉釋「朝甚除，田甚蕪、倉甚虛。服文采、帶利劍、厭飲食，而
財貨有餘者，是之謂盜竽矣」時云：

朝甚除也者，獄訟繁也，獄訟繁則田荒，田荒則府倉虛，府倉虛則國
貧，國貧而民俗淫侈，民俗淫侈則衣食之業絕，衣食之業絕則民不得
無飾巧詐，飾巧詐則知采文，知采文之謂服文采。獄訟繁、倉廩虛而
有以淫侈為俗，則國之傷也，若以利劍刺之，故曰帶利劍。諸夫飾智
故以至於傷國者，其私家必富，私家必富，故曰資貨有餘。國有若是
者，則愚民不得無術而效之，效之則小盜生。由是觀之，大姦作則小
盜隨，大姦唱則小盜和。竽也者，五聲之長者也，故竽先則鍾瑟皆隨，
竽唱則諸樂皆和。今大姦作則俗之民唱，俗之民唱則小盜必和，故服
文采、帶利劍、厭飲食而資貨有餘者，是之謂盜竽矣。

〈解老〉此段之釋又可分四小段說明之：

〈解老〉釋「朝甚除」至「服文采」，乃以因果推導之方式說明之：

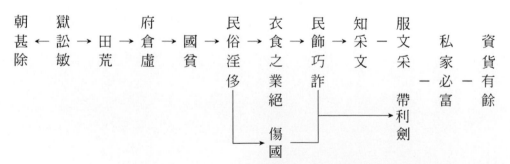

觀〈解老〉以此因果關係釋經文，推導過程不無疑問，且以服文采乃獄訟繁
層層而下之結果，此更待斟酌，因經文「朝甚除……倉甚虛」與「服文采……

財貨有餘」之間非一因果關係，而是針對「好徑」施為之現象，就官府人主之有為喜好而言，而由「盜夸」來綜攝所有好徑背道者。

〈解老〉續釋「帶利劍」，亦由獄訟繁導出，造成「國之傷也，若以利劍刺之」，此因果關係之謬，上已述之。〈解老〉之釋「服文采」乃就民之傷言，「帶利劍」則就國之傷言。然就經文整段文意觀之，「服文采、帶利劍、厭飲食，財貨有餘」，皆就盜夸而言，服、帶、厭當皆作動詞，以明好徑背道者之情狀，是以陳啟天釋「帶利劍」云：「謂佩劍以示威武。」〔註19〕由是以觀，〈解老〉之釋為不洽也。

〈解老〉未釋經文「厭飲食」句，而直接釋「資貨有餘」，其由飾智傷國以富私家釋之，雖能疏通經義，然〈解老〉之釋乃以帶利劍之傷國為資貨有餘之因，就經文觀之，「服文采」、「帶利劍」與「資貨有餘」皆屬地位平行之句，非因果關係（此由今本經文更可明顯見之，〈解老〉之引文在「資貨有餘」上有「而」字連接上文，故有此因果推導之解），乃皆在明好徑背道者之情狀。

最後〈解老〉釋何以「服文采、帶利劍、厭飲食、財貨有餘」者，謂之盜竽之故（今本作「盜夸」。作「盜竽」重在論及對人起效生隨和之影響。作「盜夸」則重在說明資貨有餘等之夸奢乃盜行，亦即非道也，如王弼注），乃因「服文采、帶利劍、厭飲食、財貨有餘」者，會進一步助長愚民（即俗之民，亦即一般百姓）小盜者用術以效倣隨和。此間〈解老〉之「術」，乃指種種背道徑路，術取劣義。

肆、修養之實踐途徑

關於修養之實踐途徑，可自〈解老〉釋經文五十四章之內容明之：

〈解老〉釋「善建者不拔」時云：

> 人無愚智，莫不有趨舍，恬淡平安，莫不知禍福之所由來。得於好惡，怵於淫物，而後變亂。所以然者，引於外物、亂於玩好也。恬淡有趨舍之義，平安知禍福之計。而今也玩好變之、外物引之，引之而往，故曰拔。至聖人不然，一建其趨舍，雖見所好之物不能引，不能引之謂不拔。

〈解老〉首先釋經文「善建者不拔」之「不拔」意，乃指「雖見所好之物不

能引」，而聖人之所以能不拔，乃以其善建之故。何謂善建？〈解老〉云：「一建其趨舍」，趨舍指趨福避禍，〈解老〉又進一步舉「恬淡平安」以明所以能一建其趨舍之因。此處〈解老〉以一建釋善建，一有「固」之意。

〈解老〉釋「釋抱者不脫」時云：

> 一於其情，雖有可欲之類，神不爲動，神不爲動之謂不脫。

〈解老〉續釋經文「不脫」之意，「不脫」乃指「雖有可欲之類，神不爲動」，而神之所以不爲動，乃因「一於其情」之故。此句〈解老〉之釋，形式上與上句類似，然較之上句又有更進一步的說明：如不爲動指神（上句「不能引」則未點明）、一的對象乃指情（上句「一建」之對象亦未點明）。〈解老〉之釋雖頗能疏通經義，然其中亦有可議之處，如老子從未有神不爲動、情能一之之言，不爲動與一就《道德經》經文而言，當皆指心與德說。

〈解老〉釋「子孫以祭祀不輟」時云：

> 爲人子孫者，體此道以守宗廟，不滅之謂祭祀不絕。

〈解老〉此釋子孫所以能祭祀不輟，乃因其能體道也。

〈解老〉釋「修之身，其德乃眞」時云：

> 身以積精爲德，家以資財爲德，鄉國天下皆以民爲德。今治身而外物不能亂其精神，故曰修之身，其德乃眞。眞者，愼之固也。

〈解老〉釋上句「今治身，而外物不能亂其精神」，又云「眞者，愼之固也」。〈解老〉之釋的重點，分別就「治身」與「外物不能亂其精神」兩方面立言，以逼顯德之愼固，此解雖乃承上不拔、不脫之意，但猶未能充分掌握經義。

修之身指修德於身，亦即以德修身，則此德乃能眞切地爲自身所實現，故曰其德乃眞。〈解老〉之治身以經義觀之，即以德治身，此乃〈解老〉所未點明者。且〈解老〉謂「身以積精爲德，家以資財爲德」，積精之言在老子經文中未嘗見，《老子》直言積德守母，再「家」句亦是背離經義之言，容後敘之。

〈解老〉釋「修之家，其德有餘」時云：

> 無用之物，不能動其計則資有餘，故曰修之家，其德有餘。

〈解老〉釋「修之家，其德有餘」乃就資財之有餘立言，此爲外在之得，實已遠離經文修德於內之義。「修之家」即指修德於家，此乃自身之德眞實實現的進一步擴大，「其德有餘」乃說明德因爲能推擴以涵潤自身而更顯有餘。

〈解老〉釋「修之鄉，其德乃長」時云：

　　治鄉者行此節則家之有餘者益眾，故曰修之鄉，其德乃長。

〈解老〉釋此句，乃承其釋修之家者其資財有餘的偏解加以釋經，自然不能切中經義。「修之鄉」即修德於鄉，此乃修之家更進一步的推擴落實，亦即在此推擴落實的過程中，成就了德之成長深厚。

　　〈解老〉釋「修之邦，其德乃豐」時云：

　　　治邦者行此節，則鄉之有德者益眾，故曰修之邦，其德乃豐。

〈解老〉釋此句云：「怡邦者行此節」與上句「治鄉者行此節」之節，即其上所言「無用之物，不能動其計」之治家儉用之節，事實上此已非經文「德」之全貌，加上其所言「家之有餘者益眾」、「鄉之有德者益眾」，此乃就人數之多寡以釋經文「長」、「豐」之意，此皆屬外在實質之得，而未能深切經文所要表達：內修之德觀照推擴之後的真、餘、長、豐以至於普的深意。上句「修之鄉，其德乃長」乃說明德推擴涵潤於鄉後而得以成長，此句則說明德由鄉再推擴至邦國時，量上的壯大豐富。

　　〈解老〉釋「修之天下，其德乃普」時云：

　　　莅天下者，行此節則民之生莫不受其澤，故曰修之天下，其德乃普。

〈解老〉釋此句乃承上治家儉用之節，以言民之生皆受此節之澤，此普乃物資儉節之後的普，而經文之普，實乃內德推擴遍施之普，故〈解老〉之釋乃一偏解。

　　上兩句乃就德時、量上之效應立言，此句言天下，乃涵蓋德在人間行程中的無盡推擴而能豐潤萬有，「其德乃普」此乃就空間上之效應立言。事實上自「修之身」至「修之天下」此一大段經文，乃就德落實於人間世層層推擴時的效應而作一描述。故身、家、鄉、邦、天下，此乃理論上的分說，實踐時道德即在推擴涵潤當下，得以真實、有餘、成長、豐厚、普遍。由以上之說明可知，經文乃就精神修養立言，至於〈解老〉則已落入現實物資、人民眾寡之衡量，實已遠離經義矣。

　　〈解老〉釋「以身觀身，以家觀家，以鄉觀鄉，以邦觀邦，以天下觀天下，吾奚以知天下之然也？以此」時云：

　　　修身者，以此別君子小人。治鄉、治邦、莅天下者，各以此科適觀
　　　息耗則萬不失一。故曰以身觀身，以家觀家，以鄉觀鄉，以邦觀邦，
　　　以天下觀天下，吾奚以知天下之然也，以此。

經文此段之意，乃承上而言，修德於身，即可以此身之德觀照自身；修德於家，即可以此身之德推擴觀照身家；修德於鄉，即可以此身之德推擴觀照鄉里；修德於邦，即可以此身之德推擴觀照邦國；修德於天下，即可以此身之德推擴觀照全天下。也就是說，讓身家鄉國天下，回歸其自己。

而觀〈解老〉之釋「以身觀身」云：「修身者，以此別君子小人。」此釋「觀」乃著重於辨別之意，但就老子所言之「觀」意，非主觀辨別，「觀」是虛靜心之明照，非對萬物作辨別判斷，而是通過虛靜之「觀」，使物物自然，各復歸焉。〈解老〉又云「治鄉、治邦、蒞天下者，各以此科適觀息耗，則萬不失一」，此隱然落至現實之功利分判，而未能深悉老子之「觀」意。

第四節　對政治論之體悟

〈解老〉、〈喻老〉者對老子政治之智慧與理想的掌握，頗多曲解，關於此，擬分政治之目的、政治運用之原則兩方面反省之。

一、政治之目的

由本文第三章之述可知，〈解老〉、〈喻老〉者已帶入功秉實效之色彩以解經，故其解老子政治之目的時無不從功利衡量出發，以附會經義（見本文第三章第四節），而有「戰易勝敵，論必蓋世」之言（見本文第五章第三節）。

二、政治運用之原則

〈解老〉、〈喻老〉以為政治運用之基本原則在「緣道理以從事」，更進一步將此緣道理之基本原則轉為法治、任術、勢尊之權謀運用，以下即就此分述之。

（一）緣道理以從事

關於〈解老〉、〈喻老〉言「道理」以釋經，已於本文第四章等處述之，在此續引〈解老〉對經文六十章之釋以明之。

〈解老〉釋「以道蒞天下，其鬼不神。非其鬼不神也，其神不傷人也」時云：

> 人處疾則貴醫，有禍則畏鬼。聖人在上則民少欲，民少欲則血氣治
> 而舉動理，舉動理則少禍害。夫內無痤疽癉痔之害，而外無刑罰法

誅之禍者，其輕恬鬼也甚，故曰以道蒞天下，其鬼不神。治世之民，
不與鬼神相害也，故曰非其鬼不神也，其神不傷人也。

〈解老〉首先以「聖人在上則民少欲，民少欲則血氣治而舉動理，舉動
理而少禍害」推至民之「輕恬鬼也甚」。依《道德經》其他篇章中可知，聖人
乃是以道蒞天下之人，故〈解老〉此處直接以聖人在上釋經文之「以道蒞天
下」。但〈解老〉對「其鬼不神」之釋，則與經文重點不同，〈解老〉強調民
無禍害，故於鬼無所畏而能相安，經文重點則在點明天下皆在大道自然之觀
照中，使鬼神亦不能生發威力之意。

〈解老〉再釋「非其鬼不神也，其神不傷人也」時曰：「治世之民，不與
鬼神相害也。」此兩句經義之重點在說明於大道之觀照中，百姓皆能自正自
化，鬼神皆在生命自然之外，故鬼神即使生發威力，亦不會對人產生傷害。
而〈解老〉以「不與鬼神相害」釋之，似乎已是跳接其釋下句經文之語脈，
非緊扣此兩句發言，故於下段再詳析之。

〈解老〉釋「聖人亦不傷民」時云：

鬼祟也疾人之謂謂鬼傷人，人逐除之之謂人傷鬼也。民犯法令之謂
民傷上，上刑戮民之上傷民。民不犯法，則上亦不行刑。上不行刑
之謂上不傷人，故曰聖人亦不傷民。

此處〈解老〉所引之經文與今本有異，今本在「聖人亦不傷民」句上，尚有
「非其神不傷人」句。〈解老〉此段以鬼疾人而人逐除之、民犯法傷上故上亦
刑戮傷民之，推釋「聖人亦不傷民」乃因民不犯法，故上不行刑不傷民。此
處問題有二：

1、依〈解老〉之說，使得聖人之所以不傷民乃因有一民不傷上之前題，若
民傷上則上亦傷民。然就經文之義觀之，聖人之以道蒞天下，無為而治，乃是
對自己與天下生命的成全，出自於虛靜自然的觀照，故不傷民。即使民傷上，
聖人虛靜應之亦不會受傷，更遑論因之傷己而傷民了。故聖人之不傷民非待「民
不傷上」之條件而後行，乃出自於生命之自然虛靜、無為而無不為。人之於鬼
亦然，鬼之不傷人，非因人不傷鬼，而是當人回歸大道之虛靜觀照，足於生命
之本然，無所冀求與驚畏，鬼何傷之有？故人之於鬼亦無相害相傷與否的問題。
總言經文之意，在於說明聖人能以道蒞天下，無心而不造作、無事而不干擾，
百姓即能自正自化，聖人、鬼神皆在人生命自然之外，自不能傷人矣。

2、〈解老〉於此又特別標舉法令刑戮，實對經文之過分援申也。

〈解老〉釋「兩不相傷則德交歸焉」時云：

> 上不與民相害，而人不與鬼相傷，故曰兩不相傷。民不敢犯法，則上
> 內不用刑罰而外不事利其產業。上內不用刑罰而外不事利其產業，則
> 民蕃息。民蕃息而蓄積盛。民蕃息而蓄積盛之謂有德。凡所謂祟者，
> 魂魄去而精神亂，精神亂則無德。鬼不祟人則魂魄不去，魂魄不去則
> 精神不亂，精神不亂之謂有德。上盛蓄而鬼不亂其精神，則德盡在於
> 民矣，故曰兩不相傷，則德交歸焉，言其德上下交盛而俱歸於民也。

關於「兩不相傷」之釋，〈解老〉云「上不與民相害，而人不與鬼相傷」，事實上由上文之釋可知，上與民無所謂相害與否的因果問題，人與鬼亦然。經文「兩不相傷」之意乃謂聖人與鬼之神皆不傷人，亦即人無鬼神與聖人兩方之傷害。

至於「德交歸焉」，〈解老〉即析上不傷民，則民可蓄積盛而有德；鬼不傷民，則民可安精神而有德，使德盡在於民，以釋「德交歸」之意。但此處經文乃承「兩不相傷」而言。〈解老〉之釋只著重上不傷民與鬼不傷民的部分，不同於其前所持「兩不相傷」之意。若依其所理解之「兩不相傷」之意，當以民不傷上、上不傷民；民不傷鬼、鬼不傷民並言之。可見其對「兩不相傷」的掌握前後有異，依筆者之見，當以後半段之掌握較符經義。

（二）法治、任術、勢尊

關於此等政治上的權謀運用，本文第三章已專章述之，以下即就用法、任術兩項補充之。

1、用　法

〈喻老〉釋經文三十六章「邦之利器，不可以示人」時云：

> 賞罰者，邦之利器也。在君則制臣，在臣則勝君。君見賞臣則損之
> 以爲德，君見罰臣則益之以爲威。人君見賞而人臣用其勢，人君見
> 罰而人臣乘其威，故曰邦之利器，不可以示人。

〈喻老〉對此章上段之釋乃以人君不可失其勢重，比附魚不可脫於深淵。此處又逕以賞罰爲邦之利器（賞罰在法家理論上通貫法、勢、術），由〈喻老〉此段之論述，明顯見出乃法家法勢理論之發揮，而全不見道家義理之闡釋。事實上經文所謂「邦之利器」乃譬況人之剛強銳氣。經文之意在點明人之剛強銳氣當以虛靜心境藏含挫損之，不可恃己之剛強鋒銳對外張、強、興、與，

否則反而造成歛弱廢奪之局面，故以「不可以示人」戒人當藏挫之。

2. 任　術

〈喻老〉釋二十七章「不貴其師，不愛其資，雖知大迷，是謂要妙」時云：

> 周有玉版，紂令膠鬲索之。文王不予，費仲來求，因予之，是膠鬲賢而費仲無道也。周惡賢者之得志也，故予費仲。文王舉太公於渭濱者，貴之也；而資費仲玉版者，是愛之也。故曰不貴其師，不愛其資，雖知大迷，是謂要妙。

〈喻老〉此處引文王予費仲玉版之事以喻經義，然文王予費仲玉版乃是基於政治外交上的權謀運用，故〈喻老〉以「文王舉太公於渭濱者，貴之也；而資費仲玉版者，是愛之也」比附經文，此中不免有一勉強曲解也。

此段經文，乃承此章之上「故善人者，不善人之師；不善人者，善人之資」而言，說明「善人是以其自然無為，為不善人之師；不善人在善人的自然無為中，亦復歸於自在自得的素樸。故不善人雖為善人之資，以其自然無為，故不當貴其師，亦不當愛其資」。〔註20〕換言之，善人雖為不善者之師，不善者雖為善人之資，但聖人對善人、不善人皆一視同仁，不貴不愛，故無棄人。此即四十七章所云：「善者，吾善之；不善者，吾亦善之，德善。」此乃源於聖人虛靜心之無為觀照，此乃無為之大明大智，若貴其師、愛其資，則雖智亦迷，此乃至要之妙道也。而觀〈喻老〉則是以「人當貴師愛資，反之則為大迷」解經，故舉文王之事喻之，此乃站在政治權謀之運用立場上以附會經義，與經義適得其反。

〔註20〕同註6，頁124。

第六章　結　語

　　回顧前言，本文之作乃欲藉由對〈解老〉、〈喻老〉之重加檢視，以期釐清兩篇中雜揉早期道家與法家、黃老道家義理性格之複雜情狀，並重新評量〈解老〉、〈喻老〉之體悟得失。

　　第二章乃自太史公言與思想內容兩面，以觀歷來學者論證〈解老〉、〈喻老〉兩篇是否出於韓非之觀點的薄弱，實有未能服眾之疑，並轉而自韓非生平以察其現實關懷，並觀〈解老〉、〈喻老〉中雜揉黃老思想之現象，加以馬王堆帛書老子的出現，可知黃老一派學者所用之老子本，是先《德經》，後〈道經〉，此與〈解老〉相同，故認為此兩篇並非韓非所作，而當為韓非後學所為，且撰述之年代，已為黃老學說形成之後，即戰國末期之後，甚至可進一步推測當作於黃老學說盛行之時，即西漢初年。

　　第三章透過法治、任術、勢尊、尚功利等標目，以檢視〈解老〉、〈喻老〉雜揉法家思想之迹。由此章之論述可知，〈解老〉、〈喻老〉兩作者在解喻之過程中，並非無意地帶入自家理論性格。相反地，由兩篇的內容中出現多處明顯的誤解、援用之情形以觀，援道入法之迹象是極其鮮明的。

　　第四章則透過安定形神、重仁義禮智、於道外又言理、主因循待時等標目，以觀〈解老〉、〈喻老〉作者解喻文字與經文義理間的轉變偏差，且此等偏頗又為早期道家與黃老道家間的顯明差異處，可知作者除受本身理論性格而影響解喻內涵外，更受當世黃老學說盛行氛圍之習深，方使解喻的內容有如此之偏轉衍引。

　　第五章乃略依〈解老〉、〈喻老〉對道之本體論、價值論及修養論、政治論四方面之論析，以反省其對老子義理思想之掌握情形。關於兩篇對道之本

體論之體悟，可自道之超越性、內在性、道之常存性與無常操兩方面以觀，其釋喻大致頗符經義。特別是，作者於道外又拈出一理字，並據以言規範之道。此乃黃老道家之理論特色，且解喻過程中亦隱有將法家之術與道結合之迹。關於兩篇對道之價值論之體悟，可自禍福觀、生死觀，及其對難易、輕重、強弱等現象的體察得失以觀。由於作者帶入個人現實功效色彩以解經，致使其對老子禍福觀念之認知與經義本身有所出入，而其對生死、難易、輕重、強弱等現象之體悟亦是深淺互見、得失相間。關於兩篇對老子修養論之體悟，本文乃自德之內涵、修養之目的、修養之原則與實踐途徑四處探析。觀〈解老〉、〈喻老〉自守神成德全身以釋義，且以修養目的在守神全身、富貴全壽，故可知其對老子「德」之內涵與修養目的的掌握是與經文有所距離的。其後論及修養之原則與實踐途徑，雖有深得經義之慧解處，但仍不免帶有法家術勢法度、裁制形功及黃老形神之偏解。關於兩篇對老子政治論之體悟，自政治目的及政治運用之原則兩方面探析，兩篇之述，由於帶入了功利實效之色彩以解經，並以法治、任術、勢尊之權謀運用以附會經義，故對老子政治之智慧與理想的掌握，頗多曲解。

綜上所述，〈解老〉、〈喻老〉兩篇乃現今所見疏解老子之首出，但亦是將老學援引入權謀工具之首見。章炳麟云：「後有說老者，宜據韓非爲大傳而疏通證明之。解老、喻老未有雜以異說，蓋其所得深矣。」﹝註1﹞此說前半可謂言之得理，後半卻爲不察之論也。

由以上各章之簡略析述可知，〈解老〉、〈喻老〉基本上可視爲法家後學在現實環境之趨勢影響下，與黃老道家所作之結合的作品。故在釋喻的過程中，不時雜揉法家與黃老思想之理論色彩，此中，一者是解喻者藉以援道入法之有心作爲；二者是受時代風氣潛移默化之無意習染。而更可推知的是，老學本身實有未臻完善之處，故方有後世法家之援用、黃老學派之遞衍情狀。

﹝註1﹞ 見章炳麟，《國故論衡》，頁158，廣文書局，民國56年11月初版。

參考資料目錄

按書名或篇名首字筆劃，由少至多排列

一、書籍部分

1. 《才性與玄理》，牟宗三著，臺灣學生書局，民國 74 年 4 月修訂七版（臺五版）。
2. 《中國哲學十九講》，牟宗三著，臺灣學生書局，民國 72 年 10 月初版。
3. 《中國哲學原論‧導論篇》，唐君毅著，臺灣學生書局，民國 75 年 9 月全集校訂版。
4. 《中國哲學原論‧原道篇卷一》，唐君毅著，臺灣學生書局，民國 75 年 9 月全集校訂版。
5. 《中國哲學論集》，王邦雄著，臺灣學生書局，民國 75 年 2 月再版。
6. 《中國學術思想大綱》，林尹著，臺灣學生書局，民國 67 年 7 月十三版。
7. 《中國古代哲學史》，胡適著，臺灣商務印書館，民國 62 年 5 月臺四版。
8. 《中國思想史資料導引》，馬岡編，牧童出版社，民國 66 年 3 月初版。
9. 《中國人性論史》，徐復觀著，臺灣商務印書館，民國 77 年 11 月九版。
10. 《史記會注考證》，瀧川龜太郎著，洪氏出版社，民國 72 年 10 月再版。
11. 《四書章句集註》，朱熹著，鵝湖出版社，民國 73 年 9 月，初版。
12. 《老子王弼注校釋》，樓宇烈校釋，華正書局，民國 72 年 9 月初版。
13. 《老子的哲學》，王邦雄著，東大圖書公司，民國 75 年 9 月四版。
14. 《老子達解》，嚴靈峰著，華正書局，民國 71 年 8 月。
15. 《老子道德經憨山解》，憨山大師著，臺灣瑠璃經房，民國 61 年元月再版。
16. 《老學九篇》，陳柱、王協合編，臺北龍泉書屋，民國 69 年 5 月初版。
17. 《帛書老子》，河洛圖書出版社，民國 64 年 12 月臺排印初版。

18. 《兩漢哲學》，周紹賢著，文景出版社，民國 61 年 8 月初版。

19. 《荀子集釋》，李滌生著，臺灣學生書局，民國 77 年 10 月五版。

20. 《秦漢哲學史》，姚舜欽，上海商務印書館，民國 25 年 1 月初版。

21. 《淮南子》，高誘注，新編諸子集成七，世界書局，民國 72 年 4 月新四版。

22. 《梁啓超學術論叢》，南嶽出版社。

23. 《黃帝經》，龍華出版社。

24. 《黃老之學通論》，吳光著，浙江人民出版社，民國 74 年 6 月初版。

25. 《國故論衡》，章炳麟著，廣文書局，民國 56 年 11 月初版。

26. 《增訂韓非子校釋》，陳啓天校釋，臺灣商務印書館，民國 74 年 12 月五版。

27. 《韓非子集解》，王先慎著，世界書局，民國 58 年 12 月。

28. 《韓非子集釋》，陳奇猷校注，華正書局，民國 76 年，初版。

29. 《韓非子思想散論》，封思毅著，臺灣商務印書館，民國 69 年 9 月二版。

30. 《韓非子評論》，熊十力著，臺灣學生書局，民國 67 年 10 月初版。

31. 《韓非子的哲學》，王邦雄著，東大圖書有限公司，民國 72 年 9 月三版。

32. 《韓非子研究》，趙海金編著，正中書局，民國 56 年 1 月臺初版。

33. 《韓非子考證》，容肇祖著，聯國風出版社，民國 61 年 3 月二版。

34. 《韓非學術思想》，黃秀琴著，華僑出版社，民國 51 年 6 月初版。

35. 《韓子淺解》，梁啓雄著，臺灣學生書局，民國 73 年 6 月三版。

36. 《韓非解老喻老研究》，張素貞著，長歌出版社，民國 65 年 3 月初版。

37. 《韓非子喻老篇析論》，張素貞著，巨人出版社，民國 64 年 4 月初版。

38. 《韓非子研議》，吳秀英著，文史哲出版社，民國 68 年 3 月初版。

39. 《韓非子釋要》，徐漢昌著，黎明文化事業公司，民國 75 年 7 月初版。

40. 《韓非子通論》，姚蒸民著，三民書局，民國 67 年 5 月初版。

41. 《韓非子析論》，謝雲飛著，大林書店，民國 62 年 2 月初版。

42. 《韓非思想的歷史研究》，張純、王曉波著，聯經出版事業公司，民國 73 年 3 月二版。

43. 《學記鄭注》，學海出版社，民國 70 年 9 月再版。

二、期刊論文部份

1. 〈老子道德經與韓非子解老、喻老的比較〉，楊祝英著，文化哲研碩士論文，民國 66 年。

2. 〈韓非子解老篇及喻老篇初探〉，鄭良樹著，《漢學研究》第六卷第 2 期，民國 77 年 12 月。

3. 〈韓非法思想的特色及其歷史意義〉，楊日然著，《臺大法學論叢》三卷。
4. 〈論魏晉南北朝文質觀念及其所衍生諸問題〉，顏崑陽著，《古典文學》第九集。

身國一理的《老子河上公章句》

莊曉蓉　著

作者簡介

莊曉蓉，1978 年生，台灣宜蘭人。華梵大學東方人文思想研究所碩士，碩士論文：《身國一理的《老子河上公章句》》。現為淡江大學中國文學系博士生、淡江大學講師。

提　要

　　《河上公章句》的道論，是由道、一，與氣所建構出來的。由於中國古代思想的方式，並非以存有論及宇宙論作區隔，因而在理解《河上公章句》之道論時，應以同情的理解來識知其架構，以探知其旨趣，在於說明萬物之價值目標及追求價值的可能性。

　　《河上公章句》的氣概念可分為三個層次。一是大化流行的太和之精氣。。二是天所施予萬物的精氣，也可以說是道所施予。三則是就人而言的精氣。經由這三個層次的氣，構成了《河上公章句》的氣化萬物系統。

　　《河上公章句》的治身之法，重在形與神兩方面的愛護。在形軀方面，講求口鼻呼吸、九竅四關、五臟藏神的重要觀念。在精氣神方面，展現人的特殊性也表現人的主體性。

　　《河上公章句》講求治身以達長生，實際上是一種內聖外王的追求，講求內治身而長存，對外治國而致太平。《河上公章句》是以君王作為預設讀者，其中以治身為工夫，治國為目的，可從三方面來說：一則君王為天下保其身；二則君主正身以化民；三則君王以治身之法治國，是君王經由治身所體悟的無為而天下自化的道理之實踐。

　　《河上公章句》是以樸實的古代氣化觀來建構其理論，以天道推演人事來尋求人世問題的解決之道，其要旨全然不出於司馬談所論之漢初道家。

目次

第一章 導 論

第一節　研究動機、價值與目的

　　《道德經》的詮釋著作眾多，其中以王弼注本與河上公注本最爲通行。有關王弼其人其書的事蹟，史籍記載頗詳，殆無疑問，因此在研讀其注解內容時，亦能輔以其人之學術傾向與其所處之時代背景，以及其所回應之時代問題，來取得適切的理解。

　　《河上公章句》〔註1〕除了此一書傳世外，其作者與成書時代皆爲未定之數，因此在研讀此書時，無法如王弼注一樣擁有外緣條件的輔助。這個缺漏所產生的更大問題，在於《河上公章句》此書在老學史、思想史、學術史、道教史的定位。

　　我在研究所時修讀金春峰老師所開設的兩漢道家哲學，課程資料中包含金老師的〈也談《老子河上公章句》之時代及其與《抱朴子》之關係——與谷方同志商榷〉〔註2〕一文，是金老師反駁谷方以《河上公章句》與《抱朴

〔註1〕 《老子河上公章句》之書名有多種稱法，如：《河上公注》、《河上公老子章句》、《老子河上公注》、《老子道德經河上公章句》等，爲行文方便，以下論述統稱《河上公章句》。引文皆以王卡點校之《老子道德經河上公章句》（北京：中華書局，1997 年 10 月北京第 2 次印刷）爲主，輔以鄭成海之《河上公章句斠理》（臺北：臺灣中華書局，1971 年 5 月初版）。

〔註2〕 金春峰：〈也談《老子河上公章句》之時代及其與《抱朴子》之關係——與谷方同志商榷〉，原載《中國哲學》第九輯，收錄於《漢代思想史》（自貢市：中國社會科學出版社，1987 年，頁 660～695），後修訂爲《漢代思想史·《老子河上公章句》的時代和思想特點》一章（北京：中國社會科學出版社，1997

子》爲相同煉養成仙思想的意見，並以其漢代學術的專業指出《河上公章句》
中的語詞觀念是漢人的用法。又有韓國學者吳相武的〈關於《河上公注》成
書年代〉〔註3〕一文，內容檢討海內外對於《河上公章句》之成書年代的幾
個代表性看法，並以王充《論衡》與嚴遵《道德指歸》爲基準作比較，不贊
成金老師言《河上公章句》成書於《道德指歸》以前的主張。針對吳相武的
意見，金老師又作〈再論《河上公注》成書之時代〉〔註4〕一文以釐清其中
的疑點。

在課程資料中所接觸到的這一個針對《河上公章句》之成書時代所展開
的辯難過程引起了我的興趣，課後我翻閱《河上公章句》一書，並且閱讀相
關的研究論述。其中，陳麗桂的〈《老子河上公章句》所顯現的黃老養生之理〉
〔註5〕一文，主張《河上公章句》是道教養生成仙、重養身而不重治國，這樣
的觀點與我所理解的《河上公章句》之內容有所出入，因而形成了我研究《河
上公章句》的最初出發點。

關於《河上公章句》的研究，目前最大的爭議，也是最主要的探討主題，
在於其成書之時代。對於成書時代見解的不同，導致了對於《河上公章句》
的不同詮解定位。如陳麗桂以黃老養生轉向道教成仙的路數講《河上公章
句》；鄭燦山以道教煉養成仙的角度解釋《河上公章句》，皆各自以不同的預
設框架套用於《河上公章句》，使此書始終未能獲得正確的理解，以及系統性
的思想展示。關於此點，在後文會對前人的研究作反省與檢討。

論述《河上公章句》者，常可以提出書中某幾段文字符合於某些預設範
圍，這是研究《河上公章句》的一個偏向，但卻也凸顯出此書的多方面價值。
無論是在黃老學研究、老學史或道教史研究方面，此書所論及的內容皆多有
相關，其重要性不可謂不大。是以，釐清其思想體系、貞定其學術地位，益
顯重要。

有一句廣告詞說：科技始終來自於人性。人類的文明是發生在生存所需
的必要條件下，中國文明尤重實踐價值。《道德經》本身更是一個回應時代、

年 12 月第 1 次印刷，頁 395～439）。

〔註3〕 吳相武：〈關於《河上公注》成書年代〉，《道家文化研究》，第十五輯，1999
年 3 月，頁 209～246。

〔註4〕 金春峰：〈再論《河上公注》成書之時代〉，未發表，見本書附錄。

〔註5〕 陳麗桂：〈《老子河上公章句》所顯現的黃老養生之理〉，《中國學術年刊》，第
二十一期，2000 年 3 月，頁 177～210。

反省文化、重視現世生存意義的思想體系，吾人所作的學術研究也當於生命有所助益與啓發。《河上公章句》的思想表現天人合一的特色，認爲人經由個人性情的修養與身體的愛護，能夠與天道相貫通，將修身所獲得的對天道的體驗向外推擴，直接應用在政治上，便能夠齊家治國平天下。這樣由下至上、自內而外的體系，是《河上公章句》藉由注解《道德經》所建構的體系。其對《道德經》的理解不一定正確，但是此書的價值，在學術範圍中呈現秦漢時期的樸素思想，是《道德經》在秦漢時期的代表性應用作品；在吾人的生命體會上，其天人合一的思想，強調除情去欲以保存本然的原則，是不同於儒家道德取向的另一種內聖外王思想之展現，也是現今情欲充斥、浪費無度，致使大自然反撲的情況下，人所應當反省溯源的一個線索。

　　本文研究《河上公章句》以身國一理之中心思想爲主軸，目的在詳究全書內部觀念，彰明其天人合一思想，並期能給予其成書時代一個恰當的結論，以及老學史上的地位與意義。

第二節　前人研究成果之反省與檢討

　　前人對於《河上公章句》此書的研究，由於成書時代是最主要的議題，並且成書時代的立場影響到詮解書本內容的傾向，因此依成書時代主張的不同，大致可分爲四類，分別爲西漢、兩漢之際、東漢與魏晉時期。

　　成書於西漢時期的主張，是以《道德指歸》爲下限。《道德指歸》爲西漢末期的嚴遵所作之發揮《道德經》的作品，是已確知的早期注老作品，因此以之爲基準來比較《河上公章句》思想的精粹程度。此類研究成果包括金春峰老師的〈也談《河上公章句》之時代及其與《抱朴子》之關係——與谷方同志商榷〉、〈再論《河上公注》成書之時代〉；黃釗的〈《〈老子〉河上公章句》成書時限考論〉〔註6〕；雷健坤的〈治身與治國——論《老子河上公章句》的思想主旨〉〔註7〕。

　　成書於兩漢之際的主張，認爲《河上公章句》之成書不當晚至東漢中後期，上限則止於嚴遵的《道德指歸》。主要考量在於《河上公章句》異於《想

〔註6〕黃釗：〈《〈老子〉河上公章句》成書時限考論〉，《中洲學刊》，2001 年 3 月第二期（總第 122 期），頁 69～74、78。

〔註7〕雷健坤：〈治身與治國——論《老子河上公章句》的思想主旨〉，《人文雜志》，1997 年第 6 期，頁 37～41。

爾注》一類道教立場之作品，但書中充斥養生思想，並且出現「長生不死」的言論，故宜為晚出，而不晚至東漢中晚期道教成立之後。也因此在比較《河上公章句》與《道德指歸》時異於西漢說者，偏向以《河上公章句》之某些概念較《道德指歸》為明確而豐富。此類研究成果包括吳相武的〈關於《河上公注》成書年代〉；陳麗桂的〈《老子河上公章句》所顯現的黃老養生之理〉；蔡振豐的〈嚴遵、河上公、王弼三家《老子》注的詮釋方法及其對道的理解〉〔註8〕；江佳蒨的《《老子河上公注》思想考察》〔註9〕。

　　成書於東漢的主張，著眼於《河上公章句》的養生重點。認為此書偏重養生而符合東漢時期滲入仙道思想、祭祀老子、修道成仙的風氣。此類研究成果包括王明的〈《老子河上公章句》考〉〔註10〕；張運華的〈身國並重的道家養生論——論《老子河上公章句》〉〔註11〕、〈《老子河上公章句》與道家思想的世俗化〉〔註12〕；鄭燦山的〈老子河上公注長生思想析論〉〔註13〕、〈《河上公注》成書時代及其思想史、道教史之意義〉〔註14〕；胡興榮的《老子四家注研究》〔註15〕；王清祥的《《老子河上公注》之研究》〔註16〕；申國昌的《《老子河上公注》養生教育思想探析》〔註17〕。

　　成書於魏晉時期的主張為較早的說法，主要是谷方的〈河上公《老子章

〔註 8〕蔡振豐：〈嚴遵、河上公、王弼三家《老子》注的詮釋方法及其對道的理解〉，《文史哲學報》，第五十二期，2000 年 6 月，頁 93～118。

〔註 9〕江佳蒨：《《老子河上公注》思想考察》（臺北：臺灣大學中文研究所碩士論文，2001 年 6 月）。

〔註 10〕王明：〈《老子河上公章句》考〉，原載《國立北京大學五十週年紀念論文集》，收錄於《道家和道教思想研究》（北京：中國社會科學出版社，1990 年 8 月第 3 次印刷），頁 293～323。

〔註 11〕張運華：〈身國並重的道家養生論——論《老子河上公章句》〉，《宗教哲學》，第二卷第一期，1996 年 1 月，頁 95～106。

〔註 12〕張運華：〈《老子河上公章句》與道家思想的世俗化〉，《江西社會科學》，1997 年第 8 期，頁 13～15。

〔註 13〕鄭燦山：〈老子河上公注長生思想析論〉，《孔孟學報》，第七十七期，1999 年 9 月，頁 175～200。

〔註 14〕鄭燦山：〈《河上公注》成書時代及其思想史、道教史之意義〉，《漢學研究》，第 18 卷第 2 期，頁 85～112。

〔註 15〕胡興榮：《老子四家注研究》（南寧：廣西教育出版社，2000 年）。

〔註 16〕王清祥：《《老子河上公注》之研究》（臺北：輔仁大學宗教研究所，1993 年 6 月）。

〔註 17〕申國昌：《《老子河上公注》養生教育思想探析》，《中國道教》，2001 年 1 期，頁 19～22。

句》考證——兼論其與《抱朴子》的關係〕〔註 18〕。認爲《河上公章句》與《抱朴子》是同一思想體系，皆爲葛洪一派所著。

以上的前人研究成果，試作反省與檢討如下：

金春峰老師的〈也談《河上公章句》之時代及其與《抱朴子》之關係——與谷方同志商榷〉一文，是針對谷方的意見而發。他說：

> 余對《河上注》本無研究，但谷文此一結論頗引起研究之興趣。故憚精竭思，認眞檢驗谷文提供之各證件，詳辨漢魏思想之異同及《河上注》思想之特徵，反覆對照，終覺谷文之結論爲不足信，而益信其爲漢人所著無疑。〔註19〕

這樣的學術志氣給我極大的影響與鼓勵。金老師此文有眾多重大的突破與見解，是研究《河上公章句》的重要成就。其貢獻有三：一、指出《河上公章句》的養生思想未超出先秦兩漢黃老養生與《黃帝內經》養生思想的範圍，目的在於益壽延年，異於《抱朴子》修練成仙的宗教思想。二、歸納舉例《河上公章句》注解《道德經》所使用的古義、古詞及概念，反駁前人言「其說不經」而以此書爲魏晉後世之作的意見，展現此書爲漢代黃老思想，而非道教神秘或魏晉玄思的傾向。三、主張《河上公章句》當是西漢作品，並就前人以爲不可能出於西漢的幾點史籍記載與體裁形式等意見指出反證，力闢眾說以還《河上公章句》之本來面貌。金老師之論述懇切而有據，爲沈寂已久的《河上公章句》之定位與價值的研究開闢了一條康莊大道。

金春峰老師的〈再論《河上公注》成書之時代〉一文，則是回應吳相武的意見。文中詳細舉例論述《河上公章句》中的「長生不死」之說，以及《道德指歸》與《河上公章句》二書在版本方面與帛書的比較此兩個主題。《河上公章句》中有關「長生不死」的說法以及予人的聯想，使其成書的時代一直被置於道教初期或稍早，而不能有更早的可能。金老師此文詳論《河上公章句》的長生之說，強調《河上公章句》的延年益壽之主張，這是確切符合《河上公章句》的理解。自帛書與竹簡的出土，《道德經》的流傳版本就形成一個重要的問題。相近的版本只能代表採用了相同的抄本作爲底本，而不能證明

〔註18〕谷方：〈河上公《老子章句》考證——兼論其與《抱朴子》的關係〉，《中國哲學》，第七輯，1982 年 3 月，頁 41～57。

〔註19〕金春峰：〈也談《河上公章句》之時代及其與《抱朴子》之關係——與谷方同志商榷〉，《漢代思想史》（自貢市：中國社會科學出版社，1987 年第一版），頁 661。

成書的早晚，這是金老師的一貫主張，他並列舉帛書同於《河上公章句》而異於《道德指歸》之處，說明了版本的問題並不能輔證成書的早晚。對於《河上公章句》的成書問題，金老師的研究貢獻展現於正確的把握，以及論據方面極高的敏銳度。金老師又說明《河上公章句》與董仲舒《春秋繁露》觀念的相近，企圖在司馬談〈論六家要旨〉之外再提出一個思想上的參照支點。這樣的作法是極佳的方向，只是《春秋繁露》的主要思想特色在儒家禮教與陰陽五行，《河上公章句》的主要思想則在道家自然與養身理國。《河上公章句》與《春秋繁露》的相近觀念，多為《河上公章句》中的背景知識，而未能觸及書中的重要概念。關於這一點，本文擬以《淮南子》與《黃帝內經》之思想作為輔證，來說明《河上公章句》所表現的時代思潮。

　　黃釗的〈《〈老子〉河上公章句》成書時限考論〉一文分為三個部分，第一個部分以《想爾注》沿襲《河上公章句》，以及《河上公章句》之養生異於《抱朴子》之成仙來說其成書不能晚至魏晉；第二部分以《河上公章句》未留下道教思潮的印記，以及《論衡》因襲《河上公章句》來論證其成書不能晚至東漢；第三部分闡述《河上公章句》之內容的可能線索以說明其成書於西漢的應然性。黃釗此文對於《河上公章句》作為最早的注老作品有極大的肯定與徵定的企圖心。他抱持《河上公章句》之養生非道教成仙性質的觀念，強調《河上公章句》無東漢道教之烙印，對《河上公章句》的把握是很正確的。但是此文所考論的幾個觀點乃整理前人意見並稍做補充，而其他幾個提出的觀點則皆未能成立。一、《論衡》對《河上公章句》有所因襲。黃釗以「精氣」、「元氣」、「稟氣」、「人最為貴」幾個同出現於二書的觀點來認定二者間必有因襲，並以《論衡》所批評之「愛精養氣」為《河上公章句》的特殊用語，來說明當是《論衡》因襲《河上公章句》。蓋此數觀念皆非《河上公章句》所獨創，在《管子》、《淮南子》等書中已出現，若欲究《論衡》因襲之途，未必定自《河上公章句》而來，而王充所批評的愛精養氣、長生不死之說，也非特指《河上公章句》而論，而是針對當時崇尚李少君、將老子視為長生不死而欲求此仙道之一類風氣。王充的批判雖不排除有包含《河上公章句》的可能，但二者之間的關連卻無法對《河上公章句》的成書年代作出任何印證。二、《河上公章句》保留了帛書《老子》的某些用語。由於相近的版本只能證明用了相同的抄本作為底本，因而此點並無法為《河上公章句》作任何證明。三、《河上公章句》批評刑罰酷深、好作繁華者，是抨擊秦朝的暴政；

推崇清靜簡約、宣揚「殺人者死，傷人者刑」，是歌頌漢初的舉措。蓋《河上公章句》反對酷刑、提倡清靜，皆是《道德經》本即具有的意涵，且《河上公章句》在第七十九章言「殺人者死，傷人者刑，以相和報，……一人吁嗟，則失天心，安可以和怨為善？」是認為不可以用相和報的方式來治民，並非推崇漢初的作法，既然並非推崇之，則使用「殺人者死，傷人者刑」之句，可能為漢初以後的任何一個時代。究諸黃釗所提出的，《河上公章句》所具有的批評秦制或頌揚漢制的觀念，實際上是書中本身尚清靜、崇自然的個別實際運作內容，並不特地針對前朝褒貶，因此不能以此證《河上公章句》之成書於西漢。四、《春秋繁露》有因襲《河上公章句》的痕跡。黃釗認為二書皆言愛氣，而《河上公章句》所言較為粗淺，故當為《春秋繁露》吸收《河上公章句》的觀念而更為創新。蓋《春秋繁露》與《河上公章句》所論之偏重本異，故二者或有相似觀念卻深淺有別，然而二書互有深淺，此乃依讀者個人認知而定，又後出轉精之規則並非定律，是故亦不能單就某部分思想之比較來究論二書先後。

　　雷健坤的〈治身與治國——論《老子河上公章句》的思想主旨〉一文，全盤接受金春峰老師的西漢說，不以成書時代為問題，全文旨在闡發《河上公章句》的思想與時代意義。此文開頭便說關於《河上公章句》的研究成果：「側重從原文的字、詞、句入手進行對比考證，而對《河上注》的思想主旨並未深入挖掘，對治身與治國的關係也並未作明確回答」〔註20〕，點出此研究範圍的極大不足處。此文最大的特色在於試圖描繪《河上公章句》的時代意義，並粗淺地勾勒出《河上公章句》的整體思想。此文有將近一半的篇幅都在描述西漢初年的政治社會情況，認為在武帝好大喜功征戰後新的休養生息時期，「黃老學者不遺餘力地將漢初黃老的政治學說與當時流行的神仙學說相結合，提出治身同于治國，並以治身為現實的中介繼續推行其為政之術。《河上注》一書就是這一個時期黃老思想發展的集中表現」〔註21〕。這樣的說法過份強調神仙思想的成分，又以《河上公章句》為黃老與神仙合流的代表作品，實在是有違思想史發展的實際情形，而誤解《河上公章句》的出現意義。蓋神仙思想雖然在西漢流行已久，但是雷健坤所指出的黃老思想結合神仙思想的養生部分，並非發源自神仙思想，而是古人本有一套對於生理構造與生

〔註20〕雷健坤：〈治身與治國——論《老子河上公章句》的思想主旨〉，頁37。
〔註21〕雷健坤：〈治身與治國——論《老子河上公章句》的思想主旨〉，頁39。

老病死的認識系統，神仙思想與黃老思想的養生皆資藉於此。神仙思想的流行對於養生知識想必有推波助瀾的效果，但是並不能說黃老思想的養生成分是來自於神仙思想，兩種思想對於養生知識的吸收與應用完全不同，也表現了兩種思想對於養生知識的認知有差異，不能以其相類就直接認爲兩者相連。雷健坤又說《河上公章句》的「道」等於「氣」，以君主爲預設讀者，說明一套治身理國的方法。按：《河上公章句》以君主爲對象的可能性是非常高的，整本書的主要目的便是在教導人君如何養身治國，但是其中的治身理論、除情去欲的原則，是君王當示範於人民，也是人民所應當學習效法的，若僅就君王來說此書之意義，則不能顯養身之理通行於天下之基本價值。氣的觀念在書中是溝通天人的重要媒介，但是就整個體系來看，氣並不完全等於道，而道也不能輕易用氣作爲代表，否則就失去了書中「道」的根源及價值意義，而無法完整地建構並展現《河上公章句》的思想。

吳相武的〈關於《河上公注》成書年代〉一文，是《河上公章句》研究中相當重要的一篇文章。他主要由思想內容來論證檢討前人對於《河上公章句》成書時代的幾個代表性意見，其分析詳細而深入，令人爲之折服。然而根據其對《河上公章句》的理解與分析，吳相武提出成書於兩漢之際的說法，他認爲《河上公章句》「不僅講長生，而且主張人能通過修養得到長生不死」〔註22〕，以書中的這個思想爲出發點，他質諸《論衡》與《道德指歸》，認爲《論衡》對於神仙思想的批判，以及《道德指歸》在版本上近於帛書，思想上較《河上公章句》爲深入，將《河上公章句》定位於《道德指歸》之後、《論衡》之前。故其論點之失，與黃釗所論爲相同的情況：其一，《論衡》所批評者爲以養生追求仙道者，《河上公章句》並不符合此思想傾向；其二，版本的不同只能代表用作底本的抄本不同，不能證明流傳先後；其三，無論將《河上公章句》較諸《春秋繁露》或《道德指歸》所得出的相似概念、思想深淺，都與其書偏重以及讀者立場相關，而可有不同的解讀。兩漢之際的主張，堅持於《河上公章句》的「長生不死」之說法，實際上《河上公章句》是提倡長生久壽、終其天年，而不認爲人應該長生不死，甚至修道成仙，此點將於後文專節討論，因此吳相武所言並無可確立的根據。

陳麗桂的〈《老子河上公章句》所顯現的黃老養生之理〉一文，吸收王明與吳相武的說法，認爲《河上公章句》當晚於《道德指歸》，但若以《論衡》

爲下限，則吳相武的論據稍顯薄弱，而應以王明言東漢中後期重治身養生的
風氣稍作提前爲成書之下限。以《道德指歸》作爲上限，吳相武與陳麗桂皆
以版本，及所謂的思想觀念較不明確爲論據；下限的釐定，陳麗桂認爲吳相
武以《論衡》爲據過於薄弱，然而陳麗桂將下限放寬至東漢中期以前所依據
的《河上公章句》重治身而不重治國之判斷，則早在吳相武的文章中已論述
此點不能成立。成書於兩漢之際的主張之所以不能找到確立時代的憑藉，乃
是在於其將《河上公章句》的「長生不死」理解爲成仙不死，而勢必得將《河
上公章句》放晚至道教將立之初。但是《河上公章句》本身的內部邏輯與思
想體系並不能容許這樣的理解，因而陳麗桂在其文中常遭遇詮解之書義與其
主張衝突矛盾之處。如：文中多以《管子》、《淮南子》、《黃帝內經》與《河
上公章句》對舉，結論卻言：「它（指《河上公章句》）和《淮南子》、《黃帝
內經》、《老子指歸》、《太平經》各書，尤其是《太平經》理論，高度的雷同
性與呼應性……。」〔註23〕實則在其內容中並無法得出《河上公章句》較近
於《太平經》的結論。又如：精氣說爲《河上公章句》的代表性特色，陳麗
桂言：「義理上介於精氣說與玄學說二者之間的《老子指歸》」，表示《老子指
歸》之義理展現介於《河上公章句》與王弼注本之間，然而結論卻言：「它（指
《河上公章句》）至少應成書於《老子指歸》之後」。此中的矛盾與窒塞處，
皆源自成書於兩漢之際的主張，是以陳麗桂此文雖致力於展現《河上公章句》
的內部思想，卻僅能作字面的淺釋，而無法深入追究進而溝通建構。

　　蔡振豐的〈嚴遵、河上公、王弼三家《老子》注的詮釋方法及其對道的
理解〉一文，是從方法學的角度來分析此三種注本對於《道德經》所言之「道」
的理解。「道」本就隱微難言，而《河上公章句》中論道更是著重於道的作用
與展現，而不在道的內容與實質，但蔡振豐此文仍詳細地分判出「道」在《河
上公章句》的詮釋系統中所具有的地位與意義，並藉由三個注老詮釋系統的
對比，凸顯出三家不同的進路與取向，展現了高度的可讀性。然而，文末以
《河上公章句》於第一章注言：「經術政教之道，非自然長生之道」，而斷定
《河上公章句》遠離治道，此則是對於《河上公章句》片面的解讀所形成的
誤解。

　　江佳蓓的《《老子河上公注》思想考察》是一學位論文，因此篇幅較期刊
論文爲大，而於《河上公章句》的思想方面，利於作整體的建構。江佳蓓此

〔註23〕陳麗桂：〈《老子河上公章句》所顯現的黃老養生之理〉，頁210。

文平實而通順，介紹《河上公章句》的氣論、養生論與治國論，試圖展現《河上公章句》在「氣」方面的思想特色，然而卻僅止於氣論與養生論的連結，而無法究其理論的起迄，以建立整個自天道至修身以治國的天人合一體系。又其亦以《河上公章句》所追求者爲成仙不死之境，故而在結論部分推論《河上公章句》對於道教的影響，加上對於「以版本論證成書時代」此點的支持，因此即便文中多以《淮南子》、《黃帝內經》，甚至《管子》、《韓非子》與《河上公章句》對舉，而認爲其思想十分相近，但對於成書於兩漢之際的說法並無法作深刻的檢討。

王明的〈《老子河上公章句》考〉，以爲老學自西漢至三國有三變：一、西漢初年以黃老爲政術，主經世治國；二、東漢中葉以下至東漢末年，以黃老爲長生之道術，主治身養性；三、三國之時習老者既不在治國經世，亦不爲治身養性，大率爲虛無自然之玄論。以此觀念來分判，王明認爲《河上公章句》是「當後漢桓靈之際，有人焉，類似矯仲彥者，篤好黃老，且慕道引行氣之術，習染章句時風，托名于河上公，爲《老子》作章句也」〔註24〕。按：漢魏老學是否定作如此分判，尚待論，即便真可作此分別，然《河上公章句》是否能歸屬於導引行氣、服藥養生一類思想，是極大的問題，這幾個問題在吳相武文中都已作檢討。王明以《河上公章句》爲神仙之術一類的治身養性之書，故分析書中主要思想爲不死之術：呼吸行氣、愛精氣、養神與除情欲，絲毫未論及書中的治世主張，並強調《河上公章句》以《道德經》之常道爲自然長生之道，而非經術政教之道，是遠黃老治世、近桓帝時祀老君、仰永生之主張。王明以《河上公章句》爲仙道養生之追求，將書中的主張皆視爲服藥煉養的養生理論，對於《河上公章句》的治身思想並非確實的理解。又以《河上公章句》遠治術，而對於其治國主張置之不論，更忽視了《河上公章句》的立論目的與主張。然王明對於史籍上有關河上公其人其書的記載，作了詳細的研究與判別，又對於《河上公章句》與葛玄的可能性關連，包括〈老子序訣〉與《老子節解》作了分析與探究，著力於釐清書本內容以外可能混淆的問題。王明此文作於三○年代，其條理分明、問題感強烈，並自思想史的角度來研究《河上公章句》，是此方面研究的先導者。

張運華的〈身國並重的道家養生論——論《老子河上公章句》〉與〈《老子河上公章句》與道家思想的世俗化〉二文的觀念是相連的，故並論之。張

運華與王明一樣，認為《河上公章句》的思想符合東漢桓帝時期的追求養生不死之風氣，不同於王明的是，他肯定《河上公章句》的思想並重治身與治國，因而分別陳述了治國致太平、治身達長生兩方面的思想，卻未察覺治身與治國二者在書中架構所具有的關連性。張運華又點出《河上公章句》的養生思想，並非尋求不死之藥以成仙成神，而是經由導引行氣、修煉以達到長壽。他又認為《河上公章句》所言的「長生不死」是一種心理體驗，而非肉體的永存。按：《河上公章句》言「長生不死」的確不是追求肉體的永恆，但也不是指一種心理體驗而言，而是延年益壽、終其天年的達成。且全書所提出的個別方法與理論，完全不能視為修煉的功法而言，而僅是自當時的生理知識所發展出來的注意事項、養生理論。張運華又以《河上公章句》中的道即為氣，直言書中的道為物質性的存在；認為書中的養生思想是方仙術融入黃老思想的展現。這些意見都當再作討論，而將於後文論述。

鄭燦山以宗教的角度來看待《河上公章句》，在〈老子河上公注長生思想析論〉一文中，論宇宙的結構，說是由神明鬼魂充斥掌控；論人體的結構，說是好比五位神明的五臟神依附於身，以為《河上公章句》是圍繞五臟神而衍生出的一套成仙之道。雖然其文中對於《河上公章句》的特殊觀點，如氣質、視覺、感應等，有相當的敏銳性，但其以神明為《河上公章句》的決定關鍵，遠離了書中的真義，而常有主觀的衍生推斷。這樣的疑問，尤其出現在〈《河上公注》成書時代及其思想史、道教史之意義〉一文中。撇開其視《河上公章句》為養生成仙之作而導致的思想史地位錯置的問題不談，諸如以「經教」一詞推論其出於東漢《道德經》似經非經之時代風氣；以「農事修公無私」之句推論其指東漢井田制度而言，皆屬較為跳躍而缺乏說服力的說法。又其以書中的詞句與《韓非子》、《淮南子》、《道德指歸》、《想爾注》作對比以論證《河上公章句》表現漢人風貌，卻得出：「於此也可更進一步印證《老子河上公注》乃東漢末年的作品」〔註25〕，這樣的結論。其以郭店、帛書、河上公、想爾、王弼作版本上的展現，欲闡述《河上公章句》中「文字的更動現象，乃該文本為了因應其時代背景或需求，所作的改變」，卻僅言「河上公、想爾、王弼本皆同」「編成於秦漢之際的帛書《老子》」，而未對《河上公章句》再作此方面的進一步論述。〔註26〕全文敘述頗詳，卻較難緊扣《河上

〔註25〕鄭燦山：《《河上公注》成書時代及其思想史、道教史之意義〉，頁98。
〔註26〕鄭燦山：《《河上公注》成書時代及其思想史、道教史之意義〉，頁101。

公章句》而論，大抵此文與雷健坤之作一樣，作者已先行表示其所肯定的成書時代，而欲展現此書之價值地位，故緊扣時代環境與文化背景而言，對於《河上公章句》本身思想的建構較不著重。不過，鄭燦山此文有部分篇幅是有意識地論證《河上公章句》之成書時代，故而在這些問題上當再作討論。

胡興榮的《老子四家注研究》，藉由《河上公章句》、王弼注、成玄英注與李榮注來探討老學史的理論論建構歷程，非專以研究《河上公章句》為主，因此在成書時代方面並無深入的探討，而以王明之意見，以及饒宗頤言《河上公章句》早於《想爾注》，故據《河上公章句》為兩漢之作而立論。由於從老學史的角度來論《河上公章句》，因而胡興榮把握《河上公章句》所採用的漢人氣化宇宙論，言其主要特色是養生論的建構，並指出：「河上公強調治國者自身修養的重要」〔註27〕，注意到《河上公章句》的國身並重之傾向。由於緊扣《河上公章句》在老學史的意義中，對於道教所具有的影響，因而以煉養之說來稱《河上公章句》的養生論，是其失當之處。然而大體說來，胡興榮對於《河上公章句》的細部觀念雖無詳細探究，但在基本理論體系的把握有相當的認識。譬如其言稟氣厚薄之說乃重在修養工夫，而非決定論；長生目標乃在終其壽命，而不在永壽不死；無有身體的狀態描述乃在強調面對現實生命、致力於修養有限的身體，這些都是十分精闢且正確的理解。

王清祥的《《老子河上公章注》之研究》是其學位論文，採取道教學的角度來審視《河上公章句》。在成書時代的問題上並無詳細的討論，而採取保守的態度，定位於東漢到六朝。王清祥此研究分論《河上公章句》的天道觀、人道觀、地道觀、神道觀，然而實際對於《河上公章句》中思想的探究殊少，多先以古字意論書中字詞，再套用至書中以言書中的思想。又以道教之後世思想觀念來印證於《河上公章句》以言此書如何為道教重要典籍，對於道教沿襲於《河上公章句》之觀念頗多連結，但對於《河上公章句》本身理論的掌握，卻恐相去甚遠。

申國昌的〈《老子河上公注》養生教育思想探析〉一文，以條列的方式介紹《河上公章句》的養生思想，著眼於書中的養生方法，從科學的、生理的眼光來看待《河上公章句》的養生觀念。譬如以生活規律、生理時鐘來解釋「身中之道」，未認知書中以天道藉由氣來成就萬物，不僅是在形軀構成，更在精神與自性上。

〔註27〕 胡興榮：《老子四家注研究》，頁19。

　　谷方的〈河上公《老子章句》考證——兼論其與《抱朴子》的關係〉一文，以《河上公章句》中的葛仙翁〈河上公老子章句序〉來論說此書必非西漢所出。蓋此序為後人附加，是谷方之未察，又以史籍著錄、章句體例等疑問輔證，此幾點在金春峰老師之文中已詳論其不足為據。最主要的意見則是認為「頗言吐故納新，按摩引導之術，近神仙家」〔註28〕，是《河上公章句》的主要傾向，以此為立場論證《河上公章句》與《抱朴子》為同一思想體系。批駁此文的內容詳見金春峰老師之〈也談《河上公章句》之時代及其與《抱朴子》之關係——與谷方同志商榷〉一文。谷方此文認為《河上公章句》成書於東晉南北朝，為道教徒之作品，此一主張可說是自唐代劉知幾以來，懷疑《河上公章句》一書者的一貫主張。此文比附至深，也呈現出以《河上公章句》為道教徒所作的主張者，對於《河上公章句》誤解之甚。谷方此文之後所引發的一連串《河上公章句》的深入研究，使得《河上公章句》的真實面貌逐漸地呈顯。

　　綜合檢討前人的研究成果，在成書時代方面已有相當的共識，至少已經擺脫魏晉道教一系宗教著作之列。在思想特色的認知上，養生理論是肯定具備的特色，然而究竟是黃老養生？還是仙道養生？治國理論方面，《河上公章句》究竟是否重視？在其思想體系中是否具備重要意義？抑或只是順著《道德經》之文句作注解，而非其側重？這些問題的解答都內在於《河上公章句》中，是建構與把握其思想體系所不能不解決的問題。又從其思想特色的展示，亦關係到其成書時代的推論，進而影響此書在思想史上的價值與定位。因此，本文試圖以前人共識為基礎，針對前人的爭議為主題，來展現《河上公章句》的理論系統。

第三節　研究範圍、方法與進路

　　從究明《河上公章句》之思想的動機出發，發現在前人的研究成果中，尚存在著眾多的爭議。主要的意見紛歧則集中在養生思想，以及重治身或身國並重這兩個方面。從對《河上公章句》的基本把握，以及歸納前人研究的爭議重點，吾人認為《河上公章句》是以天道為根源、治身為方式、治國為目標的身國一理架構。故本文擬以《河上公章句》之身國一理的探究，以其

〔註28〕谷方：〈河上公《老子章句》考證——兼論其與《抱朴子》的關係〉，頁46。

天道論、治身論、治國論爲範圍，來展現《河上公章句》主要的思想特色。

洪漢鼎老師指出，讀者對文本的解釋並無法忠實地呈現其原汁原味。意指詮釋學中言讀者對於作品的理解，無法還原至與作者同一個時空、同一個情境下，加上讀者必定涉入個人的前理解，故而作者本身的意義是無法完全被詮解出來的。雖然在解讀作品時必定遭遇這樣的困境，但是我們仍應積極地朝向最貼近作品本身、不違背作品本身意涵的目標致力。在此詮釋的侷限下，袁保新老師提出「創造性的詮釋」（Creative Hermeneutics），賦予作品一個合理且應有的意涵，使作品的詮釋不至因詮釋者的個人關懷而流於主觀，也不至追求一種無法達致的絕對客觀之目標。此「創造性的詮釋」一方法，基本上有以下幾個原則：

1. 一項合理的詮釋，其詮釋本身必須在邏輯上是一致的。
2. 一項合理的詮釋必須能夠還原到經典中，取得文獻的印證與支持，而其詮釋觀點籠罩的文獻愈廣，則詮釋就愈成功。
3. 一項合理的詮釋應該儘可能運用經典本身無疑義的文獻來解釋有疑義的章句，用清楚的觀念來解釋不清楚的觀念。
4. 一項合理的詮釋應該將經典本身視爲在思想上一致和諧的整體，避免將詮釋對象導入自相矛盾的立場。
5. 一項合理的詮釋，必須一方面將詮釋主題置於它們隸屬的特定時代與文化背景來了解，但另一方面也要能夠抽繹出它不受時空拘限的思想觀念，而且儘可能用現代語言與哲學經驗傳遞給讀者。
6. 一項合理的詮釋，對其詮釋方法與原則應有充分的意識，並願意透過與其他詮釋系統的對比，調整修正其方法與原則。〔註29〕

根據上述的範圍與方法，本研究的進路如下：

第一章：前言。說明本研究的研究動機與目的，以展示此研究的意義及價值。檢討反省前人的研究成果，以點明爭議之所在。限定研究的範圍與方法，以把握研究的進路與問題針對性。

第二章：《河上公章句》的作者與成書時代之問題。呈現《河上公章句》研究中歷來的重要問題，了解此研究範圍的歷程，是爲探討《河上公章句》的基本把握，並表明本研究的立論角度。

〔註29〕 袁保新：《老子哲學之詮釋與重建》（臺北：文津出版社，1997年12月初版二刷），頁77。

　　第三章：《河上公章句》的道論。《河上公章句》繼承《道德經》對道之根源意義的肯定，將道視爲治身與治國的本源及依據，因此從其道論著手展示其內部思想。《河上公章句》中的道、一、氣、天，四種用語的範圍互有涵蓋而構成其道論，故就此四者作分析說明。第一節說明《河上公章句》對道的理解。異於王弼注本的遮撥方式，《河上公章句》對道的詮解，在於道之所以能作爲萬物根源所具有的能力與特殊性。第二節論一，以《河上公章句》第十章注解中對於一的一段定義，作爲書中「一」觀念的摘要，並就書中的理路，斷此摘要爲四部分。《河上公章句》以「一」的稱謂，時而指稱作爲根源的道，時而指稱作用媒介的氣，也因爲囊括道與氣的概念，故一的地位是道與氣的統一展現，而人經由對一的把握就能理解天道的內容與意涵。以此理路作爲順序，分述一即道、一即氣、一之作用、人把握一以體道，四個部分。第三節論氣。氣作爲形上與形下世界溝通的媒介，在《河上公章句》中橫跨天道與人道，在此節僅先就其天道意涵作討論，人道意涵則於下一章論述。氣的概念在《河上公章句》中用以說明道落實於人身，是以在天道意涵部分，主要是說明氣出於道，且內含道的特質，建立其「以氣相貫通」的理論基礎。第四章論天。天在《河上公章句》的用法中，有形上的天道義，與形下的自然天義，《河上公章句》是有意識地作這樣的使用。

　　第四章：《河上公章句》的治身論。《河上公章句》所展示的是一種內聖外王的思路，它以天道爲根據、治身爲方式、治國爲目標，是以在說明其道論後，再論其達道的工夫——治身論。《河上公章句》的治身觀念可粗略分爲身軀與精神兩方面，在這個實踐的階段可以達到的最高成就爲長生久壽。本章先述精神所居的形軀部分之善用，再論《河上公章句》中極爲重要的精氣神愛養觀念，最後以形軀與精氣神兩方面所建構起的治身邏輯，說明《河上公章句》所認爲個人當追求的最高境界——長生久壽。

　　第五章：《河上公章句》的治國論。《河上公章句》強調：「國身同也」，認爲治身與治國是同一個道理，而全書的架構也就是經由對治身的實踐工夫之完成，達到對天道的體認，進而將天道運行的方式，或者說天所賦予人的天性、應有之表現，運用在治國上。身國一理意味著：治身是成就治國的實踐工夫，也是成就治國的必要條件，一來，君王的存在代表著政局的穩定，是以君王治身得長壽則國家可免於政局交替之混亂局勢；二來，君王作爲天下之表率、法式，在理想中當是引導天下人回復自然本性的聖人，是以君主

治身的言教身教，也是左右國家安定的重要關鍵；三來，治身所習得的除情欲、去貪淫、自然不造作、回復天性本然等法則。以此爲理路，分別立「君王爲天下保其身」、「君主正身以化民」、「君主以治身之法治國」三個小節。

第六章：結論。第一節簡要地對於《河上公章句》的思想理路作一總結，並就此論其成書於漢初。第二節指出《河上公章句》理論系統的展現之未來發展性，在道家思想、黃老思想，以及道教思想方面，都具有一定的運用價值。

文後附錄金春峰老師未發表的〈再論《河上公注》成書之時代〉一文。

在版本的運用上，採取王卡點校，中華書局出版的《老子道德經河上公章句》。這本書的校勘參考了《河上公章句》的廣明本、敦煌唐寫本、影宋本、天祿本、道藏本、顧歡本等幾十種注本，詳細而周密，故以此本爲主，並輔以鄭成海的《老子河上公斠理》。《河上公章句》的名稱甚多，如《河上公注》、《河上公老子章句》、《老子河上公章句》等。由於本研究以《道德經》之注本：《河上公章句》，爲立場作探討，故而在論文名稱上，言：《老子河上公章句》，以凸顯其爲《道德經》之注本的地位，出現於章節名稱中亦同，唯在行文時爲求簡淨明瞭，故作《河上公章句》，而省去「老子」二字。

第二章 《老子河上公章句》的作者與成書時代之問題

第一節 《老子河上公章句》作者之問題

　　《河上公章句》的作者，相傳爲河上公或河上丈人。關於此人，最早的記載見於《史記‧樂毅列傳》：

> 樂臣公學黃帝、老子，其本師號曰河上丈人，不知其所出。河上丈
> 人教安期生，安期生教毛翕公，毛翕公教樂瑕公，樂瑕公教樂臣公，
> 樂臣公教蓋公。蓋公教於齊高密、膠西，爲曹相國師。〔註1〕

《史記》的記載是說明樂臣公的黃老學，乃源自於河上丈人。這個河上丈人是黃老之學的傳授者，是戰國時候的人，至於他是否注有《河上公章句》一書，《史記》裡並沒有提到。

　　《太平御覽》引錄漢魏時人皇甫士安（215～282）的《高士傳》：

> 河上丈人者，不知何國人也。明老子之術，自匿姓名，居河之湄，
> 注老子章句，故世號曰河上丈人。當戰國之末，諸侯交爭馳說之士，
> 咸以權勢相傾，唯丈人隱身修道。老而不虧，專業於安期先生，爲
> 道家之宗焉。〔註2〕

〔註1〕 漢‧司馬遷撰、宋‧裴駰集解、唐‧司馬貞索隱、唐‧張守節正義：《史記》
　　　　（臺北：德興書局，1982年2月），頁2436。

〔註2〕 宋‧李昉等奉敕撰：《太平御覽》（臺北：臺灣商務印書館，1997年7月臺一

皇甫士安的河上丈人，與《史記》中的河上丈人一樣，是「明老子之術」的戰國時人。不同的是，這裡的河上丈人多了一項「注老子章句」的事跡。

《太平御覽》又引錄嵇康（223～262）的《高士傳》曰：

> 河上公，不知何許人也，謂之丈人。隱德無言，無德而稱焉。安丘
> 先生等從之修其黃老業。〔註3〕

此處出現一個河上公，他也稱作河上丈人，與前述的河上丈人是否為同一人？從之修黃老業的人是安丘先生，與前述的安期先生有別，那麼，安丘先生又是誰呢？

《太平御覽》引錄《道學傳》說：「樂鉅公者宋人獨好黃老恬靜不慕榮貴號曰安丘丈人。」〔註4〕安丘丈人是否就是安丘先生？樂鉅公又是誰呢？《史記·田叔傳》：「叔喜劍，學黃老術於樂巨公所。」〔註5〕《欽定四庫全書·史記考證》針對〈樂毅傳〉中「樂瑕公教樂臣公」一語，說：「按田叔傳學黃老術於樂巨公所臣與巨二者必有一誤。」〔註6〕對照於嵇康的《高士傳》，或許我們可以推論：樂臣公即樂巨公，樂巨公即樂鉅公。樂鉅公為安丘丈人，其黃老學溯源於河上丈人，也就是安丘先生從河上公修黃老業。如此說來，則嵇康《高士傳》中的河上公，與《史記》的河上丈人是同一人，也就是說河上公亦稱為河上丈人，指稱的都是同一個人，而非分別有一個河上公及一個河上丈人。

然而《太平御覽》中又引錄皇甫士安的《高士傳》說：

> 安丘望之，京兆長陵人也。少治老子經，恬靜不求進官，號曰安丘
> 丈人。成帝聞，欲見之，望之辭不肯見。上以其道德深重，常宗師
> 焉。望之不以見敬為高，愈自損退，為巫醫於民間，著老子章句，
> 故老氏有安丘之學，扶風耿況王伋等皆師事之從受老子。終身不仕，
> 道家宗焉。〔註7〕

這裡出現一個安丘丈人，也是道家人物，不過他是漢成帝時候的人，並且自

　　　版第7次印刷），頁2441。

〔註3〕宋·李昉等奉敕撰：《太平御覽》，頁2450。

〔註4〕宋·李昉等奉敕撰：《太平御覽》，頁2452。

〔註5〕漢·司馬遷撰、宋·裴駰集解、唐·司馬貞索隱、唐·張守節正義：《史記》，頁2775。

〔註6〕漢·司馬遷撰：《史記》（乾隆御覽摛藻堂本二十四史，瀋陽：遼海出版社，2000年10月第1次印刷），頁3～172。

〔註7〕宋·李昉等奉敕撰：《太平御覽》，頁2444。

己著有老子章句。先後兩個安丘丈人，都修習老子，但相關的記載中都沒有提到河上丈人，無法斷言何者是從河上公修習黃老業的安丘先生。則嵇康的河上公雖亦稱河上丈人，但是否與《史記》所言之河上公爲同一人，卻無法斷定。

　　到了晉朝，葛洪（284～363）的《神仙傳》記載：

　　河上公者，莫知其姓名也。漢孝文帝時，結草爲庵於河之濱，常讀老子《道德經》。時文帝好老子之道，詔命諸王公大臣、州牧、在朝卿士，皆令誦之，不通老子經者，不得升朝。帝于經中有疑義，人莫能通，侍郎裴楷奏云：「陝州河上，有人誦老子。」即遣詔使齎所疑義問之，公曰：「道尊德貴，非可遙問也。」帝即駕幸詣之，公在庵中不出。帝使人謂之曰：「溥天之下，莫非王土；率土之濱，莫非王民。域中四大，而王居其一。子雖有道，猶朕民也。不能自屈，何乃高乎？朕能使民富貴貧賤。」須臾，公即拊掌坐躍，冉冉在空虛之中，去地百餘尺，而止於虛空。良久，俛而答曰：「余上不至天，中不累人，下不居地，何民之有焉？君宜能令余富貴貧賤乎？」帝大驚，悟知是神人，方下輦稽首禮謝曰：「朕以不能，忝承先業，才小任大，憂于不堪。而志奉道德，直以暗昧，多所不了。惟願道君垂愍，有以教之。」河上公即授素書《老子道德章句》卷，謂帝曰：「熟研究之，所疑自解。余注此經以來，千七百餘年，凡傳三人，連子四矣，勿示非人。」帝即拜跪受經。言畢，失公所在。遂于西山築台望之，不復見矣。論者以爲文帝雖耽尚大道，而心未純信，故示神變以悟帝，意欲成其道，時人因號河上公。〔註8〕

《神仙傳》的記載中也是稱「河上公」，而非「河上丈人」，並且曾注老子經，但是葛洪的河上公是一個神人，而且是西漢文帝（西元前202～西元前157）時的人，所注的書爲《老子道德章句》，與《史記》及二《高士傳》的河上丈人，爲戰國時人，注有《老子章句》的記載頗有出入。

　　太史公（西元前145～西元前86）說河上丈人「不知其所出」。在太史公以前，關於河上丈人的生平事蹟，並沒有詳細的記載。在太史公之後，對於

―――――――――――――――――
〔註8〕邱鶴亭注譯：《列仙傳今譯◎神仙傳今譯》（北京：中國社會科學出版社，1996年），頁328。

河上丈人其人其事，也都是「不知何國人也」、「不知何許人也」。後世陸續增加的資料，說河上丈人又稱河上公，說安丘先生從河上丈人修業等，更令人感到撲朔迷離。到晉朝甚至將河上公說爲神人，而且成了西漢時候的人。

今傳本《老子河上公章句》中的〈老子道德經序訣〉，有一段關於河上公的記載：

> 河上公者，莫知其姓名也。漢孝文帝時結草爲菴于河之濱，常讀老子道德經。文帝好老子之言，詔命諸王公大臣州牧二千石朝直眾官，皆令誦之。有所不解數句，時天下莫能通者。聞侍郎說河上公誦老子，乃遣詔使齎所不了義問之。公曰：「道尊德貴，非可遙問也。」文帝即駕從詣之。帝曰：「普天之下，莫非王土；率土之濱，莫非王臣，域中有四大，王居其一也，子雖有道，猶朕民也，不能自屈，何乃高乎？朕足使人富貴貧賤。」須臾，河上公即摍掌坐躍，冉冉在虛空之中，如雲之昇，去地百餘丈，而止於玄虛。良久，俛而答帝曰：「余上不至天，中不累人，下不居地，何民之有？陛下焉能令余富貴貧賤乎。」帝乃悟，知是神人，方下輦稽首禮謝曰：「朕以不德，忝統先業，才不任大，憂于不堪，雖治世事，而心敬道德，直以闇昧，多所不了。惟蒙道君弘愍，有以教之，則幽夕覩太陽之耀光。」河上公即授素書老子道德經章句二卷，謂帝曰：「熟研此，則所疑自解。余注是經以來千七百餘年，凡傳三人，連子四矣，勿示非其人。」文帝跪受經。言畢，失公所在。論者以爲：文帝好老子大道，世人不能盡通其議，而精思遐感仰徹，太上道君遣神人特下，教之便去耳。恐文帝心未純信，故示神變以悟帝意，欲成其道眞。時人因號曰河上公焉。〔註9〕

這篇序訣應當是南朝時候人的作品。〔註10〕關於河上公的內容，與《神仙傳》

〔註9〕 王卡點校：《老子道德經河上公章句》（北京：中華書局，1997年10月北京第2次印刷），頁314~315

〔註10〕 王卡點校：《老子道德經河上公章句》，頁317。王卡校注言：「按隋書經籍志著錄：『梁有……老子序決一卷，葛仙公撰。』葛仙公即三國吳道士葛玄（？——二四四年），道教稱作太極左仙公。東晉南朝靈寶派道士造經，常託稱葛玄。此文原題「太極左仙公葛玄造」，恐亦爲南朝道士所託。北周釋甄鸞笑道論始引此文，隋唐釋道二家典籍於此文亦頗多引述，或題作道德經序，或題五千文序。……今敦煌所出唐人鈔寫五千文本道德經，其經文前即冠以葛玄序訣。宋人刊刻老子河上公章句，始節錄葛玄序訣冠於卷首，

中的記載幾乎一樣。敘述河上公在漢文帝面前顯現神蹟，並且將自己所注的《老子道德經章句》兩卷授與漢文帝。在書的名稱上雖有些出入，但主要是都將河上公神化了。

　　有關河上丈人與河上公的傳說，到南朝時，已經有許多分歧而令人懷疑其真實性的說法，因而產生了諸多的疑問。河上丈人與河上公是否為同一人？戰國時人與西漢時人，其中是否有誤？注老子經者與傳黃老業者，是否為兩個不同時代人的不同事蹟？安期先生與安丘先生的師承究竟有無關連？諸多的疑點，混淆了後人的視聽。

　　《隋書‧經籍志》的道家經籍部分，記錄有「老子道德經二卷周柱下史李耳撰漢文帝時河上公注」〔註11〕，又有「梁有戰國時河上丈人注老子經二卷亡」〔註12〕。此時河上公與河上丈人已被視為兩人，二者不同時代且各注有老子。只是其中一書已經亡佚，在當時所見到的，僅有西漢文帝時的河上公注本。

　　歷來眾說紛紜，甚至被神化的河上公或河上丈人其人其事，都令人感到混亂而不可置信。因而到了唐代的劉知幾（661～721），就曾經上書言：「鄭氏孝經。河上公老子。二書訛舛。不足流行。」〔註13〕而要求廢行之。他所持的其中一項理由，曰：「今俗所行老子。是河上公注。其序云。河上公者。漢文帝時人。結草庵於河曲。乃以為號。所注老子。授文帝。因沖空上天。此乃不經之鄙言。流俗之虛語。」〔註14〕認為關於此書作者河上公的傳言，是不可信的流俗妄語。

　　自唐以來，陸續有這一類懷疑河上公其人形跡，進而言其書之不足觀的言論。如清代的姚鼐曰：「所謂河上公章句者蓋本流俗人所為託於神仙之說其分章尤不當理。」〔註15〕由於《神仙傳》及〈老子道德經序訣〉對於河上公

如四部叢刊影宋本、天祿琳琅叢書影宋本、宋景定刊纂圖互注本，皆是其例。或以為葛玄序訣即為原本河上公章句之序，其實不然也。」

〔註11〕清‧姚振宗撰、《續修四庫全書》編纂委員會編：《續修四庫全書‧隋書經籍志考證》（上海：上海古籍出版社，2002 年 3 月第 1 次印刷），頁 425。

〔註12〕清‧姚振宗撰、《續修四庫全書》編纂委員會編：《續修四庫全書‧隋書經籍志考證》，頁 427。

〔註13〕宋‧王溥：《唐會要》（北京：中華書局，1998 年 11 月北京第 4 次印刷），頁 1408。

〔註14〕宋‧王溥：《唐會要》，頁 1408。

〔註15〕清‧姚鼐、《續修四庫全書》編纂委員會編：《續修四庫全書‧老子章義》（上

的記載，使得本來就生平不詳的河上丈人，蒙上了神仙的色彩，而更降低了此人的真實性。後世的學者見古籍中河上公的形象，不相信真有其人，故在瀏覽此書時，也一併將之視作鄙俗荒誕，而抹滅了此書的思想價值。

撇開作者問題不談，《老子河上公章句》這本書的思想，是絕對不能以神仙荒誕視之，而棄之不顧的。唐代司馬貞（生卒年不詳）針對劉知幾對《河上公章句》的言論，曾議論到：

> 注老子河上公。蓋憑虛立號。漢史實無其人。然其注以養神為宗。以無為為體。其辭近。其理宏。小足以修身絜誠。大可以寧人安國。且河上公雖曰注書。即文立教。皆旨詞明近用。斯可謂知言矣。王嗣輔雅善元談。頗深道要。窮神用於彙篇。守靜默於元牝。其理暢。其旨微。在於元學。頗是所長。至若近人立徵。修身宏道。則河上為得。今望請王河二注。令學者俱行。〔註16〕

這段話說得很中肯，司馬貞雖然不相信《河上公章句》的作者是西漢河上公，也不相信西漢時真有河上公，但是對於這本書，卻認為足以修身安國，弘揚了道的真理在其中。因此，無論《河上公章句》這本書的作者是誰，書中所顯現之思想，在老子學的地位及影響性是無法被抹煞的，更不能因為傳說中河上公的神仙形象而因人廢書。

關於作者的問題，並不是把安期生等同於安丘先生，或把安丘先生確認作樂鉅公，就能夠疏通其中的矛盾之處。更不是簡單地將葛洪的《神仙傳》以來，有關河上公之神跡的記載摒除掉，就能釐清河上丈人之真面貌。袁保新先生在談論老子其人時曾說：「坦白地說，除非考古材料有了進一步的發現，或考據家找到更令人信服的方法，我們是很難斷定老子的身世與年代的。」〔註17〕目前探究河上公此人，亦是這樣的一個情況。因此，在研究《河上公章句》這一本書時，面對這個運用目前資料及文物，尚無法究明的作者問題，我們應當採用勞思光先生在其《中國哲學史》中，處理老子其人其書的態度，也就是將作者與書分割開來，就書論書地探討其中的思想。

海：上海古籍出版社，2002 年 3 月第 1 次印刷），頁 622。
〔註16〕宋・王溥：《唐會要》，頁 1409。
〔註17〕袁保新：《老子哲學之詮釋與重建》（臺北：文津出版社，1997 年 12 月出版二刷）頁 6。

第二節　《老子河上公章句》成書時代之爭議

直接自《老子河上公章句》一書著手進行探究，首先必須釐清的，即成書時代的問題。對於此書的作者，各家說法歧異而難解，所延伸出來的成書時代問題也是爭議眾多。

河上丈人之時期的不確定，導致成書的時期也出現不同的記載。譬如《隋書·經籍志》中載「老子道德經二卷周柱下史李耳撰漢文帝時河上公注」〔註18〕，又有「梁有戰國時河上丈人注老子經二卷亡」〔註19〕。可知在《隋書》編纂之時，河上公注的《老子道德經》就只存一種，而非並行著「河上公注」與「河上丈人注」兩種注本。至於梁朝時是否有兩種注本，抑或是根據前人傳說，而推測說戰國時河上丈人注老子經梁有今亡，則不得而知。

這一個疑問，在後世論及河上公此書時，若非以人廢書，則是直接採用此書，而不論其作者與時代。如唐代的劉知幾言：

> 其序云。河上公者。漢文帝時人。結草庵於河曲。乃以爲號。所注老子。授文帝。因沖空上天。此乃不經之鄙言。流俗之虛語。按漢書藝文志。注老子者三家。河上所釋。無聞焉爾。豈非注者欲神其事，故假造其說耶。其言鄙陋。其理乖詭。豈如王弼所著。義旨爲優。必黜河上公。升王輔嗣。〔註20〕

劉知幾以河上公其人爲後人所虛構的人物，故虛妄不可信，而認爲眞正作河上公注的人，所言皆鄙陋虛妄，無價值可言。又如唐代的王眞：「道德經文遠有河公訓釋中存嚴氏指歸近經開元注解。」〔註21〕對於作者與成書問題不做討論，順著史籍的記載來看待此書。

七、八〇年代，日本學者對於這個問題作了多方的探討，當時研究概況如下表：〔註22〕

〔註18〕清·姚振宗撰、《續修四庫全書》編纂委員會編：《續修四庫全書·隋書經籍志考證》，頁425。

〔註19〕清·姚振宗撰、《續修四庫全書》編纂委員會編：《續修四庫全書·隋書經籍志考證》，頁427。

〔註20〕宋·王溥：《唐會要》，頁1408。

〔註21〕唐·王眞撰、《續修四庫全書》編纂委員會編：《續修四庫全書·道德經論兵要義述》（上海：上海古籍出版社，2002年3月第1次印刷），頁153。

〔註22〕據王清祥：《《老子河上公注》之研究》（私立輔仁大學宗教研究所碩士論文，李豐楙指導，1993年6月，頁13）及江佳蒨，《《老子河上公注》思想考察》

作　者	論　點	成書時間
武內義雄〔註23〕	透過對〈老子道德經序訣〉的分析，推斷《河上公章句》是葛洪族人的著作	魏晉時期
島邦男〔註24〕	年限之研究中，成書年限最晚的主張者	唐　初
吉岡義豐〔註25〕	反駁島邦男之見解，偏重成書年代之考據	東漢末年
內藤幹治〔註26〕	基本上同意武內義雄之主張	魏晉時期
楠山春樹〔註27〕	偏重養生部分，提出二階段形成的說法：原本爲後漢時期，現行本爲晉至六朝遞次修改	二階段說
小林正美〔註28〕	推測《河上眞人章句》與《河上公章句》二者內容相同。提出三階段形成說：1.後漢末 2.西晉末 3.劉宋時期	三階段說

　　這一時期對《河上公章句》的討論，雖然論點尚在初探階段，而仍未有全面而完足的研究，也沒有得到一致的結論或看法，但是在研究進路及探討的主題上，卻是採取了正確的方向，給予《河上公章句》應有的重視。

　　早在 1959 年，大陸學者王明就曾發表〈《老子河上公章句》考〉一文，對於這本歷來毀譽不一，在老學史中極其重要卻又遭人忽視的《河上公章句》作了深入的探討。對於此書的成書年代問題，王明秉持「一時代之注說習染一時代之風尚」〔註29〕的觀念，強調《河上公章句》乃是東漢時期老學主治身養性風氣之下的作品。另外又探論西漢無河上公此人，並依據《四庫提要》，提出劉歆的《七略》無《河上公章句》的記載，以及馬融注《周禮》之前無「就經爲注」的體例，以此三點來論證《河上公章句》當不出於西漢。並指出《抱朴子》以《道德經》五千言「不足耽玩」，且葛洪不甚喜歡黃老之言，

　　　　（國立台灣大學中國文學研究所碩士論文，林麗眞指導，2001 年 6 月，頁 8
　　　　～18）修訂。

〔註23〕武內義雄：《老子原始》（臺北：藝文印書館，1970 年）。

〔註24〕島邦男：〈老子河上公本の成立〉，《宇野哲人先生白壽祝賀紀念東洋學論叢》，
　　　　1974 年 10 月，頁 529～549。

〔註25〕吉岡義豐：〈老子河上公本と道教〉，《道教の總合的研究》，1977 年 3 月，頁
　　　　291～332。

〔註26〕內藤幹治：〈河上公注老子の養生說〉，《吉岡博士還曆紀念道教研究論集》，
　　　　1977 年 6 月，頁 319～339。

〔註27〕楠山春樹：《老子傳說の研究》（東京：創文社，1979 年）。

〔註28〕小林正美：〈河上眞人章句の思想と成立〉，《東方宗教》，第 65 期，1985 年 5
　　　　月，頁 20～43。

〔註29〕王明：〈《老子河上公章句》考〉，頁 303。

言《河上公章句》不可能為葛洪所撰，而僅為《抱朴子》集道教學說大成中的一部份思想而已。

1982 年，大陸學者谷方在《中國哲學》發表了一篇〈河上公《老子章句》考證——兼論其與《抱朴子》的關係〉，探討《河上公章句》一書與《抱朴子》之間的關聯，論證《河上公章句》之成書時代在於東晉，為葛洪門人所作。自此，在中國的學術界陸續地引發了學者們對此成書問題的爭議與討論。

金春峰先生在 1983 年發表〈也談《老子河上公章句》之時代及其與《抱朴子》之關係——與谷方同志商榷〉〔註 30〕一文，對於長久以來針對《河上公章句》的質疑，有很深刻的反省及檢證。

金先生的這篇文章主要有六個重點：第一，檢驗《河上公章句》與《抱朴子》間的關係。1.在養生方法及目標上，《抱朴子》著重服藥煉丹、呼吸吐納及房中術等修練方法，以求飛升成仙；《河上公章句》則注重保存物質性的精氣，以求延年益壽，並未脫離黃老養生的範圍，與《抱朴子》的思想是不相同的。2.《河上公章句》的「去六情」與《抱朴子》的「除六害」二者的內容並不相等。3.二者皆言「國身同一」，但《河上公章句》是指「治國與治身皆可運用同一原則」，《抱朴子》則是用作「論證封建統治天然合理之理論」。以此三點反駁谷方先生認為《河上公章句》為東晉時代葛洪門人所作的看法。第二，將《河上公章句》與秦漢時期注老之說法作比較，提出全為秦漢古義注解老子者二十餘處，論證《河上公章句》不類魏晉「務玄思，重抽象義理」的思想。第三，舉出「六情」及「部曲」二用詞，說明《河上公章句》的注解「使用漢代通用而至魏晉則已不用或含義已有變化之名詞、用語」，來證明其為漢人之作品。第四，說明《河上公章句》所表現的宇宙生成論及陰陽五行觀點，皆為漢代特有的思想特徵，並且在著重養生以及治國的這一方面，完全是漢代黃老思想的展現，絕非魏晉時期玄思風潮下的作品。第五，從「五行休王」、「五性六情」等觀念的使用，推斷《河上公章句》在《白虎通》之前，且以《河上公章句》之理論思維水平為古樸之注老思想，而定其早於《道德指歸》。以此反駁《河上公章句》為東漢作品的說法。第六，針對前人言《河上公章句》不可能為西漢作

〔註 30〕原載《中國哲學》第九輯，收錄於《漢代思想史》（自貢市：中國社會科學出版社，1987 年，頁 660～695），後修訂為《漢代思想史·《老子河上公章句》的時代和思想特點》一章（北京：中國社會科學出版社，1997 年 12 月第 1 次印刷，頁 395～439）。

品的幾點，包括 1.《漢書‧藝文志》未收錄；2.西漢無章句的體裁；3.河上公其人不可信等看法提出反證，以澄清《河上公章句》非必不能成書於西漢的說法。

　　以上幾篇深入研究的文章發表後，學界對於《河上公章句》的成書問題，有了重新的認識。年代範圍當是早在魏晉之前，而在兩漢期間，至於在西漢或東漢，則尚未有定論。王明的東漢說，著重自思想特色入手，輔以體例、史料等旁證，雖在金春峰先生的論證下而顯得旁證不能成立，但是在思想特色方面的分析詳細而深入，也有許多人支持其看法。如湯一介在其《魏晉南北朝時期的道教》一書中，談論到《老子河上公注》時，即以王明的論點作基調，而補充對於此書思想特點方面的分析。金春峰先生的西漢說，論及體例、詞句及思想等方面，其考證與論據中肯而精闢，對於歷來的疑點及貶抑，作了相當充分而有力的論證與釐清，亦成一家之言。雷健坤就曾以金先生的觀點做基礎，而展開有關思想主旨及體系方面的說明。〔註31〕

　　1999 年，韓國學者吳相武在《道家文化研究》第十五輯，發表〈關於《河上公注》的成書年代〉一文，針對幾個不同的說法作了批判，並提出《河上公章句》成書於兩漢之際的說法。第一，他以張衡〈東京賦〉薛綜注與《索紞寫本道德經殘卷》對於《河上公章句》的記載，以及《河上公章句》內容之思想與葛洪的思想不一致，來說明成書於晉朝或成書於葛洪一派之手是不能成立的。第二，又依西漢亦盛行章句之體，與論述《河上公章句》既重治國亦重養生，來駁斥王明所論斷的成書於東漢中後期說。第三，對於在日本學界頗具影響力的「不同階段形成說」，吳相武反對此說法之論據，藉由辨明 1.《河上公章句》與六朝時期寶靈派的五臟神思想有根本上的差異；2.《河上公章句》的「國身同也」思想，乃治國與治身可運用同一原理，而非依循「國」、「身」可相互置換等一定的模式，來說明治國與養生之間的關係；3.《河上公章句》與所謂的寶靈派作品《老子節解》，二者對經文並無任何相同一致的注解；4.《河上公章句》為一完整的思想體系，其養生思想非為後人所加，以此四點反覆推論「不同階段形成說」難以成立。第四，對於主要由金春峰先生所主張的成書於西漢說，吳相武著重在反對《河上公章句》「認為不死是不可取的」這樣的說法，並認為《河上公章句》的觀念較《道德指歸》明確而清楚，因而提出《河上公章句》的成書早於《道德指歸》。又將王充的《論衡》與《河上公章句》作比較，

〔註31〕　參見雷健坤：〈治身與治國──論《老子河上公章句》的思想主旨〉，《人文雜志》，1997 年第 6 期，頁 37～41。

而認爲二者的主要思想基本上一致，以爲王充所論者或許即指《河上公章句》，且《道德指歸》的版本近於帛書本，因此得出結論：《河上公章句》的成書年代應晚於《道德指歸》，而在《論衡》之先。

2001 年，金春峰先生作〈再論《河上公注》成書之時代〉一文，回應吳相武的看法。首先，強調長壽的長生不死，與成仙思想的長生不死、輕舉飛升是有極大差異的。而《河上公章句》所運用的長生、不死一類用語，皆當以長壽解釋，是「延年益壽的最大限度」，絕無飛天成仙的神仙家思想在其中。其次，澄清《論衡・道虛篇》中所言之意，乃指老子爲一長壽者，而世人誤以爲他是不死之眞人，並非吳相武所說的「老子之道可以成仙」。再者，以郭店竹簡的出土表示帛書並非《老子》的唯一傳本，且兩種相近的版本只能說明二者用了相同的底本，加上《老子河上公章句》的思想較《道德指歸》混亂不清，故而吳相武言《道德指歸》成書於前是不能成立的。最後，以司馬談〈論六家要旨〉與董仲舒《春秋繁露》爲支點作參照對比，認爲《河上公章句》之思想特點符合〈論六家要旨〉所言，且與《春秋繁露》多有相近之處，而《道德指歸》則與此二者相去甚遠，再次地強調《河上公章句》成書必在《道德指歸》之前。

經過眾多學者努力探討，目前在學界頗具影響力的說法，約有西漢說、兩漢之際說與東漢說。如學者黃釗贊同金春峰先生的西漢說，認爲《河上公章句》之成書不能晚至東漢，而當在西漢中前期〔註 32〕；陳麗桂以吳相武的觀點爲主，結合王明、王卡的說法，將成書時限定於西漢末期以後，東漢中期以前〔註 33〕；鄭燦山詮釋《河上公章句》思想，以道教史及思想史的角度，認爲其書當爲東漢作品〔註 34〕。可以說目前主要的爭論點，乃是在王明、金春峰先生以及吳相武三者的論據上。

本研究擬以《老子河上公章句》書中重要概念的分析，加之與相近文獻的比較，來建構整本書的思想體系，主要目的在揭露此書的思想要義，並期能對種種爭議有所論斷。

〔註32〕 參見黃釗：〈《《老子》河上公章句》成書時限考論〉，《中州學刊》，2001 年 3 月第 2 期（總第 122 期），頁 69～74、78。

〔註33〕 參見陳麗桂：〈《老子河上公章句》所顯現的黃老養生之理〉，《中國學術年刊》，第二十一期，2000 年 3 月，頁 177～210。

〔註34〕 參見鄭燦山：〈《河上公注》成書時代及其思想史、道教史之意義〉，《漢學研究》，第 18 卷第 2 期 2000 年 12 月，頁 85～111。

第三章 《老子河上公章句》的道論

　　《道德經》所指出的「道」的概念，在此後的注解作品或一般認知中，都肯定道為無形體、不能指名、不限於時空中的絕對超越對象，《河上公章句》中對「道」的概念也不能出其右。誠如杜保瑞所言：「就《河上公注老》而言，作品中是全部預設了老子哲學的原理義本體論諸觀點的，只是發揮時的輕重深淺的問題，而就其作品本身的理論貢獻則在始源義的宇宙論哲學問題上。」〔註1〕《河上公章句》的特殊之處在於其以「經營生化」（第二十一章）的作用意義來介紹「道」，並用一與氣來建構根源於道的世界。

第一節　道

　　《河上公章句》在第二十一章說：「道唯恍惚，其中有一，經營生化，因氣立質。」此句是其言道的基調，其中展現道不能界定、有一在其中、藉由氣以產生經營生化的作用。蔡振豐從語言的角度，說《河上公章句》論道所使用的是無標定的語彙，「目的不在指涉道體，而在於指示超自然的能力」〔註2〕。所謂無標定的語彙，就好比數字中的「0」一樣。「0」這個數字實際上並不存在，但是若沒有「0」來表示數字的空缺，就不能夠推衍出數字的意義。也就是說，《河上公章句》在論道時，並不在說明道是如何，而在於道所擁有的、產生的、

〔註1〕 杜保瑞：〈《河上公注老》的哲學體系之方法論問題檢討〉，《哲學與文化》，二十九卷第五期，2002年5月，頁396。

〔註2〕 蔡振豐：〈嚴遵、河上公、王弼三家《老子》注的詮釋方法及其對道的理解〉，頁18。

賦予的可能性及作用性爲何。

　　《河上公章句》由於是章句體例，因此在內容上有許多順著《道德經》字句作解釋的部分，特別是在論及道的時候。如第四章解「淵乎似萬物之宗」〔註.3〕，言：「道淵深不可知，似爲萬物之宗祖」；第二十五章解「有物混成，先天地生」，曰：「謂道無形，混沌而成萬物，乃在天地之前」。對於《道德經》所提出的道的內涵與陳述，都直接承襲下來。然而，更多時候，《河上公章句》在解說道時，都從能力與表現上來說，較之於王弼《老子注》以得意忘言的遮撥方式來詮解道，更可見其作用意義。

　　《道德經》第一章：「無名，天地之始；有名，萬物之母。」《河上公章句》曰：「始者道本也，吐氣布化，出於虛无，爲天地本始也。」「有名謂天地，……萬物母者，天地含氣生萬物，長大成熟，如母之養子也。」解釋道爲始、爲母，是在於道具有吐氣布化、生成萬物的實際作爲。王弼則言：「道以無形無名始成萬物。以始以成。而不知其所以。玄之又玄也。」〔註4〕認爲道之所以爲始、爲母，是出自它的無形無名，強調道的玄妙、不知其所以然，而不在於道如何使萬物生成。

　　第四章：「道沖而用之，或不盈。」《河上公章句》曰：「沖，中也。道匿名藏譽，其用在中。」「道常謙虛不盈滿。」書裡言中，多是以「中有」的角度論述，而與王弼的「中空虛」有不同的偏重。以第十一章論無之用爲例，《河上公章句》說：「轂中空虛，輪得轉行；轝中空虛，人得載其上」，「器中空虛，故得有所盛受」，「室中空虛，人得以居處」，肯定了空虛的必要性，卻更注重其中所存在之物，而說：「器中有物，室中有人，恐其屋破壞；腹中有神，畏其形消亡」。王弼則說：「有之所以爲利。皆賴無以爲用也。」展現無的作用，但偏重於說明無的重要性。再看《河上公章句》說：「萬物中皆有元氣，得以和柔，若胷中有藏，骨中有髓，草木中有空虛與氣通，故得久生也。」（第四十二章）對於中有的重視，是書中所致力的對象。因此，較之於王弼言：「沖而用之。用乃不能窮。滿以造實。實來則溢。又復不盈。其爲無窮亦已極矣。」目的在否定盈滿的狀態，以說明道的空虛且無窮。《河上公章句》在第四章以謙虛、藏匿譽名來說道之所行，又以中來界說道的作用，表現出對於中有之

〔註.3〕　本文在論《河上公章句》注解內容時，原《道德經》引文以《河上公章句》的句逗爲準。

〔註4〕　王志銘編：《老子微旨例略・王弼注總輯》（臺北：東昇出版事業公司，1980年）。

內容的主動掌握。

　　第二十五章：「吾不知其名，字之曰道。強爲之名曰大。大曰逝，逝曰遠，遠曰反」。《河上公章句》曰：「我不見道之形容，不知當何以名之，見萬物皆從道所生，故字之曰道也。」「大者高而无上，羅而无外，无不包容，故曰大也。」「其爲大，非若天常在上，非若地常在下，乃復逝去，無常處所也。」「言遠者，窮乎無窮，布氣天地，無所不通也。」「言其遠不越絕，乃復反在人身也。」《河上公章句》自然是承襲《道德經》對道的概念，肯定道是無形無名的，但是在此處不特別強調道的無形無名，只說看不見道的形狀容貌，而藉由道生化萬物的作用，稱呼之爲道。不同於王弼說：「名以定形。混成無形。不可得而定。」著眼於因爲沒有形體而不能以名定之，雖是介紹其無名，其實目的在凸顯其無形的特質。因此，王弼雖說：「言道。取於無物而不由也。」「吾所以字之曰道者。取其可言之稱最大也。」說萬物皆源自道，並以言語可指稱的最大者爲其名，但是，如何稱呼並不是王弼所關心的重點。接著論大、逝、遠、反，王弼說：「責其字定之所由。則繫於大。大有繫。則必有分。有分則失其極矣。」若以文字表達，則用大來表示道，然而一旦落於文字，就必定有分別義出現，故而王弼言：「不守一大體而已」、「不偏於一逝」、「不隨於所適」，採取「得意忘言」的立場，以說明道「其體獨立」、「無所不至」、「無所不窮極」。《河上公章句》則說明道何以稱大、稱逝、稱遠，直接就道的表現來說，最後回歸到現實層面，以「布氣天地」、「復反在人身」來展現其作用處。

　　第三十二章：「道常無名」。王弼言：「道無形不繫。常不可名。」其意在強調「道無形」的特質。《河上公章句》則以「道能陰能陽，能弛能張，能存能亡」，說明道無名的原因，不在於道的內容或特質爲何，而在於道能夠如何，在不同的情況下，就能夠有不同的作用出現。

　　第四十章：「反者道之動，弱者道之用。」王弼說：「高以下爲基。貴以賤爲本。有以無爲用。此其反也。動皆知其所無。則物通矣。」「柔弱同通，不可窮極。」用正反對立的關係來說明動作舉措當知其反，仍是著重於「無」的一面，因爲有「無」才能成其用，能掌握之也就無窮無極。王弼將「反」視爲物事的反面，以強調「無」的不落於兩邊。《河上公章句》則說：「反，本也。本者道之所以動，動生萬物，背之則亡。」認爲萬物的本源在於道的運動，若萬物違背道而行就會滅亡，並說「柔弱者道之所常用，故能長久」，

也就是萬物要依循道而尚柔弱，就能夠長久。這樣的理解著眼於道的作用，直接把萬物之作爲與道的動作連結起來，而呈現出萬物當遵循的目標與方向，與王弼強調「無」、呈顯「無窮」的性質，是全然不同的走向。

第四十一章：「大器晚成，大音希聲，大象無形」。王弼說：「大器成天下。不持全﹝註5﹞別。故必晚成也。」「有聲則分。有分則不宮而商矣。分則不能統眾。」「有形則分。有分者。不溫則炎。不炎則寒。」主要在強調所謂大者，在於無分別，因爲不是任何一項，故而能包含任何一項。《河上公章句》則直接將這些描述，作爲人法道的追求目標，曰：「大器之人若九鼎瑚璉，不可卒成也。」「大音猶雷霆，待時而動，喻當愛氣希言也。」「大法象之人，質樸無形容。」以實質的九鼎瑚璉來比喻大器之人，目的不在說明何以晚成，而在呈現一個晚成的事實狀態；用雷霆來呈現大音，強調平時的涵養積聚；說效法大象的人能表現出質樸之大象，都是著眼於人能同於道，而與道有相同的表現之可能性。

第四十五章：「大成若缺，其用不弊；大盈若沖，其用不窮。大直若屈，大巧若拙，大辯若訥。」王弼強調取消分別義，曰：「不爲一象」、「無所愛衿」、「直不在一」、「不造爲異端」、「己無所造」，提倡因循自然，曰：「隨物而成」、「隨物而興」、「隨物而直」、「因自然以成器」、「因物而言」，以不爲單一、能順自然而動者爲大。《河上公章句》則直指大成爲「道德大成之君」，大盈爲「道德大盈滿之君」，說他們「滅名藏譽」、「貴不敢驕，富不敢奢」，是與王弼的境界說大異其趣的工夫論。又界定說：「大直謂修道法度，正直如一也」、「大巧謂多才術」、「大辯者，智無礙」，這些都是指人的作爲而言，所欲顯示的是人能夠合道的可能性。

第七十七章：「天之道損有餘而補不足，人之道則不然，損不足以奉有餘。」王弼說：「如人之量。則各有其身。不得相均。如惟無身無私乎。自然。然後乃能與天地合德。」認爲人因爲有個體的分別而有私心，故而主張回歸自然，才能與天地合同，欲取消分別義，以達到一個整全的境界。《河上公章句》則將天道之損有餘補不足視作人類學習的對象，曰：「天道損有餘而益謙，常以中和爲上。」「人道則與天道反，世俗之人損貧以奉富，奪弱以益強也。」與第四章一樣，用謙虛來表現道之所行，並且講究中和的達致在人來說是可以效法的作爲與標準，而不在於取消分別以求整全義。

﹝註5﹞ 峰案：陶謂：『「全」蓋「分」之誤』，是也。（王志銘編：《老子微旨例略・王弼注總輯》，頁98。）

　　蔡振豐比較《河上公章句》、《道德指歸》，與王弼的《老子注》，認爲嚴遵是先行肯定道是如何，再經同源交感的方式，使得道有種種妙用；王弼則「並不能明確的說出道爲何，而只能追出道爲雜多中的整全，據此以爲人能不違於全，……則能近於道」〔註6〕；而《河上公章句》「以視『道』爲『無標定』語，所以其論說的系統，就環繞在此無標定之『道』有何功能之上」〔註7〕。在《河上公章句》中道的功能在於經營生化的構成世界萬物，另一方面，道的存在，確立了人的能動性與主動性。

第二節　一

　　《河上公章句》對於一的觀點，可用第十章解釋「抱一，能無離」所言作爲摘要，曰：「人能抱一，使不離於身，則身長存。一者，道始所生，太和之精氣也，故曰一。一布名於天下，天得一以清，地得一以寧，侯王得一以爲正平。入爲心，出爲行，布施爲德，摠名爲一。一之爲言志一无二也。」這當中表現四個概念：其一，「一」用以指稱道；其二，「一」是太和之精氣；其三，「一」爲道的施行；其四，抱守「一」就是掌握道。

一、志一无二──「一」用以指稱道

　　用一以稱道，在《道德經》〔註8〕中已如此使用。如：「載營魄抱一，能無離乎？」（第十章）「聖人抱一爲天下式。」（第二十二章）「昔之得一者。」（第三十九章）說抱一、得一都是指道而言，究其原意大抵是強調天下萬物一理。除此之外，「一」並無其他特殊的用法，譬如：「道生一，一生二」（第四十二章），是描述從少到多的過程，並沒有特別指稱的對象。又，第十四章言夷、希、微三者「混而爲一」，說道集合這三種特質於一身，或許爲「一」何以用指稱道，透露出一些端倪。《莊子・知北遊》裡，東郭子詢問莊子道在何處，莊子以螻蟻屎溺回覆之，而指出：「至道若是，大言亦然。周遍咸三者，異名同實，其指一

〔註6〕蔡振豐：〈嚴遵、河上公、王弼三家《老子》注的詮釋方法及其對道的理解〉，頁23～24。

〔註7〕蔡振豐：〈嚴遵、河上公、王弼三家《老子》注的詮釋方法及其對道的理解〉，頁17。

〔註8〕引文據陳鼓應註譯：《老子今註今譯》（臺北：臺灣商務印書館，2002年10月三次修訂版第3次印刷）。

也。」〔註9〕說明了道無所不在，所以無論何處之道，所指稱的都是同一個道。道的統一、齊一、唯一之全面性，使得「一」成爲其在語言條件限制下的另一個名稱。〈在宥〉曰：「我守其一以處其和」〔註10〕、〈天下〉曰：「聖有所生，王有所成，皆原於一。」〔註11〕都是用一來說道。《呂氏春秋》說得更清楚，直接指明道之名爲一。〈大樂〉曰：「道也者，至精也，不可爲形，不可爲名，彊爲之謂之太一。」〔註12〕〈圓道〉曰：「一也齊至貴，莫知其原，莫知其端，莫知其始，莫知其終，而萬物以爲宗。」〔註13〕

《河上公章句》說：「一之爲言志一无二」，便是接續先秦以來認爲一用以表示道的絕對性唯一而言。《道德經》第十四章本是在描述道本身而言，《河上公章句》則曰：

視之不見名曰夷，

〔章句〕無色曰夷。言一無采色，不可得視而見之。

聽之不聞名曰希，

〔章句〕無聲曰希。言一無音聲，不可得聽而聞之。

搏之不得名曰微。

〔章句〕無形曰微。言一無形體，不可搏持而得之。

此三者不可致詰，

〔章句〕三者，謂夷、希、微也。不可致詰者，夫無色、無聲、無形，口不能言，書不能傳，當受之以靜，求之以神，不可詰問而得之也。

故混而爲一。

〔章句〕混，合也。故合於三名之而爲一。

其上不皦，

〔章句〕言一在天上，不皦皦光明。

其下不昧。

〔註 9〕陳鼓應註譯：《莊子今註今譯》（臺北：臺灣商務印書館，2000 年 12 月修訂版第 2 次印刷），頁 593。

〔註 10〕陳鼓應註譯：《莊子今註今譯》，頁 294。

〔註 11〕陳鼓應註譯：《莊子今註今譯》，頁 872。

〔註 12〕陳奇猷校釋：《呂氏春秋校釋》（臺北：華正書局，1985 年 8 月初版），頁 256。

〔註 13〕陳奇猷校釋：《呂氏春秋校釋》，頁 172。

〔章句〕言一在天下，不昧昧有所闇冥。

繩繩不可名，

〔章句〕繩繩者，行動無窮極也。不可名者，非一色也，不可以青黃赤
白黑別；非一聲也，不可以宮商角徵羽聽；非一形也，不可以
長短大小度之也。

復歸於無物。

〔章句〕物，質也。復當歸之於無質。

是謂無狀之狀，

〔章句〕言一無形狀，而能為萬物作形狀也。

無物之象，

〔章句〕言一無物質，而能為萬物設形象也。

是為忽恍。

〔章句〕言一忽忽恍恍，若存若亡，不可見之也。

迎之不見其首，

〔章句〕一無端末，不可預待也。除情去欲，一自歸之也。

隨之不見其後，

〔章句〕言一無影迹，不可得而看。

《道德經》在這一章中，原本就有一用以稱道的線索。《河上公章句》則直接
用一作為整章描述的對象。結合無形、無聲、無色三個名稱為一體，包含不
皦、不昧、無頭尾、無形跡的特色，並且具有為萬物設立形狀相貌的能力，
說是一，其實就是道。第二十章談論俗人的貪淫、紋飾、急躁、有為，而提
到「道人」的「不與俗人相隨，守一不移，如愚人之心也。」強調對於道的
持守，才能不隨波逐流，而回歸純樸的狀態。又如第二十二章曰：「聖人守一，
乃知萬事，故能為天下法式也。」聖人所把守的一，自然是指道而言。對於
道的把握，是聖人之所為，並且藉由行道而能通行於天下，為天下之楷模。
再看第二十七章曰：「善以道計事者，守一不移，所計不多，則不用籌策而可
知也。」用道來處理事情的人，就是把握以一貫之的方式，不會使事情雜多
紛亂，更不需要用到計數與計事的工具。此處顯現出道的一體之特質，也解
釋了第二十二章所說的「乃知萬事」之義。

二、道始所生，太和之精氣

一在《河上公章句》中用以指稱道，卻又是出自於道的精氣、元氣、和氣。第二十一章說：「道唯恍忽，其中有一，經營生化，因氣立質。」前面曾經說過這是《河上公章句》之道論的基調，從敘述中可以清楚分別有道與一兩者，此處一不用以指稱道，而是道所生的「太和之精氣」，負責執行道在世間的「經營生化」。《莊子·大宗師》：「遊乎天地之一氣。」〔註14〕〈知北遊〉：「通天下一氣耳。」〔註15〕認為天地之間流行運動的僅只「一氣」，天下萬物之聚散也在於「一氣」而已。《河上公章句》所說的「一者，道始所生，太和之精氣」，就是通天下之一氣，其意義與作用見於第四十二章，曰：

> 道生一，
>
> 〔章句〕道始所生者一也。
>
> 一生二，
>
> 〔章句〕一生陰與陽也。
>
> 二生三，
>
> 〔章句〕陰陽生和、清、濁三氣，分為天地人也。
>
> 三生萬物。
>
> 〔章句〕天地人共生萬物也。天施地化，人長養之。
>
> 萬物負陰而抱陽，
>
> 〔章句〕萬物無不負陰而向陽，迴心而就日。
>
> 沖氣以為和。
>
> 〔章句〕萬物中皆有元氣，得以和柔，若胃中有藏，骨中有髓，草木中有空虛與氣通，故得久生也。

這是《道德經》著名的萬物生成論，本是形容一個從無至有、由簡至繁的過程，其中一、二、三的數字使用，未必一定指稱某個對象或內容。《河上公章句》則點出萬物是由元氣所構成，道經由一與陰陽的分判過程，在和清濁三氣的作用下而形成了萬物。

由於《莊子》所指出的一氣之觀點，因而後世對於《道德經》這一段萬物生成的過程，多是以一氣生陰陽二氣的觀點來解釋。《莊子·天地》曰：「泰初

〔註14〕陳鼓應註譯：《莊子今註今譯》，頁204。
〔註15〕陳鼓應註譯：《莊子今註今譯》，頁577。

有無，無有無名；一之所起，有一而未形。物得以生，謂之德；未形者有分，且然無間，謂之命；留動而生物，物成生理，謂之形；形體保神，各有儀則，謂之性。」〔註16〕說世間最初有無形無名的無，一開始是以混一無分別的一的狀態出現，使萬物得以產生。未形者，也就是一，開始有陰陽的分別，流動於天地之間，在交流運動下形成萬物，萬物各有其儀則，當各自保存。這樣的認知，將一視作混同未分的一氣，說道一開始是一的狀態，則一與道之間已然有分別，而天地間有一氣分為陰陽二氣，以及萬物各有所受、各有不同處，清楚地列出萬物生成的階段。《淮南子・天文訓》云：「道曰規，始於一，一而不生，故分而為陰陽，陰陽合和而萬物生。」〔註17〕也是以氣化宇宙論的架構來說明道生成萬物。《河上公章句》的注解看起來也是傾向於以精氣來說明整個宇宙的構成，「可是在這種敘述下，道之超越無待而為萬物本根的意義就蕩然無存了」〔註18〕。關於這個問題，從《淮南子》的研究中，可以理解其時代性的侷限。

　　陳德和先生說：「『一』、『二』、『三』都是萬有創化之本根道體，道和萬物在存有論的區分下其實只有兩層，所以說精氣也好、至陰至陽也好、沖和也好，通通都是道。《淮南子》是應該有而且可以有這個意思，然而問題是《淮南子》既然是用精氣來規定道，就很容易將存有論式的道生萬物滑落成為宇宙論式的氣化萬物。」〔註19〕由於用氣的觀念來說明世界的構成，使得萬物的創生過程面臨失去本體意義的根源，這是《淮南子》與《河上公章句》共同的問題。但是，詳究《淮南子》全書的思想體系，無論說精氣、至陰至陽，其中實際上也是代表本體論的意義而被提出，《河上公章句》亦不曾忽略宇宙萬物的本體論根源。實際上，「《淮南子》的確有道生萬物以及氣化萬物的兩種思路」〔註20〕，卻由於本體論意義的原理與宇宙論意義的始源之分別，在中國的哲學體系裡一直未清楚地區分開〔註21〕，因此，在行文時，常「不自覺地混淆了本體論和宇宙論的分際，把道生萬物和氣化萬物連著一起講。」〔註22〕所以陳德和先生強

〔註16〕 陳鼓應註譯：《莊子今註今譯》，頁325。
〔註17〕 劉文典：《淮南鴻烈集解》（北京：中華書局，1997年1月北京第2次印刷），頁112。
〔註18〕 陳德和：《淮南子的哲學》（嘉義：南華管理學院，1999年2月），頁68。
〔註19〕 陳德和：《淮南子的哲學》，頁68。
〔註20〕 陳德和：《淮南子的哲學》，頁141。
〔註21〕 參考杜保瑞：〈《河上公注老》的哲學體系之方法論問題檢討〉，《哲學與文化》，二十九卷第五期，2002年5月，頁398。
〔註22〕 陳德和：《淮南子的哲學》，頁141。

調，應把握書中的這兩種思路，而釐清其中仍然包含「道即氣」與「道之氣」兩個概念〔註23〕，才不致含混地用氣化萬物一筆帶過，而抹煞了文本中具有的超越意義的道之理路。《河上公章句》具有與《淮南子》一樣的時代侷限，因而在研究《河上公章句》時，也應該把握這樣的原則，才能夠給予其思想體系一個正確的評斷。

《河上公章句》說「道始所生一也」，所說的「生」本應該是「存有論意義的生，而不是宇宙論意義的生」〔註24〕，所表現的前後關係也應是「存有論意義的先而非發生學意義或時間系列的先」〔註25〕。然而，由於思考方法不同，未將本體論與宇宙論分開看待，所產生的跳躍思想，「道生一」也就橫跨了本體及宇宙論兩種意義的生。也就是說，道生一的過程不僅是就根源意義上來說一根源於道，也是就實際上創生的過程來說一自道化生出來。道是不可言說者，所以用一來表現，是展現道的本體論根源義，也實踐道的宇宙論創生義。針對這樣看似充滿矛盾的思路，杜保瑞說：「與其思考它的成立與否的問題，毋寧思考它的準確度的問題，準確度即為它的宇宙論知識系統的精確度以及它的本體論的價值理念在現實應用上的有效程度問題。」〔註26〕《河上公章句》也是措意如此。前面論道時曾經說過《河上公章句》言道主要在表達「經營生化」的作用意義，對於道的性質或內容並不特別強調。一方面是因為道的不可言說，另一方面則是《河上公章句》旨在推明萬物（特別是人）的行為能力與目標價值，因而著眼於人與道的關係，而不在於對道的探討。

《道德經》的一、二、三本無指稱對象，因此言「生」只說明了萬物源自於道，而《河上公章句》以氣化的觀點來說明創生的階段，因此其中以「生」來說明各個階段之間的關係，就更加強調於道與萬物之間不可分割的關係，進而在書中表現出：道能如何，人亦能如道，來推明人應當有的作為。《河上公章句》將一視為道所「生」的一氣，則表現出先後順序的體用關係，而《莊子》雖有一氣與陰陽交流〔註27〕的觀念，但是在這個生成階段的說解中，主要著眼於道生成萬物的觀點，關於氣與陰陽的觀念並未特地使用上，《河上公

〔註23〕陳德和：《淮南子的哲學》，頁 108。
〔註24〕陳德和：《淮南子的哲學》，頁 68。
〔註25〕陳德和：《淮南子的哲學》，頁 106。
〔註26〕杜保瑞：〈《河上公注老》的哲學體系之方法論問題檢討〉，頁 401。
〔註27〕《莊子・田子方》：「至陰肅肅，至陽赫赫；肅肅出於天，赫赫發於地；兩者交通成和而萬物生焉。」（陳鼓應註譯：《莊子今註今譯》，頁 558。）

章句》則點明陰陽的分別，並指出和清濁三氣共同生成萬物，較之於《莊子》，明顯可見其意著重於氣化的作用，而不僅是道的始源意義。

三、布名於天下——「一」爲道的施行

　　由於在觀念上本體論與宇宙論的混淆未分，《河上公章句》言「一」，從「道即一」的立場，經過「道生一」的思考方向，而存在「道之一」的太和之精氣。從現代的研究方法來說，可以知道書中包含根源義的「道即一」，以及創生義的「道之一」。不過在《河上公章句》的觀念裡，「道即一」與「道之一」是理所當然地，可以相互說明之同一個系統下的萬物源頭（無論就根源或創生來說）。因此，「一」時而爲精氣，時而爲道體，時而爲道的作用，時而爲道的表現。

　　第十章曰：「一布名於天下。」道無名，經由一使天下知之，一乃是道在天下的強名。呼應第一章所說：「人常能無欲，則可以觀道之要，要謂一也。一出布名道，讚敘明是非也。」道無形不可觀見、無法直接掌握，能觀見的是一，經由對一的把握就能夠掌握道。因爲有一之名以表現道，使得天下萬物有所依循，故而說一爲道之要。

　　第十章言布名天下，後面接著說：「天得一以清，地得一以寧，侯王得一以爲正平。」這段說法出自於第三十九章，曰：

　　昔之得一者，

　　〔章句〕昔，往也。一，無爲，道之子也。

　　天得一以清，

　　〔章句〕言天得一故能垂象清明。

　　地得一以寧，

　　〔章句〕言地得一故能安靜不動搖。

　　神得一以靈，

　　〔章句〕言神得一故能變化無形。

　　谷得一以盈，

　　〔章句〕言谷得一故能盈滿而不絕也。

　　萬物得一以生，

　　〔章句〕言萬物皆須道以生成也。

侯王得一以爲天下正。

〔章句〕言侯王得一故能爲天下平正。

在這一章裡，《道德經》原意是以一言道，《河上公章句》此處言一則不指稱道、不是精氣狀態，而是指無爲，是道之子。所謂「道以無爲爲常。」（第三十七章）無爲是道的終極意義與終極價值〔註28〕，一之所以能布名於天下，就是從無爲這個特色而言。無爲是一種方式，也是一種態度，說天、地、神、谷、侯王能得之，是從道無爲的方式中，獲得無爲的態度，進而自身也效習這樣的方式，而展現出無爲的態度。《河上公章句》在此處欲以道的價值來肯定世間萬物的價值，其目的是相當明顯的。稍需留意的是，此章翻譯成白話就是說天、地、神、谷、侯王能無爲，就能展現自我的價值作用，但是「萬物得一以生」的注解語卻是說「萬物皆須道以生成」，不言一而言道。這是因爲《河上公章句》在此章所欲表達的章義，是欲人效法道無爲以去欲心〔註29〕，故一專指無爲而言，但若就《道德經》的原句注解，則得出「萬物得一以生成」，變成萬物能無爲就能生成，反而說不通了。若是在其他章節說萬物得一以生成，仍舊是依循《河上公章句》「道即一」與「道之一」的思路，但在這裡一作爲無爲解，就自然將生成之事歸源至道了。雖然《河上公章句》在第三十九章後面解釋「萬物無以生將恐滅」時，說：「萬物當隨時生死，不可但欲長生無已時，將恐滅亡不爲物。」將此處言「生」解釋作生死之生，但是在前面它仍以道來說明萬物的生，也可見它對萬物生成於道的強調，道非以無爲或精氣單方面就能生萬物，而是以含括存有義與創生義的全面性的道，才能生成萬物。

四、「人能抱一」就是掌握道

《河上公章句》說「人能知上古本始有一，是謂知道綱紀也」（第十四章），說人能知曉一的存在，就能夠知道之綱紀，也就是說想要瞭解道流行的條理規律，就應該先知一的運行作用及性質內涵。一有道之子、道之要、道綱紀、

〔註28〕參考杜保瑞：〈《河上公注老》的哲學體系之方法論問題檢討〉，頁401。
〔註29〕第三十九章後半段言：「天當有陰陽弛張，晝夜更用，不可但欲清明無已時，將恐分裂不爲天。」「地當有高下剛柔，節氣五行，不可但欲安靜無已時，將恐發泄不爲地。」「神當有王相囚死休廢，不可但欲靈變無已時，將恐歇不爲神。」「谷當有盈縮虛實，不可但欲盈滿無已時，將恐枯竭不爲谷。」「萬物當隨時生死，不可但欲長生無已時，將恐滅亡不爲物。」「侯王當屈己以下人，汲汲求賢，不可但欲貴高於人無已時，將恐顛蹶失其位。」意在尚無爲，去「但欲」之私心。

無爲、太和之精氣，這樣多重的描述，在《河上公章句》本身並不感到衝突，因爲道本身就是如此，這是在道的不可言說的限制下，欲以一來全面地展現道。再看第五十一章說：

　　道生之，

　　〔章句〕道生萬物。

　　德畜之，

　　〔章句〕德，一也。一主布氣而畜養之。

　　物形之，

　　〔章句〕一爲萬物設形象也。

　　勢成之。

　　〔章句〕一爲萬物作寒暑之勢以成之。

《道德經》本在指出道、德、物、勢四者，《河上公章句》則言「道生萬物」，其中當然包含根源意義與始源意義的生，而畜之、形之、成之，皆用來說一。一是太和之精氣，所以有布氣的功能，能畜養萬物，並爲之設形、作勢，但是除了氣化生成的意義之外，一也具有道所賦予的本體論的化生義，因此萬物經由太和之精氣所獲得的不僅是形狀相貌，也從中獲得了道在於自身中運行，所以《河上公章句》用一以說德，表現萬物自身所獲致的一，就是獲得道的途徑、方法，或者說獲得一就是對道的獲得。

　　第五十二章說：

　　天下有始，以爲天下母。

　　〔章句〕始，道也。道爲天下萬物之母。

　　既知其母，復知其子；

　　〔章句〕子，一也。既知道已，當復知一也。

　　既知其子，復守其母，

　　〔章句〕已知一，當復守道反無爲也。

　　沒身不殆。

　　〔章句〕不危殆也。

以母與子的關係來說道與一，在「道生一」與「道之子」的說法中就呈現這樣的想法，不過內容所指的並不是單一的思考路線。所謂「道唯恍惚，其中有一」，道與一的母子關係，是道囊括了精氣、無爲、根源、始源等種種作用

與意涵,而一便是指這些精氣、無爲、根源、始源。說一存在於道之中也可以,說一化生自道而來也可以,道爲天下萬物之母,無論在本體論或宇宙論意義上都是肯定的,而一就是道在世間的代表,它象徵道、表現道,使人能經由之以掌握道。所以說因爲知曉道的存在及其意義,故而應當以把握一的方式來理解道,這就是「人能樂美於道,則一留止也。」(第三十五章)在能把握一而理解道的各種面向之後,自當宏觀地掌握整全的道,而能法道無爲,去欲心,不危殆,這就是《河上公章句》所欲勸勉人,曰:「懷道抱一,守五神也。」(第三章)

第三節　氣

首先應說明《河上公章句》中,關於「氣」字的用法。氣是從道而出,全天下也僅只一氣而已,但由此一氣所分化出的,卻有眾多不同性質與內容的氣。《河上公章句》中有精氣、元氣、和氣、神氣、聲氣、志氣、節氣、勇氣等,其中,聲氣、志氣、節氣、勇氣皆是形軀血肉之氣,並非書中所討論的重點。對於氣概念的使用,《河上公章句》主要還是用以說明世界的構成及道與人的關連。因此,書中的氣約莫可分析爲兩種用法,而包含三種意涵。所謂兩種用法,是在對象上的不同,分別指道之氣與人之氣;三種意涵則是就涉及的範疇而言,道之氣包含初始混沌的無形之氣,以及萬物同源的精神性物質氣,人之氣則就個體意義而言。因此,《河上公章句》的精氣、元氣、和氣、神氣,是就其所指之對象與範疇而言,並不就字面意義作歸類,亦即「精氣」可用於道或人,但內涵並不同。若與氣字單獨作比較,則可顯示其特點:精氣是言其精微,「指本質性的、具關鍵地位的東西」〔註30〕;元氣是言其原初,「表達形上的與時間上的先後」〔註31〕;和氣「則具有價值的意味」〔註32〕,表現中和的取向;神氣則是言其神妙,「言其靈」〔註33〕。

《河上公章句》言道「經營生化,因氣立質」,表示道經由氣來行其經營生化之功。在書中多次強調道以氣生萬物的觀點,如「吐氣布化,出於虛無,

---

〔註30〕鄧立光:〈道境與道體——老子天道觀闡微〉(道家思想國際學術會議,2004年4月9~11日),頁3。
〔註31〕鄭燦山:〈老子河上公注長生思想析論〉,頁181。
〔註32〕鄭燦山:〈老子河上公注長生思想析論〉,頁181。
〔註33〕鄧立光:〈道境與道體——老子天道觀闡微〉,頁11。

爲天地本始也」（第一章）；「言遠者，窮乎無窮，布氣天地，無所不通也」（第
二十五章）；「道清靜不言，陰行精氣，萬物自成也」（第二十五章），皆以道
布氣、行氣於天地間而使萬物生成。前述論一時，也提到一爲太和之精氣，
又一爲道之德，主布氣以畜養萬物，即是道本身含有太和之精氣，且以此布
行於天下，爲萬物成形成勢，使之生成。從「道生一，一生二，二生三，三
生萬物」的過程來看，《河上公章句》言：「道始所生者一也。」這是存有義，
也是創生義來說，因此一是包含兩種意義在其中的。又說：「一生陰與陽也。」
這個階段就必定落在有形來說，無法與道一樣維持無形的虛無狀態。「陰陽生
和、清、濁三氣」的說法，表現出世界由氣所構成的概念，因此，陰與陽也
可以釋作陰氣、陽氣。問題在於一生陰陽這個階段，形上之一如何過渡到形
下的陰陽氣？在這裡，太和之精氣就給予了過渡的空間，模糊了形上形下的
界線。

在前面討論一時曾經提到，《淮南子》的氣概念有道即氣與道之氣兩種內
涵。《河上公章句》中能生陰陽氣的一，也就是太和之精氣，同樣具有這兩種
內涵。陳麗桂在研究《河上公章句》時提到：

「道」是氣，「一」是「太和之精氣」，一切道與一的生化作用都是
「氣」的變化作用。

其論證基本上也沒有跳脫出以《淮南子》爲代表的，漢代道家氣化
宇宙論的模式，亦即由元氣分生陰、陽，以成天、地；再由天地透
過氣的交合作用，生成人與萬物。

比起〈內業〉的「道在天地間」、「上察於天，下極於地」來，雖然
都以「氣」爲內容，但顯然高大廣闊許多。〔註34〕

他也認爲書中的氣有同於道之義，並以氣的變化展現道的生化作用。這是肯
定氣的形上內涵，以及強調氣之生成意義與形下世界流通之作用。但是他卻
又截然地判定《河上公章句》之氣論爲元氣生陰陽、天地人的氣化宇宙論，
這樣的認知使得《河上公章句》之氣的存有義無法獲得清楚的交代，故而只
能在最後點出：較之以〈內業〉言天地間的氣，《河上公章句》之氣概念顯然
廣闊得多。其實差異在於漢代氣化論較之〈內業〉的氣觀念，已非停留於天
地間流行的氣，而是著眼於上同於道、爲道之內容、展現道之作用的元氣。

〔註34〕陳麗桂：〈《老子河上公章句》所顯現的黃老養生之理〉，頁 193、頁 196、頁
198。

因此，在論漢代氣化宇宙論時，宇宙生成固然是其特點，但氣化所內含的根源義則是其架構的基礎，若不能理解到這個關鍵，就會使道與氣皆失去其超越性的根源意義了。

《河上公章句》的氣化論，主要在說明道與萬物之間經由氣以相貫通。氣的內涵兼括存有義與創生義，因此萬物在獲得氣的同時，也獲得了道的存有義所給予的價值意義，以及道的創生義所賦予的個體殊相。是以《河上公章句》言：「萬物皆得道之精氣而生，動作起居，非道不然」（第二十一章）、「萬物皆歸道受氣」（第三十四章），說萬物皆從道領受其氣。又說「道善稟貸人精氣，且成就之也。」（第四十一章）人是萬物之一，亦與萬物同受道之精氣。特殊的是，《河上公章句》說：「稟氣有厚薄，得中和滋液則生賢聖，得錯亂污辱則生貪淫也。」（第一章）似乎將人的性質以命定論來作解釋。這裡出現兩個問題：其一，太和之精氣如何會有中和滋液與錯亂污辱之分？其二，人受氣於天，便是天生就決定了人的聖賢或貪淫嗎？如此則人的修養工夫將從何立論？

第一個問題要從一生陰陽、陰陽生和清濁三氣來看。太和精氣是形上的氣，是天下之氣的源頭，陰陽與和清濁之氣則已過渡到形下世界，是為實際構成萬物的精神性物質氣。因為屬於形下之物，故而便有陰陽相對、清濁之別的不同性質，而中和滋液與錯亂污辱的差異，即是此有區別的形下世界所顯現出來的限制。這樣的說法，是用以解釋人何以有善惡之分、聖賢貪淫之別，並非太和精氣有優劣之分。

藉由第一個問題的定位，可以知道第二個問題的解答。對於中和滋液與錯亂污辱的提說，只是為了點出人的限制與不足，主要目的是在導出人當注重愛身治身的修養工夫。陰陽清濁之分別氣的觀念，在《河上公章句》中並不特別顯著，只在第四十二章論世界生成過程時略順《道德經》原文作注。書中論氣與人的關連，主要還是鎖定太和精氣而言，所強調之愛氣的工夫，也是愛惜稟受自道的精氣，而非形下的分別氣。是以其言：「能知天中復有天，稟氣有厚薄，除情去欲，守中和，是謂知道要之門戶也。」（第一章）即在於說明人當除情去欲、守中和，以超越形下之氣的限制，掌握身中精氣要義，而與天道相貫通。

《河上公章句》之道論中的氣觀念大致如上，人之氣的部分詳後論。

第四節 天

　　《河上公章句》的道論是由道、一、氣等概念的使用而展現，此外，對於書中「天」的內涵也當注意。與氣的使用相類似，書中言天包含兩個層面的意思：天用以指涉道，同時也是肉眼所觀察到的、與地相對的天。大抵天的概念在先民的使用中是在上的主宰者，由於對自然力量的敬畏，因此在三代之時，將天視爲天神、天帝，使得天在自然形象以外，亦是具有神秘力量與規則的意志天、道德天。《道德經》論道，提出了客觀存在的至高律則，但是天的內涵仍舊未與道劃分開來，從《河上公章句》言天道、天之道，便可察覺這樣的情況，如：「言人所爲，功成事立，名迹稱遂，不退身避位，則遇於害，此乃天之常道也。」（第九章）其意並非言道包含在天之內或道在天之下，而是言道在人世之上，以及其遍覆世間種種。書中有時甚至以天指道，如第七十三章解「天之道，不爭而善勝」，言：「天不與人爭貴賤，而人自畏之。」第七十四章言：「司殺者謂天，……天道至明，司殺有常。」第八十一章注「天之道，利而不害」，曰：「天生萬物，愛育之，令長大，無所傷害也。」說天道如何等同於天是如何，這是指陳天運行所依循的道理，也是在道的無形象、不可言說、難以把握的限制下，將經驗與觀察之所得，以天之作爲來展現道的內涵。

　　因爲書中用天以顯道，故而道也偶有意志性之人格神的意味，如：「天道祐謙，神明託虛」（第二十二章）、「天道惡煩濁、人心惡多欲」（第二十九章）、「天道雖寬博，善謀慮人事」（第七十三章）、「天道抑強扶弱」（第七十六章）、「天道無有親疎，唯與善人」（第七十九章）。說天道能祐、能謀、能抑、能扶、有好惡，實際的執行者則是天，天的動作取捨乃是根基於道。鄭燦山說：「『道』、『天』也一齊被擬人化而成一組神明了！……可見『神』、『天』、『道』變成一組神明了，掌管著人間的禍福。」〔註35〕這樣的說法將原始崇拜自然力量所言的天，歸入後世之宗教化演變的範圍，並把書中欲展現的道之理則，全部視爲神明的監掌，這是混淆了書中天與道的層次。

　　除了用以顯道的天，天亦包含搭配地而言的自然形象，並且此二種意涵是相關連的。天一方面是自然現象，一方面也具有神秘的力量與作用，這是從遠始先民即存在的觀念，在《河上公章句》裡也未劃分開來，如：「天地生萬物，

〔註35〕鄭燦山：〈老子河上公注長生思想析論〉，頁184。

人最爲貴，天地視之如芻草狗畜，不責望其報也」（第五章）、「天地人共生萬物。天施地化，人長養之。」（第四十二章）天地負有生養萬物的責任與作用。

值得注意的是，《河上公章句》中已意識到形上天（顯道之天）與自然天有所分別。在前面論稟氣有厚薄時，曾指出氣有太和精氣之整全氣以及中和貪淫之分別氣。書中所以論人的氣質，是在解釋人的賢與不肖，以指出人在形下世界之限制。《河上公章句》這一段論述的完整內容，曰：

> 同謂之玄。
>
> 〔章句〕玄，天也。言有欲之人與無欲之人，同受氣於天也。
>
> 玄之又玄，
>
> 〔章句〕天中復有天也。稟氣有厚薄，得中和滋液則生賢聖，得錯亂污辱則生貪淫也。
>
> 眾妙之門。
>
> 〔章句〕能知天中復有天，稟氣有厚薄，除情去欲，守中和，是謂知道要之門戶也。

「天中復有天」的說法向來令人困惑，雖然書中多以「天」解「玄」，如第六章「是謂玄牝」、第十五章「微妙玄通」、第五十六章「是謂玄同」，皆言「玄，天也」，但是此處並不單純只是順著《道德經》言「玄之又玄」作字面上的翻譯而已。檢視書中的天觀念來梳理論稟氣的這段文字，《河上公章句》認爲有欲與無欲之人都是領受太和精氣而有其存有與形軀，因此，「受氣於天」是就根源與始源來說受太和之精氣於形上天，也就是道。人存在於時空中的形下世界，因而有形下之分別氣所構成的限制，也就是說，人雖根源自形上之氣，卻有形下之氣的限制，這便是人有聖賢貪淫之別的原因。形上的太和精氣是形上天處發用，形下之分別氣則是流通於形下的天地之間，因此，所謂「天中復有天」即是言：在顯道之天中，尚有實體的自然天。故而《河上公章句》總結說：能夠知道在天道的價值意義下，尚有具體世界的有限；能夠理解在太和精氣的領受下，還有個人氣質的影響，進而能夠修養自身、除去情欲，以超越氣質的限制，執守中和以掌握身中精氣，便是知道、體道的要領與入門。

若就這個理路加以推衍，《河上公章句》第四十章言：

> 天下萬物生於有，
>
> 〔章句〕天下萬物皆從天地生，天地有形位，故言生於有也。

有生於無。

〔章句〕天地神明，蜎飛蠕動，皆從道生，道無形，故言生於無也。

指出天地是有形位者，而道則無形位。又，書中同見「天」與「天地」者，如：「能公能王，通天合道，四者純備，道德弘遠，無殃無咎，乃與天地俱沒，不危殆也。」（第十六章）便是言與形上之天通，而與自然之天地同長久。再看書中言天地生萬物之作用：

　　天地含氣生萬物，長大成熟，如母之養子也。（第一章）

　　天地之間空虛，和氣流行，故萬物自生。（第五章）

　　天地人共生萬物也。天施地化，人長養之。（第四十二章）

若是以和氣流行於天地來解釋，則這些天地生萬物之作用全然視為自然現象，天與天地在書中便呈現完全不同的意義。

雖說《河上公章句》意識到形上天與自然天是有所分別的，但是書中亦有「道似在天帝之前，此言道乃先天地生也。」（第四章）「天地視之如芻草狗畜，不責望其報也。」（第五章）「天澹泊不動，施而不求報，生長萬物，無所收取。」（第二十五章）等言，天與天地的使用，其意義與作用仍有重疊模糊之處，因此不能直接依據第一章論稟氣處，就將書中的天與天地分為兩邊，畢竟《河上公章句》言天，主要在表現其作用，而不在分判有形與無形為兩個世界，故而對書中天概念的領會，應如氣著重於太和精氣之意義，而不在有優劣之分的稟氣一般，當把握所展現的天道之內涵。

第四章 《老子河上公章句》的治身論

　　養身在《河上公章句》中佔了很大的比重與地位，而養身的觀念在《道德經》裡已經出現，並非《河上公章句》擅自加入的。《道德經》第十章論修身的工夫，認為人欲體道，必須能自然無為、柔順溫和、樸實無智詐，且內心純淨無瑕，其中一項提到：「專氣致柔，能如嬰兒乎？」設問人是否能做到專注於精氣，使之積聚以達致柔順，而令自身達到如嬰兒般精純的境界。無論是軀體方面的柔和不僵硬，或心智上的精粹無邪，可以見到《道德經》肯定養氣治身以達道的工夫。

　　在第五十章，《道德經》談論人的生與死：

> 出生入死。生之徒，十有三；死之徒，十有三；人之生生，動之於死地，亦十有三。夫何故？以其生生之厚。蓋聞善攝生者，陸行不遇兕虎，入軍不被甲兵；兕無所投其角，虎無所用其爪，兵無所容其刃。夫何故？以其無死地。

人的生死有一定的自然律則，有出生者亦有入死者，然而亦有對於生存所求太過豐厚而動輒得死的情況。因此說善於保持生命的人，在陸地上行走不會遇到猛獸的攻擊，在戰場上不會遭受兵刃的傷害，這是因為他們沒有過份的私欲冀求，不會涉及死亡的範圍，故而野獸與兵器都無以傷害之。《道德經》教人要柔弱純淨如嬰兒，又要人善攝生、無死地，這些都是保身之道。

　　王弼注言：「物苟不以求離其本。不以欲渝其真。」〔註1〕說明《道德經》勸人不忘本、不失真，保持如嬰兒般的精粹狀態，最主要的方式即在知足知止。第四十四章言：

〔註1〕王志銘編：《老子微旨例略・王弼注總輯》，頁112。

名與身孰親？身與貨孰多？得與亡孰病？甚愛必大費；多藏必厚
亡。知足不辱，知止不殆，可以長久。

名位與財貨都不及身體來得重要，名利的獲得並不能彌補生命的亡失，欲望
太過必將付出重大的代價。所以人應當知道滿足與節制，不致使自身受辱、
使生命危殆，才是長生之道。

《道德經》在第五十九章言及「長生久視之道」，是針對治人、事天、有
國來說的，也就是指治國方面的長生久視，與個人生命的長生似乎並無相關。
然而在第十三章中，《道德經》則是將養身與治天下做連結，表現出對貴身思
想的強調：

寵辱若驚，貴大患若身。何謂寵辱若驚？寵爲下，得之若驚，失之
若驚，是謂寵辱若驚。何謂貴大患若身？吾所以有大患者，爲吾有
身。及吾無身，吾有何患？故貴以身爲天下者，若可寄天下，愛以
身爲天下，若可託天下。

人因爲有軀體，所以常爲了得失而驚恐不已，害怕遭受禍患，這是囿於個人
的欲得與患失，而不能做到知足知止。如果人沒有形軀，自然也就不用擔心
受到傷害，但是身體是人的根本，不能放棄或取消之。因此，《道德經》認爲
能夠重視且愛養身體，而不迷惑於榮辱得失的人，才能治理天下。可以知道
《道德經》將治身視爲治天下的一個重要條件，甚至可說是天下主的基本要
素。第十二章裡論及義同理想君王的「聖人」之治身要點，曰：

五色令人目盲；五音令人耳聾；五味令人口爽；馳騁畋獵，令人心
發狂；難得之貨，令人行妨。是以聖人爲腹不爲目，故去彼取此。

駁雜的聲色味道使人的感官麻木混亂；放逸優渥的生活，令人狂放而遭遇禍
患，這些放縱情欲的作爲，皆是源自於不能知足知止所致。因此聖人重視人
民的基本生活需求，而不是以滿足感官刺激、追求物質條件作爲目標。根據
這樣的道理原則，聖人「不貴難得之貨，使民不爲盜；不見可欲，使民不亂」
（第三章），杜絕可能的誘因，使人民不因虛華的欲求而心智狂亂。聖人治理
天下採取「虛其心，實其腹，弱其志，強其骨」（第三章）、「使民無知無欲」
（第三章）的方式來教化人民，以去除人文虛僞的意念，回復到樸實眞誠的
基本需求。這就是所謂的「爲腹不爲目」，也是「長生久視之道」的實際表現。

《道德經》第五十五章可說是其修身的精要部分：

含德之厚，比於赤子。蜂蠆虺蛇不螫，攫鳥猛獸不搏。骨弱筋柔而

握固。未知牝牡之合而朘作，精之至也。終日號而不嗄，和之至也。

知和曰常，知常曰明。益生曰祥。心使氣曰強。物壯則老，謂之不

道，不道早已。

含厚德之人，就好比嬰兒一般，因為體道深、無知無欲，故而個人的身體方面，於外不遭受蟲獸侵犯，於內柔軟而堅固，聚集天地間的精氣與和氣，使耳聰目明而長壽。反之，如奉養過厚者、血氣方剛者、極度強壯者，都不合乎道，生命也就不能長久。

　　前述《道德經》的養身部分，可以看到《道德經》在提及或論述身體感官方面的問題時，都是視之為道的作用來介紹。《道德經》主要在論述道與德，以求治國之法式，因而養身的觀念在《道德經》裡是被用作為展現道之運行的一部份，並非講述的重點。《河上公章句》以《道德經》為基礎作推闡，將道與德視為既定的普遍法則，而主要在論述如何合道含德的實際操作方向。也就是說，《道德經》以道與德為論述主體，在《河上公章句》的注解中，則轉以修養工夫為討論重點。

　　以前述第十章來看，《道德經》本是以詰問的語氣，問能否做到「專氣致柔」、「如嬰兒」。《河上公章句》的引文則是「載營魄。抱一，能無離，專氣致柔，能嬰兒。」直接以肯定的語氣論定，並在注文的部分分析營魄何以與志道及長壽有關。又論一的內容及其與人的關聯，並說明精氣的愛養與嬰兒境界的達成。雖說《河上公章句》原本就是解說《道德經》，但綜觀二書的整體論點，以第十章為例：《道德經》強調柔弱與嬰兒等成果，或者說目標；《河上公章句》則著重在魂魄、一、氣等組成內容，或者說過程及步驟。

　　《河上公章句》言「治身者當除情去欲，使五藏空虛，神乃歸之。」（第十一章）除去情欲是其養身的主旨，養身的方式則在於形軀的善用與精氣神的愛養。以下即就此兩方面作論述，歸納《河上公章句》的治身論，且辨明其中並無不死成仙的思想。

第一節　形軀的善用

一、五臟神

　　五藏即五臟，指的是心肝肺腎脾五個藏於腹中的器官。五藏的認識，在

先秦時期已出現，如《呂氏春秋‧達鬱》說人體的組成：「凡人三百六十節，九竅五藏六府。」〔註2〕已知道人有三百六十節的骨骼與九竅及五臟六腑。《管子‧水地》甚至詳論言：「酸主脾。鹹主肺。辛主腎。苦主肝。甘主心。五臟已具。而後生肉。脾生隔。肺生骨。腎生腦。肝生革。心生肉。五肉已具。而後發為九竅。」〔註3〕認為五臟與五味相關聯，且五臟生成五肉與九竅。《河上公章句》指出：「五藏空虛，神乃歸之」（第十二章），認為腹中的五臟是精神歸聚的地方。人的構造與天地有相似處，即如橐籥般地中間空虛而有氣在其中出入流行。天地之間流行的是大化的和氣，人體內則是有精神居處。因此《河上公章句》言「腹中有神，畏其形消亡。」精神存在於人的腹中五臟內，如果不知善加愛護身體，而令形體消亡，則精神無所居處，也就亡失了。

　　《河上公章句》說精神居處於五臟之中，有五種不同的面貌，曰：「神謂五藏之神：肝藏魂，肺藏魄，心藏神，腎藏精，脾藏志。」（第六章）五臟之神是養身的主要養護對象，為了避免五臟被外在物欲所充斥的情況，如「美酒甘肴，腐人肝肺」（第十章），而造成「五藏盡傷，則五神去矣」（第六章），因而《河上公章句》強調「清五藏，則神明居之也」（第五章），保持五臟的空虛清靜，令靈明的精神能夠居處其中。又說：「得道之人，捐情去欲，五內清靜，至於虛極」（第十六章），強調以去除情欲的方式，保持五臟的極度虛靜，因為五臟是精神聚集的所在地，《河上公章句》說：「懷道抱一，守五神也。」（第三章）人欲體道，就必定要保守體內的五臟之神。《淮南子‧精神訓》論說：「耳目淫於聲色之樂，則五藏搖動而不定矣。五藏搖動而不定，則血氣滔蕩而不休矣。血氣滔蕩而不休，則精神馳騁於外而不守矣。」〔註4〕同樣認為若是受到外在聲色物欲的引誘，就不能善加愛養五臟，致使血氣沸揚，而精神也就被排除於外了。因而《淮南子‧精神訓》強調，應當「使耳目精明玄達而無誘慕，氣志虛靜恬愉而省嗜慾，五藏定寧充盈而不泄，精神內守形骸而不外越。」〔註5〕與《河上公章句》有著相同的思考方向，認為感官不受刺激誘惑，簡省嗜慾之心，使五臟寧靜而保持精神守內充盈不外放，才是

〔註2〕陳奇猷校釋：《呂氏春秋校釋》，頁1373。
〔註3〕安井衡纂詁：《管子纂詁》（臺北：河洛圖書出版社，1976年3月臺景印初版），卷十四，頁3。
〔註4〕劉文典：《淮南鴻烈集解》（北京：中華書局，1997年1月北京第2次印刷），頁222。
〔註5〕劉文典：《淮南鴻烈集解》，頁222～223。

保身之道。

　　金春峰先生曾經指出《河上公章句》的五藏說同於《黃帝內經》中的五藏說。他說：

> 　　《黃帝內經‧六節藏象論》〔註6〕云：「心者，生之本，神之變也。（即心藏神）……肺者，氣之本，魄之處也。（肺藏魄）……腎者，主蟄，封藏之本，精之處也。（腎藏精）……肝者，罷極之本，魂之居也。（肝藏魂）……脾胃、大腸、小腸、三焦膀胱者，倉廩之本，營之居也。（脾藏志）」《素問‧宣明五氣篇》：「五藏所藏，心藏神，肺藏魄，肝藏魂，脾藏意，腎藏志。」《河上注》五藏之說同此。〔註7〕

《黃帝內經》是中國早期的醫書，在劉歆的《七略》與班固的《漢書‧藝文志》中已見著錄。書中所見，可以得知東漢之前的醫學技術及對人體構造的觀念。從金春峰先生所舉的例子，可以清楚地看見《河上公章句》的五藏說與《黃帝內經》的五藏觀點有高度的雷同性，交叉比對來看，二書中的觀點是如出一轍。再看《黃帝內經‧靈樞‧九鍼論》也提到：「五藏心藏神肺藏魄肝藏魂脾藏意腎藏精志也」〔註8〕。《黃帝內經‧靈樞‧本神》曰：「心怵惕思慮則傷神……脾愁憂而不解則傷意……肝悲哀動中則傷魂……肺喜樂無極則傷魄……腎盛怒而不止則傷志」〔註9〕。《黃帝內經》言：「所謂五藏者，藏精氣而不寫也。」〔註10〕認為五臟是精氣聚集之處，也就是存養精神之所，加上二書對於五臟所藏之精神的說法，可以知道二書的思想時代必有重疊之處。

　　王明引《太平經‧齋戒思神救死訣》曰：「此四時五行精神，入為人五藏神，出為四時五行神精。」〔註11〕並說：「蓋人身之陰陽，皆應天之陰陽。故

〔註6〕　按：《黃帝內經》包含《素問》及《靈樞》兩部書。〈六節藏象論〉出自《素問》，下引《素問‧宣明五氣篇》亦為《黃帝內經》的內容。
〔註7〕　金春峰：〈也談《老子河上公章句》之時代及其與《抱樸子》之關係——與谷方同志商榷〉，頁669。
〔註8〕　《四部叢刊續編‧靈樞經》（臺北：臺灣商務印書館，1966年10月臺一版），頁127。
〔註9〕　《四部叢刊續編‧靈樞經》，頁24～25。
〔註10〕《四部叢刊續編‧黃帝內經素問‧五藏別論篇》（臺北：臺灣商務印書館，1966年10月臺一版），頁29。
〔註11〕轉引自王明：《老子河上公章句》考，頁312。

五藏應四時五行，入爲五藏神，出爲四時五行神精。」〔註 12〕以人副天數與五行觀念來說明《河上公章句》的五臟神，實際上並不恰當。天有陰陽、人有男女；天有四時、人有四肢；天有五行、人有五臟，這樣人副天數的觀念在漢代相當流行，《春秋繁露》是爲代表，在《淮南子》與《黃帝內經》中也時有所見。《河上公章句》曾比喻說人與天地皆如鼓風爐一般地中空虛而有氣，書中這類認爲人與天地有相類性質的思想，與天數多少，人亦副其數而成的思想完全不能等同。以五行配合五臟論述的說法，在《黃帝內經》中屢見不鮮，《春秋繁露》與《淮南子》也可以見到。《河上公章句》曾提到「天食人以五氣……五氣清微，爲精神聰明，音聲五性。……地食人以五味，……五味濁辱，爲形骸骨肉，血脉六情。」（第六章）五氣所指爲何，在《河上公章句》中並無清楚說明，全書也沒有相近的對應概念，然而無論五氣所指是否爲金木水火土五行之氣，在《河上公章句》的語意裡，主要在說明人的性情感覺、精神思慮來自天；身軀血肉來自地，人吸取天地間的精華與能量而得以生存，與五臟並無直接生成或對照的關係。到了《想爾注》則認爲「五藏所以傷者，皆金木水火土氣不和也。」〔註 13〕又說：「今當和五行，令各安其位勿相犯，亦久也。」〔註 14〕五行氣主管五藏調和，如果五行氣之間相互侵犯，不能得到協調，就會傷害五藏，使人生病。陳麗桂亦曾將《太平經》與《河上公章句》的五臟神觀念做比較，說：

> 《太平經》因此將這「五藏神」宗教化、神祇化，說人一旦生病，
> 可依五行顏色及方位，圖畫五藏神象，懸掛室內，「思之不止」，則
> 「五藏神」自能「報二十四時氣、五行神具來救之」，完完全全進入
> 了神學領域。相較之下，《河上公章句》則清新許多，它只言養生治
> 身之事，了不涉及宗教神學。〔註 15〕

《河上公章句》以五臟神來說明養身的基礎與原則，完全是具體地就人的形神構成而論，不似《想爾注》以天人相感來說五行配五臟，也不似《太平經》以宗教、神祇的角度作思考，不僅與宗教不甚相關，甚至距離東漢的氛圍也有一定的距離。

〔註 12〕 轉引自王明：〈《老子河上公章句》考〉，頁 312。
〔註 13〕 饒宗頤：《老子想爾注校牋》（香港：著者，1956 年 4 月），頁 7。
〔註 14〕 饒宗頤：《老子想爾注校牋》，頁 45～46。
〔註 15〕 陳麗桂：〈《老子河上公章句》所顯現的黃老之理〉，頁 207。

二、九竅四關

　　除了五藏之外，《河上公章句》論及人的身體結構還包含九竅四關。第五十章提到：

> 生死之類各有十三，謂九竅四關也。其生也，目不妄視，耳不妄聽，
> 鼻不妄嗅，口不妄言，舌不妄味〔註16〕，手不妄持，足不妄行，精
> 不妄施。其死也反是。

九竅一詞，《周禮》林尹註爲「耳目口鼻及前陰後陰也」〔註17〕，在《莊子》、《管子》、《韓非子》及《呂氏春秋》中都曾經出現。〈齊物論〉：「百骸、九竅、六藏，賅而存焉」〔註18〕；〈心術上〉：「心之在體。君之位也。九竅之有職官之分也」〔註19〕；〈解老〉：「人之身三百六十節，四肢，九竅，其大具也」〔註20〕；〈達鬱〉：「凡人三百六十節，九竅五藏六府」〔註21〕。四關則是指手足四肢而言。《韓非子‧解老》：「四肢與九竅十有三者，十有三者之動靜盡屬於生焉」〔註22〕；《管子‧內業》：「淵之不涸。四體乃固。泉之不竭。九竅遂通」〔註23〕。鄭燦山舉《淮南子‧本經訓》：「閉四關、止五遁，則與道淪。」〔註24〕認爲《河上公章句》所言四關與此同意，指耳目心口〔註25〕，實在是囿於表面的字句，而忽略的文意的串連。《河上公章句》在「九竅四關」之後解釋說生死之別在「不妄」，明言目、耳、鼻、口、精、手、足，即是九個孔竅加上手足四肢，並不等同於〈本經訓〉的四關。

　　《河上公章句》以「九竅四關」解「十有三」，異於後世各家注本注爲十分之三，而與《韓非子‧解老》一樣，直接解釋爲人的身體器官。〈解老〉說：「四

〔註16〕鄭成海：《老子河上公斠理》：「謹案：顧本、集注本『口不妄言』下並有『舌不妄』，非，蓋淺人妄添。奈卷、天文鈔本、古鈔本、陳本並無『味』字，是也，當據正。」頁305。

〔註17〕林尹註譯：《周禮今註今譯》（臺北：臺灣商務印書館，1997年6月初版第7次印刷），頁47。

〔註18〕陳鼓應註譯：《莊子今註今譯》，頁52。

〔註19〕安井衡纂詁：《管子纂詁》，卷十三，頁1。

〔註20〕陳奇猷：《韓非子校釋》（臺北：莊嚴出版社，1984年10月初版），頁371。

〔註21〕陳奇猷校釋：《呂氏春秋校釋》，頁1373。

〔註22〕陳奇猷：《韓非子校釋》，頁371。

〔註23〕安井衡纂詁：《管子纂詁》，卷十六，頁6。

〔註24〕轉引自鄭燦山：〈老子河上公注長生思想析論〉，頁195。

〔註25〕參閱鄭燦山：〈《河上注》成書時代及其思想史、道教史之意義〉，頁97，與〈老子河上公注長生思想析論〉，頁195。

肢與九竅十有三者，十有三者之動靜盡屬於生焉」〔註26〕，認為人之生或死，與生理的運作有密切的關係。人類具備這些身體器官，為了生存而不停使用這些器官，使用便會有毀損，等到耗盡之時，生命也就走到盡頭，這是無可避免的情況。〈解老〉說：「民獨知兇虎之有爪角也，而莫知萬物之盡有爪角也，不免於萬物之害。」〔註27〕犯禁者必受刑法、違禮者必受爭鬥、嗜欲者必遭病痛、悖道者必遭懲罰，這些作為對身體器官的損耗，其危害大過猛獸的爪與牙。《河上公章句》則說情欲的入侵致使九竅四關的動作不適當，就會導致死亡。若排除情欲於身體之外，則九竅四關不妄動，生命也就得以延續，生與死的區隔即在於情欲的去除與否。雖然解釋有些許出入，但二者都認為人的私心與悖逆所產生的不正當行為，會導致身軀極大的危害，使人走向滅亡。

百節、五臟六腑、九竅四肢，是先秦以來人對身體結構的認識，但除了五臟六腑，其餘皆少有並舉的介紹。將九竅與四肢並提的情況除了〈解老〉與《河上公章句》外，尚見於《管子・內業》：「淵之不涸。四體乃固。泉之不竭。九竅遂通。」〔註28〕《黃帝內經・素問・玉机真藏論》：「太過則令人四支不舉其不及則令人九竅不通。」〔註29〕《淮南子・主術訓》：「心之於九竅四支也，不能一事焉。」〔註30〕將九竅與四肢串連在一起論述，這樣的思考方式，在《淮南子・天文訓》有言：「孔竅肢體，皆通於天。天有九重，人亦有九竅。天有四時，以制十二月，人亦有四肢，以使十二節。」〔註31〕這其中包含了人副天數的觀念，我們不能斷言《韓非子》、《管子》、《黃帝內經》、《河上公章句》中有這類的觀念，但可以理解到：九竅四肢，也就是人的「孔竅肢體」是形軀的外在部分，經由九竅四肢，使人能與大化自然做接觸與往來，也難怪《河上公章句》將生死的關鍵「十有三」解釋作九竅四關了。

四肢九竅的說法亦見於嚴遵的《老子指歸》。陳麗桂評論〈解老〉時，說：
> 早以「四肢九竅」為「十有三」，與《河上公章句》的「四關九竅」（目、耳、口、鼻、舌、手、足與施精之竅）相合，都代表以「精氣」說解《老子》的黃老學派，對《老子》養生論的理解，和其後

〔註26〕陳奇猷：《韓非子校釋》，頁371。
〔註27〕陳奇猷：《韓非子校釋》，頁371。
〔註28〕安井衡纂詁：《管子纂詁》，卷十六，頁6。
〔註29〕《四部叢刊續編・黃帝內經素問》，頁44。
〔註30〕安井衡纂詁：《管子纂詁》，卷十四，頁309。
〔註31〕劉文典：《淮南鴻烈集解》，頁126。

玄理派的觀點有相當大的歧異。

對於這點，義理上介於精氣說與玄學說二者之間的《老子指歸》的
說法就詳細而完密許多，……兼顧了《老子》本旨與黃老養生說，
對王弼之說也有一定的啟發性。〔註32〕

從她的推論中，突顯出在「九竅四關」這點觀念的使用上，《河上公章句》介
於〈解老〉與《道德指歸》之間，而《道德指歸》介於《河上公章句》與《老
子王弼注》之間的線索及可能性。

九竅與四關都是人體的基本器官，《河上公章句》以此十三者釋人之生
死，最主要是要求人做到不妄。如第三十三章言：「目不妄視，耳不妄聽，口
不妄言，則無怨惡於天下，故長壽」；第五十二章言：「人當塞目不妄視，閉
口不妄言，則終身不勤苦」。人若能不妄為，就不會傷害身體，愛養身體就能
夠長生久壽，此乃養身的基本構想。《河上公章句》所強調的不妄，是針對人
身所會面臨到的問題而言，如：「口開舌舉，必有禍患」（第五章）、「辯口多
言，亡其身」（第八十一章），禍從口出，多言好辯常使人反遭其害而不利於
養身。又如第十二章：

五色令人目盲，

〔章句〕貪淫好色，則傷精失明，不能視無色之色。

五音令人耳聾，

〔章句〕好聽五音，則和氣去心，不能聽無聲之聲。

五味令人口爽，

〔章句〕爽，亡也。人嗜於五味，則口亡，言失於道也。

馳騁田獵，令人心發狂，

〔章句〕人精神好安靜，馳騁呼吸，精神散亡，故發狂也。

難得之貨，令人行妨。

〔章句〕妨，傷也。難得之貨謂金銀珠玉，心貪意欲，不知厭足，則行
傷身辱也。

好色、好音、好味會使人的眼睛、耳朵、口舌都混亂而失常；放縱性情、追
求物質享受，導致人的心理與生理都狂亂迷失。這些都是人常深陷而嚴重損
傷身體的情況，《河上公章句》就是針對這些情形，提出「不妄」的要求，

〔註32〕陳麗桂：《〈老子河上公章句〉所顯現的黃老之理》，頁208～209。

務求達到「聲色不亂於耳目，則終身不危殆」（第四十四章）的目標。綜合五臟與九竅四關的概念，《河上公章句》說聖人之爲腹不爲目，即在「去彼目之妄視，取此腹之養性」（第十二章），不過度重視情欲與外來的誘惑，善養形軀使神不離。

三、鼻口之門

除了目能視、耳能聞、鼻能嗅、口能言、舌能味這些器官的基本功能之外，《河上公章句》認爲口鼻更具有特殊的任務。《道德經》第十章言：「天門開闔，能爲雌。」《河上公章句》注解「天門開闔」，言：「治身，天門謂鼻孔，開謂喘息，闔謂呼吸也。」申國昌說：「鼻口對元氣的吐納亦有程度與大小之別，程度不同直接影響養生之效果。……鼻孔張開，使大氣出入叫"喘息"；鼻孔回合，均勻吐納叫"呼吸"。」〔註33〕《河上公章句》言喘息與呼吸或許有差別，但是這句注解主要是順著《道德經》的字句，並承接前面一句「治身者呼吸精氣」，而將口鼻的呼吸動作視爲合道守靜的方式，並且認爲口鼻吐納應綿密而不當急躁，使之綿延不絕，才是善於用氣。對於「程度不同」地「影響養生之效果」，申國昌並沒有說清楚，而在《河上公章句》中亦找不到確切強調其中差異的說法。

在第六章，《河上公章句》深入地說明鼻口的作用及重要性：

是謂玄牝。

〔章句〕言不死之道，在於玄牝。玄，天也，於人爲鼻。牝，地也，於人爲口。天食人以五氣，從鼻入藏於心。五氣清微，爲精神聰明，音聲五性。其鬼曰魂，魂者雄也，主出入人鼻，與天通，故鼻爲玄也。地食人以五味，從口入藏於胃。五味濁辱，爲形骸骨肉，血脉六情。其鬼曰魄，魂者雌也，主出入人口，與地通，故口爲牝也。

玄牝之門，是謂天地根。

〔章句〕根，元也。言鼻口之門，乃是通天地之元氣所從往來也。

綿綿若存，

〔章句〕鼻口呼噏喘息，當綿綿微妙，若可存，復若無有。

〔註33〕申國昌：〈《老子河上公注》養生教育思想探析〉，頁21。

用之不勤。

〔章句〕用氣當寬舒，不當急疾勤勞也。

這一章說到因爲口鼻是人與天地元氣相通的門戶，故而人的不死之道在於口鼻。人同萬物一樣皆是元氣所構成，此處詳細描述氣對於人體是如何作用，經由鼻孔出入，藏於五藏中的心臟，構成了人的神智與性情。另外還有源自地母的五味，經由口腔出入，藏於胃臟並構成了人的血肉形軀。藉由口鼻的存在，使得人能憑藉氣爲媒介而與天地相貫通。

《春秋繁露・人副天數第五十六》曾經提到：「鼻口呼吸，象風氣也。」〔註34〕可知空氣雖無形無色，但鼻口的呼吸功能已被觀察出。《黃帝內經・靈樞・口問》也說：「口鼻者氣之門戶也。」〔註35〕與《河上公章句》是一樣的認知。金春峰先生更指出：

> 《黃帝內經・六節藏象論》："天食人以五氣，地食人以五味。五氣入鼻，藏于心肺，上使五色修明，音聲能彰"。"五味入口，藏于腸胃，味有所藏，以養五氣。氣和而生，津液相成，神乃自生。"
> 《河上注》與此同。〔註36〕

再看《黃帝內經・素問・五臟別論》提到：「五味入口藏於胃以養五藏氣……五氣入鼻藏於心肺」〔註37〕。無論是天地以五氣五味食人，或言口鼻爲出入之門戶、五臟爲藏養之處，皆可看出二書是同時期的思路及語言。《淮南子・主術訓》也說：「天氣爲魂，地氣爲魄。」〔註38〕以當時精氣神鬼常混合使用，在詞義的界定尚未明確的時空下來理解，其實就是《河上公章句》所說的「其鬼曰魂」與「其鬼曰魄」。另外，在《淮南子・精神訓》：「精神，天之有也；而骨骸者，地之有也」〔註39〕；「夫精神者，所受於天也；而形體者，所稟於地也。」〔註40〕與《河上公章句》言五氣發爲精神聰明、五味形成形骸骨肉，是同樣的想法。〈精神訓〉又提到：「孔竅者，精神之戶牖也；而氣志者，五

〔註34〕賴炎元註譯：《春秋繁露今註今譯》（臺北：臺灣商務印書館，1996 年 12 月初版第 4 次印刷），頁 327。

〔註35〕《四部叢刊續編・靈樞經》，頁 61。

〔註36〕金春峰：〈也談《老子河上公章句》之時代及其與《抱朴子》之關係——與谷方同志商榷〉，頁 669。

〔註37〕《四部叢刊續編・黃帝內經素問》，頁 29～30。

〔註38〕劉文典：《淮南鴻烈集解》，頁 270。

〔註39〕劉文典：《淮南鴻烈集解》，頁 218。

〔註40〕劉文典：《淮南鴻烈集解》，頁 219。

藏之使候也。」〔註41〕視孔竅爲門戶、五臟存養氣，也是與《河上公章句》
所指相同。

　　應當注意的是，《河上公章句》雖然對於喘息呼吸之間甚爲重視，但是並
未涉及一套步驟完整的吐納之術。《莊子‧刻意》提到：「吹呴呼吸，吐故納
新，熊經鳥申，爲壽而已矣；此導引之士，養形之人，彭祖壽考者之所好也。」
〔註42〕《淮南子‧齊俗》記載：「今夫王喬、赤誦子，吹嘔呼吸，吐故內新，
遺形去智，抱素反眞，以游玄眇，上通雲天。今欲學其道，不得其養氣處神，
而放其一吐一吸，時詘時伸，其不能乘雲升假亦明矣。」〔註43〕張運華說：

> 爲了愛氣養神，《河上公章句》還提出了一套導引行氣的功法理
> 論。……行氣導引之說，從先秦時期起就一直存在，並在漢代養生
> 思潮的氛圍中得以盛行，《河上公章句》繼承了這種傳統理論，並加
> 以系統化，其功法理論，既有專門術語。又有簡單要領，……通過
> 這套功法，可以練氣養神，延年益壽。〔註44〕

從《莊子》、《淮南子》可以知道先秦時期就已經有人在呼吸吐納之間下功夫，
並且有一套專門的方法，至漢代時甚至認爲可以經由這套導引之術神遊天地
間。但是《河上公章句》中，並沒有像張運華所說，具有專門術語及功法要
領，鄭燦山也說：「呼吸行氣的方術在漢代受重視的例子比比皆是，……《老
子河上公注》只是略微提及無法知其究裏。」〔註45〕書中論及鼻口之門，無
論是喘息呼吸、綿綿微妙、用氣寬舒等看法，都可以視作一般用語，而不爲
導引之術所專擅，更遑論書中所言是一套「功法」了。《淮南子》對於吐納之
術的記載，認爲如果只知道注意呼吸吐納而不知養氣處神的原則，則是捨本
逐末的行爲。主要是在強調養氣處神的重要性，而不是在否定吐納之術。《河
上公章句》對於呼吸吐納的論述，表達重點也是在達成愛氣養神的目標，並
不在肯定或否定呼吸吐納，著重的不在方術技藝的講究，而是在理論原則的
把握。綜合前述所說，《河上公章句》與《黃帝內經》在鼻口方面的相同概念，
以及與《淮南子》一樣著眼於愛氣養神的目標，我們不能直接將《河上公章
句》中關於呼吸吐納的內容直接等同於吐納導引之術，而逕自將其視爲功法

〔註41〕劉文典：《淮南鴻烈集解》，頁222。
〔註42〕陳鼓應註譯：《莊子今註今譯》，頁410。
〔註43〕陳鼓應註譯：《莊子今註今譯》，頁361。
〔註44〕張運華：〈身國並重的道家養生論──論《老子河上公章句》〉，頁103～104。
〔註45〕鄭燦山：〈老子河上公注長生思想析論〉，頁192。

理論的說明，甚至後世修煉內丹〔註46〕的宗教路數。

另一點欲辨明的是，陳麗桂在討論《河上公章句》第六章論口鼻的內容時，說：

> 它依據自己天陽清、地陰濁的創生論，以天爲玄，爲雄（陽），顯然
> 較爲高明而尊貴；以地爲牝、爲雌（陰），顯然較爲低下而卑賤；……
> 這種說法的基本依據，其實就是天陽地陰，天清地濁的創生原則，
> 與道家崇虛抑實，貴神賤形的哲學基調，卻不離漢代人陰陽二分，
> 既對立又互補，陽尊陰卑的價值批判。〔註47〕

實際上，《河上公章句》並沒有陽尊陰卑的觀念，甚至陰陽的觀點也不甚普遍。書中提及陰陽多是作二元對立的認識來說，如：「天地有形位、有陰陽、有柔剛」（第一章）；「道能陰能陽，能弛能張，能存能亡」（第三十二章），或是順著《道德經》作生成論的陰陽氣而言，如：「一生陰與陽」（第四十二章）；「春陰陽交通，萬物感動」（第二十章），並沒有以陰陽來分別一切物事，如天陽地陰等想法。故而第六章雖說天爲鼻、地爲口，但是並無法得出鼻屬陽、口屬陰的結論。而陽尊陰卑的觀念，在《河上公章句》中也不曾出現，相反地，書中言：「女所以能屈男，陰勝陽，以其安靜」（第六十一章）；「水能滅火，陰能消陽」（第七十八章），是《道德經》崇尚陰柔的原意。至於所謂道家「貴神賤形的哲學基調」，大概是從二者對立比較上來說，但是就《道德經》的「及吾無身，吾有何患？」（第十三章）來說，正因爲身體是形成人的基本條件，故而不能取消摒棄之，而當要貴身愛身。從上述五臟、九竅四關、口鼻之門，更可以看出《河上公章句》對於這些精神的處所、生死之道、通天地之門戶的重視，故而對於形軀的善養愛護，是《河上公章句》思想體系中相當重要的基礎。

第二節 精氣神的愛養

精氣神是先秦兩漢時就存在的觀念，是維繫生命之必需部分，也是基本的養生要點。如《管子・內業》：「四枝堅固。可以爲精舍。……敬除其舍。

〔註46〕王明在其文〈《老子河上公章句》考〉中說：「《胎息經》則云："臍下三寸爲氣海，亦爲下丹田，亦爲玄牝。世人多以口鼻爲玄牝，非也。口鼻即玄牝出入之門"，是與河上公說稍異，然二氏注均以內丹爲宗旨也。」（頁308）
〔註47〕陳麗桂：〈《老子河上公章句》所顯現的黃老之理〉，頁204。

精將自來。」〔註48〕《管子‧樞言》:「有氣則生。無氣則死。生者以其氣。」〔註49〕《莊子‧在宥》:「無視無聽,抱神以靜,形將自正。必靜必清,無勞汝形,無搖汝精,乃可以長生。目無所見,耳無所聞,心無所知,汝神將守形,形乃長生。」〔註50〕精氣神這一類的觀念在《河上公章句》裡佔很重要的位置,其中包含精、氣、神、精氣、精神、神明等概念。

一、氣、精氣

　　《河上公章句》的氣概念,針對天道而言,也用在人身上。氣在道是混沌未分的元氣,化生萬物者為至精微的精氣,在世間流行而構成天地間價值之趨向者為和氣。人與萬物皆自道領受氣,以其元而有根源依據,以其精而自生成,以其和而有價值擇取。所以言:「萬物中皆有元氣」(第四十二章)、「自愛其身以保精氣」(第七十二章)、「人生含和氣」(第七十六章),所指的都是相同的對象。再看書中言:「專守精氣使不亂,則形體能應之而柔順。」(第十章)「心當專一和柔而神氣實內,故形柔。而反使妄有所為,則和氣去於中,故形體日以剛強也。」(第五十五章)在形體的柔弱與堅強之間,氣是決定性因素,而書中稱精氣、神氣、和氣,所指對象皆相同,只是以不同的形容語來稱呼之。是故,言道之氣或人之氣並沒有種類上的分別。就字面來看,氣之詞的使用,道與人是用相同的字詞;在觀念上,也因為道之元氣、精氣、和氣皆落實於萬物、構成人的生命,所以字詞使用的相同,也同時溝通了道與人。

　　書中言:「萬物中皆有元氣,得以和柔,……故得久生也。」(第四十二章)便是說明萬物受氣得以生的觀點。第七十六章云:

　　　人之生也柔弱,

　　　〔章句〕人生含和氣,抱精神,故柔弱也。

　　　其死也堅強。

　　　〔章句〕人死和氣竭,精神亡,故堅強也。

　　　萬物草木之生也柔脆,

　　　〔章句〕和氣存也。

〔註48〕安井衡纂詁:《管子纂詁》,卷十六,頁4～5。
〔註49〕安井衡纂詁:《管子纂詁》,卷四,頁14。
〔註50〕陳鼓應註譯:《莊子今註今譯》,頁294。

其死也枯槁。

〔章句〕和氣去也。

《道德經》之意在於點出柔弱者生、堅強者死。《河上公章句》則以和氣來解釋人與萬物在生與死之間的變化，認為和氣的存身是生命的關鍵，亦表現出書中言「中空虛而有氣」的基本認識。

由於生命由氣所構成，因而對氣的愛養便為治身的重點。書中言：「守德於中，育養精神，愛氣希言。」（第五章）即執守身中所得於道者，包含精氣神全體，使之不輕易外洩耗費。又說：「人能保身中之道，使精氣不勞，五神不苦，則可以長久。」（第五十九章）強調此「身中之道」，也就是精氣的重要。若能善養之，就能令形神不勞苦而和柔，以達長生之境地，此乃所謂：「人能自節養，不失其所受天之精氣，則可以長久。」（第三十三章）《河上公章句》重國身一理，對治身與治國的探討是其中主要的議題，在治身方面對於精氣的重視，也可以自書中身國並論的內容中看出。如：「治身者愛氣則身全，治國者愛民則國安。」（第十章）「治國者當愛惜民財，不為奢泰。治身者當愛惜精氣，不為放逸。」（第五十九章）精氣為人之所由、為人之根源，故而為治身之首要。

《河上公章句》言：「夫獨愛惜民財愛惜精氣，則能先得天道也。」（第五十九章）能夠做到治國愛惜民財、治身愛惜精氣，就能夠獲致天道。這樣的說法立基於「天道與人道同，天人相通，精氣相貫」（第四十七章）的觀念上。人自道稟受氣，道藉由氣，不僅為萬物作形並且作勢，是故整個人生或世界皆經由氣而與道息息相關。蔡振豐說：「河上公視人的活動，仍在天地生養中，萬物的生存就在道的活動之中。」〔註51〕氣對於人的作用永遠是進行式，是故需要修養工夫以把持之。《河上公章句》言「鼻口之門，乃是通天地之元氣所從往來也。」（第六章）重視氣之進出人身；談「愛氣希言」（第四十一章），以惜用身中之氣；主張除去情欲、虛心實腹，便是作全面的努力以保持精氣，使氣居中不散逸。在道、一、氣至萬物的架構下，人對於身中精氣的把握，便能上體天道；經由治身體道的修養過程之積累，便能修身治國平天下，此乃《河上公章句》的終極目標。

〔註51〕蔡振豐：〈嚴遵、河上公、王弼三家《老子》注的詮釋方法及其對道的理解〉，頁24。

二、精

「精」字的用法在《河上公章句》中可分為四種：一是言「精氣」，指的是氣之精者，如前述；二是言「精神」，是精與神的複合詞，不單指精或神其中一個概念，詳後論；三是指稱天或人的精華部分；四是引醫學角度來論人體的內容。現就後面兩種字義來作說明。

《河上公章句》說：「道唯窈冥無形，其中有精實」（第二十一章），認為道其中有一個實際的精華部分。這種用法也見於《春秋繁露·立元神》：「天積眾精以自剛，聖人積眾賢以自強。」〔註52〕精在這裡不只作為形容精細、精華，更有一個實際的指稱範圍或是內容，其實也就是作為名詞而非一般的形容詞。在人這方面，《河上公章句》說：「治身輕淫則失其精」（第二十六章）、「治身煩則精散」（第六十章），人的精要部分必需加以保持，治身者當使之不散失。《河上公章句》中「精」字的用法，同於在《管子·水地》中說到：「是以水集於玉。而九德出焉。凝蹇而為人。而九竅五慮出焉。此乃其精也。」〔註53〕內在於玉的九德是其精之所在，九竅五慮的產生是人的精要所在。其主要意義在指稱某個對象的精華之處，而不在說明此對象的最優質或最高等的狀態。如《淮南子·天文訓》：「積陽之熱氣生火，火氣之精者為日；積陰之寒氣為水，水氣之精者為月。」〔註54〕說火的極致代表為日、水的極致代表為月。

因為精作為精華部分之義，故而道之精與人之精的內容並不相同，不過《河上公章句》並沒有講明實際內容。〈水地〉說人的精在於九竅五慮，《淮南子·精神訓》說：「血氣者，人之華也；而五藏者，人之精也。」〔註55〕指人之精在於五臟，因而精字所表現的內涵，應當不限於形軀器官或者智思感受，而是針對人之所以為人的性質與能力來說。《莊子》常將形與精並論，如〈在宥〉：「無勞汝形，無搖汝精，乃可以長生」〔註56〕、〈刻意〉：「形勞而不休則弊，精用而不已則竭」〔註57〕、〈達生〉：「棄事則形不勞，遺生則精不虧。

〔註52〕賴炎元註譯：《春秋繁露今註今譯》，頁161。
〔註53〕安井衡纂詁：《管子纂詁》，卷十四，頁4。
〔註54〕劉文典：《淮南鴻烈集解》，頁80。
〔註55〕劉文典：《淮南鴻烈集解》，頁222。
〔註56〕陳鼓應註譯：《莊子今註今譯》，頁294。
〔註57〕陳鼓應註譯：《莊子今註今譯》，頁416。

夫形全精復，與天爲一」〔註58〕。相對於形來提說精，並認爲二者的愛護是
達到長生、與天合一的方式，點出除了在形體軀殼之外，人體的功能，如目
能視、足能行；及人的特質，如能思慮、具情性，都是歸屬在精的範疇內。《淮
南子·精神訓》也說：「形勞而不休則蹶，精用而不已則竭」〔註59〕，將形與
精並論，並且在〈本經訓〉說：「精泄於目則其視明，在於耳則其聽聰，留於
口則其言當，集於心則其慮通。」〔註60〕說明了精使目耳口心等器官都能發
揮良好的功能，也展現了精對於人的重要意義。

　　《河上公章句》在精華、精要意義上的精，乍看之下都可以等同於精氣，
也就是說，直接用精氣來解釋，似乎常可以解得通。人是精氣所生，若要說
精的內涵與概念來自精氣，實際上二者的內容也或許眞的有所重疊。只是，
在《河上公章句》的體系裡，並不能將精與精氣（或氣）劃上等號。在第五
十九章解釋「深根固蒂」時，《河上公章句》說：「人能以氣爲根，以精爲蒂，
如樹根不深則拔，菓蒂不堅則落。言當深藏其氣，固守其精，無使漏泄。」
認爲人所受的天之精氣譬如樹根，而人的精要部分就好比果蒂。精氣是人的
根本，而精則是人欲保持自身各個部分，所應當固守的關鍵。果實與果蒂皆
來自於樹根，人因爲稟受天的精氣才能長成，所以要愛養自身的精氣，而精
亦來自精氣，但不能等同於精氣。

　　從上一節對於形軀觀念的探討，可以知道《河上公章句》的思想表現，
在背後存在著西漢時期已有的系統性理論的醫學成就，這在精字的使用上也
有所表現。《河上公章句》第十二章說：「貪淫好色，則傷精失明」、「目不妄
視，妄視泄精於外」鄭燦山說精：「實乃人生命之原動力，所以它與人身的
官能有相當的關係，特別是視覺。」〔註61〕何以精與視覺有這般絕對的關
連，而不是與其他器官呢？這並不是單純因爲精維持官能的作用。《黃帝內
經·靈樞·大惑論》言：「五藏六府之精氣皆上注於目而爲之精……目者五
藏六府之精也。」〔註62〕認爲人全身上下的精氣聚集於眼睛而爲精，因而
五臟六腑的精要處就在雙目。所以《河上公章句》在解釋《道德經》的「五
色令人目盲」與「不爲目」時，才會以雙眼的胡亂妄視會損害人之精的觀念

〔註58〕陳鼓應註譯：《莊子今註今譯》，頁484。
〔註59〕劉文典：《淮南鴻烈集解》，頁226。
〔註60〕劉文典：《淮南鴻烈集解》，頁260～261。
〔註61〕鄭燦山：〈老子河上公注長生思想析論〉，頁190。
〔註62〕《四部叢刊續編·靈樞經》，頁130。

來說明。

　　《河上公章句》在某些章節對於精字的使用，令人認爲它涉及了房中術，進而推論此書與東漢或道教的養生潮流相合。這點實在亟需辨清。

　　第一，《河上公章句》常以「施」或「泄」等動詞與「精」作連結，如：「愛精重施」（第三章）、「妄視泄精於外」（第十二章）、「固守其精，無使漏泄」（第五十九章），不能直接以後世的詞義來作界定，而直指其屬房中術術語。《春秋繁露・循天之道》曰：「天氣先盛牡而後施精，故其精固，地氣盛牝而後化，故其化良。」〔註 63〕天施地化的內容也使用「施精」與「精固」的說法，精在此很明顯作爲精要的部分來解釋。《淮南子・本經訓》曰：「精泄於目則其視明，在於耳則其聽聰，留於口則其言當，集於心則其慮通。」〔註 64〕精在這裡作爲主詞，無論於目、於耳、於口、於心都是指精而言，可以看出這裡的精也是指人的精要、精華部分而言，雖以泄精來說，但與房中術並無絲毫的關連。

　　第二，有關男女房事的養生觀念並不等於具專門名稱與方法的方術：房中術。《管子・水地》曰：「人水也。男女精氣合。而水流形。」〔註 65〕說男女媾精，生命便在水中流動成形。《春秋繁露・循天之道》曰：「君子甚愛氣而游於房，以體天也。……是故新牡十日而一游於房，中年者倍新牡，始衰者倍中年，中衰者倍始衰，大衰者以月當新牡之日，而上與天地同節矣。」〔註 66〕說君子行房秉持愛惜精氣的原則，又說青年當十日行房一次，年紀越大或身體越衰弱就要將行房的間隔日數加倍。《黃帝內經・素問・上古天眞論篇》曰：「今時之人不然也以酒爲漿以妄爲常醉以入房以欲竭其精以耗散其眞不知持滿不時御神務快其心逆於生樂起居無節故半百而衰也。」〔註 67〕〈痿論篇〉曰：「思想無窮所願不得意淫於外入房太甚宗筋弛縱發爲筋痿及爲白淫。」〔註 68〕認爲房事不當太過，否則竭盡精力將早衰。《黃帝內經・靈樞・百病始生》曰：「醉以入房汗出當風傷脾用力過度若入房汗出浴則傷腎。」〔註 69〕說行房過勞就會傷害腎臟。雖然內容提到男女之事，但是《管

〔註 63〕　賴炎元註譯：《春秋繁露今註今譯》，頁 415。
〔註 64〕　劉文典：《淮南鴻烈集解》，頁 260～261。
〔註 65〕　安井衡纂詁：《管子纂詁》，卷十四，頁 3。
〔註 66〕　賴炎元註譯：《春秋繁露今註今譯》，頁 417。
〔註 67〕　《四部叢刊續編・黃帝內經素問》，頁 6。
〔註 68〕　《四部叢刊續編・黃帝內經素問》，頁 89。
〔註 69〕　《四部叢刊續編・靈樞經》，頁 107。

子》與《春秋繁露》都沒有被視爲涉入房中術的範圍；《黃帝內經》是醫學方面的書籍，內容所論及的都是當時的醫學知識與養生觀念。所謂的房中術或許具備當時醫學知識作爲根據，從中引伸出相關的功夫及技術，而與養生觀念有重疊之處，但是並不能將知識理論與方術技藝等同。因此，即便《河上公章句》中眞有論及施精、朘作等生理現象，亦不能判定爲房中術之言論。

　　第三，《河上公章句》或有提及人有施精的生理現象，但並不涉及房中術範圍。第五十章談人的九竅四關，其中列舉「目不妄視，耳不妄聽，鼻不妄嗅，口不妄言，手不妄持，足不妄行，精不妄施」，也就是目二竅、耳二竅、鼻二竅、口一竅、手足四關加上前後陰二竅。若是從《黃帝內經・素問・金匱眞言論》來看：

> 東方青色入通於肝開竅於目藏精於肝……南方赤色入通於心開竅於
> 耳藏於心故病在五臟……中央黃色入通於脾開竅於口藏精於脾故病
> 在舌本……西方白色入通於肺開竅於鼻藏精於肺故病背……北方黑
> 色入通於腎開竅於二陰藏精於腎故病在谿 〔註70〕

九竅與五臟有配對的關連，二陰連結腎，若有病徵則表現在谿部。加上，在《黃帝內經・素問》中已經可以見到腎關係著生殖能力的知識，如〈上古天眞論篇〉曰：「二八腎氣盛天癸至精氣溢寫陰陽和故能有子。」〔註71〕論述男子在十六歲時腎氣充足，因而已具有生殖的能力。《河上公章句》說二陰竅不妄施精，似乎可以直接解釋精爲精液。但是，〈上古天眞論篇〉亦說：「腎者主水受五藏六府之精而藏之。」〔註72〕對照於上例〈金匱眞言論〉說「藏精於肝」、「藏精於心」、「藏精於脾」、「藏精於肺」、「藏精於腎」，腎所藏、所主的精不僅腎精，而是囊括五臟之精，也就是全身精華的收藏與溢泄都由腎主掌。因此，要將精限於精液的狹小定義中或許也不盡符合。

　　就《河上公章句》論二陰來說，與現今所知施精僅在一竅不盡相同，因此其所說的精似乎不當就精液說。但是就當時的用語與知識，實際上也無法將人體中的精作清楚的分判，恐怕不能排除其中有精液的意思。再就《河上公章句》列舉九竅四關來說，所提出的是就各個器官的功能來說，因此精不妄施似乎必定是說二陰不當妄施精液。但是就書中將精不妄施獨立於九竅之

〔註70〕　《四部叢刊續編・黃帝內經素問》，頁 13～14。
〔註71〕　《四部叢刊續編・黃帝內經素問》，頁 7。
〔註72〕　《四部叢刊續編・黃帝內經素問》，頁 7。

外、置於四關之後，代表的可能是一個總結的意義，也就是腎通二陰、主全身之精華的藏泄，故又不能侷限於精液的意思。腎主水、藏精、與人的生殖能力有關，這是秦漢既有的生理知識，但其中的分際並不能用現今的專業分工來檢視。因此，如果硬要說《河上公章句》中有提到人施精的生理內容，也不能否定其相關性，但只有九竅四關這一段注解的文字或有涉及。另外，在論五臟神時，《河上公章句》說「腎藏精」，與心神、肺魄、肝魂、脾志並列，鄭燦山說這些「似乎是介於精神與肉體之間的一種具有融通性的生命原質」〔註73〕，此處的精不作精液解也是很明確的。

至於《河上公章句》在第三章解釋「強其骨」，說：「愛精重施，髓滿骨堅」，鄭燦山說：「『愛精重施』講究的是男女房中之術，男女體內之精液不可隨意施洩，如此方能保此身內之精氣充盈，……道教傳統上認為人之骨髓乃『精』所製造出來的，能愛惜『精』不妄施泄，自能髓滿骨堅了！」〔註74〕針對這個意見，我們看《黃帝內經・素問・陰陽應象大論篇》曰：「腎生骨髓」〔註75〕、《黃帝內經・靈樞・九鍼論》曰：「腎主骨」。〔註76〕腎生成骨髓，骨髓的強健來自腎，這是早就出現的醫學知識，後來為道教所沿用，並非出自道教，也不必屬道教說法。《河上公章句》在這裡使用了當時的生理知識，因此從知識背景來考察，愛精重施的精指的是腎所藏之全身精華，不能作精液解。

《河上公章句》在第四十六章解釋「卻走馬以糞」時提到：「治身者卻陽精以糞其身。」陳麗桂說：

> 以「陽精」釋「走馬」，以固精不洩釋「卻走馬」，將《老子》的反戰理論詮釋為固精不洩的養生之術，……自此之後，以「走馬」為「泄精」，以「卻走馬」為「固精不泄」的說法卻成了道教房中術的特殊用語，其後《抱朴子・微旨》說：「善其術者，則能卻走馬以補腦」所指即此還精補腦之說，而這種解「卻走馬」為「固精不泄」的說法，尤其是《河上公章句》轉化《老子》學說為養生術的明證。〔註77〕

陽精一詞在《河上公章句》中僅出現在這一章，何以用陽來說精？在第六十

〔註73〕鄭燦山：〈老子河上公注長生思想析論〉，頁178。
〔註74〕鄭燦山：〈老子河上公注長生思想析論〉，頁197。
〔註75〕《四部叢刊續編・黃帝內經素問》，頁17。
〔註76〕《四部叢刊續編・靈樞經》，頁127。
〔註77〕陳麗桂：〈《老子河上公章句》所顯現的黃老之理〉，頁188。

章說：「人得治於陽，鬼得治於陰」，將人與鬼分於陽世與陰間，此處不見得有空間上的區隔，但是可以清楚地知道人是屬於陽的這一方。因此，以陽說精只是在強調指稱人身上的精，並沒有特別強調男性的意思。然而，《河上公章句》說卻精以糞身究竟是否屬房中術範圍，是否爲「還精補腦之說」？首先，綜觀《河上公章句》全書，絲毫沒有制訂任何修煉功法的意圖，無論是談呼吸或愛精強骨，都是在秦漢時期之醫學觀念與養生思想的範圍內。其次，精字的用法如前所述，是指人之所以爲人的性質或能力，代表的是人的精華、精要部分，從這點來看很容易理解卻精糞身就是保精以治身。再者，卻走馬一詞雖爲後世道教房中術所用，但是只能證明房中術採用了《河上公章句》的說法並加以引伸，而不應以後代的觀念推論古人的用詞。

三、神

　　神是相對於形而言。《荀子・天論》：「形具而神生」〔註 78〕；《莊子・天地》：「形全者神全」〔註 79〕；《墨子・所染》：「傷形費神」〔註 80〕。形神相並論是自古以來即有的觀念，認爲人除了形軀之外，在軀殼之中尚須有神的存在。神與形是相互依賴生存的，任一方受損傷，都會影響到另一方。以現代話來說，大約就是生理與心理的交互作用，只不過神這個概念在先秦時期，其內涵應該較「心理」更爲具體而物質性。《莊子》對於神的觀念做了很大的發揮，如〈養生主〉：「方今之時，臣以神遇而不以目視，官知止而神欲行。」〔註 81〕庖丁在說明他解牛的方式時，說自己不是以官能來作判斷與動作，而是以自己的神。又如〈田子方〉：「若然者，其神經乎大山而無介，入乎淵泉而不濡，處卑細而不憊，充滿天地，既以與人，己愈有。」〔註 82〕說眞人神遊於天地之間，充實而飽滿，不會消亡。

　　《河上公章句》言神是以五臟神作爲理論基礎。它說：「神謂五藏之神：肝藏魂，肺藏魄，心藏神，腎藏精，脾藏志。五臟盡傷，則五神去矣。」（第六章）也是視形神爲人生存之必須，並且二者是相互依存的。不過它將形神

〔註 78〕王先謙：《荀子集解》（臺北：華正書局，1982 年 10 月版），頁 206。
〔註 79〕陳鼓應註譯：《莊子今註今譯》，頁 334。
〔註 80〕孫詒讓：《墨子閒詁》（臺北：河洛圖書出版社，1975 年 5 月臺景印初版），卷一，頁 18。
〔註 81〕陳鼓應註譯：《莊子今註今譯》，頁 105。
〔註 82〕陳鼓應註譯：《莊子今註今譯》，頁 572。

解釋得更爲詳細，分析神以魂魄神精志五種型態存在於肺肝心胃脾五個部位，主宰人的活動與生死。因而《河上公章句》言：「人能養神則不死」（第六章），並且認爲「常道當以無爲養神」（第一章）。第十四章論一的部分，《河上公章句》言：「夫無色、無聲、無形，口不能言，書不能傳，當受之以靜，求之以神，不可詰問而得之也。」人要上通於道與一，必當是經「神」以貫通，也就是達到「與道通神」（第十三章）。藉由神的保有，使人能把握一的眞義。由於這樣的重要性，《河上公章句》頻頻舉出傷神害神的可能情況，勸勉人應當避免這樣的錯誤。如：「多事害神」（第五章）、「治身不重則失神」（第二十六章）、「飲食不節，忽道念色，邪僻滿腹，爲伐本厭神」（第七十二章）。能做到「內視存神，不爲漏失」（第五十二章），關照內在之自然本性，避免沈溺於財貨色欲之間，便是養神的不二法門。善於養神就是善於養身，故而言「治身者神不勞」（第四十四章），也就可以長久。

精與神在古代的文獻中雖都曾單獨與形並提，所指稱的內容範圍或許有相同的可能性，但是在《河上公章句》的思想體系中，精與神並不等同。第五十章說：「入死謂情欲入於胷臆，精勞神惑，故死。」第七十二章說：「大害者，謂死亡也。畏之者當愛精養神，承天順地也。」將精與神對等來論，顯見二者的內涵不同。就前面所討論的精與神的內容及意涵來說，因爲有精的存在使人得以思考活動，神的存在則表現人當有的作爲。仔細分別的話，甚至可以說因爲精的供養才有神的存在，但是實際上《河上公章句》並沒有區別得這麼詳細。《河上公章句》言氣，意在表現人受氣於天，強調人經由精氣的充實而得以生存；言精，意在表現精氣自天至人，轉化而成爲人存在最精要的部分；言神，意在表現除了肉眼可見的形軀，體內尚存有神，生命才得以完整。或許可以粗略地說：氣生精、精生神，但是其中的變化過程或方程式，就好比陰陽二氣何以生和清濁三氣一樣，在當時的思想中是無可置疑的生化過程，可是實際內容並無法詳述。當然，最主要的還是《河上公章句》對於精氣神觀念的使用及想法，在於三者同時存在於人，只是所屬的層次並不相同。

四、精神

瞭解《河上公章句》內精與神用意的差別，再看精神一詞。精神從字面上來看是由精與神所組成，而不單指精或神任何一方，或許更應該說是兼含二者在其中。精神最主要的特性，自然是與人的生存息息相關。第七十二章

言：「人所以生者，以有精神。精神託空虛，喜清靜」，與神一樣居於人之空虛中。與精氣神最大的不同，在於《河上公章句》裡並沒有提到天或道本身含有精神，倒是鬼是具有精神的。第六十章言：「鬼不敢見其精神以犯人也。其鬼非無精神，邪不入正，不能傷自然之人。……人得全其性命，鬼得保其精神」。人的性命來自形神相長養，而鬼的存在，《河上公章句》則認為是由於精神的保有，因而鬼與人一樣，都是具有精神的。再從另一個角度來看，在第七十六章說到：

　　人之生也柔弱，

　　〔章句〕人生含和氣，抱精神，故柔弱也。

　　其死也堅強。

　　〔章句〕人死和氣竭，精神亡，故堅強也。

　　萬物草木之生也柔脆，

　　〔章句〕和氣存也。

　　其死也枯槁。

　　〔章句〕和氣去也。

分析《河上公章句》在論人時，以「含和氣，抱精神」為生存的指標，言萬物草木之時，則僅以和氣去存作為生死的分界。故而道雖生萬物，但是精神只存於人與鬼，也就是指能思索、能感受，異於萬物草木的靈明部分。雖然說在文本中看不見天道本具有精神以施於人的說法，但並不表示人不能藉由精神以通達天道，因為精神本就是精與神的複合名詞，是人的智思感受之總稱。廣義來說，精神可以指精，也可以指神，事實上要將它們清楚地分判開來也是不可能的，因而精神廣含精與神，也同時表現著二者的特徵。

　　精神是喜好安靜的，故而言：「馳騁呼吸，精神散亡，故發狂也」（第十二章），又「治身躁疾則失其精神」（第二十六章）。不僅呼吸喘息不當急躁，為治身之道亦不當輕而失重，煩擾驚精神。第二十七章言：「善以道閉情欲、守精神者，不如門戶有關楗可得開。」便是強調不應當使精神輕易地如出入門戶般地散失。譬如「不知道意，而妄行強知之事以自顯著，內傷精神」（第七十一章），與「有為於色，廢於精神」（第六十四章），都是削減年壽、自取滅亡的不智之舉。《河上公章句》言：「法道無為，治身則有益於精神」（第四十三章），這是因為治身乃是「以大道制御情欲，不害精神」（第二十八章），

所以若能做到「洗心濯垢，恬泊無欲」（第七十二章），「如嬰兒內無思慮，外無政事」（第十章），也就是去除情欲，無爲而不勞煩，那麼精神必居之不去。

五、神明

《河上公章句》內的神明一詞，較精氣神等概念更爲複雜，大約可分作三個範圍：一、指神祇。如第五十章言：「神明營護之，此物不敢害。」第五十五章說：「神明保佑含德之人」；二、就天與道而言。如第二十八章說：「道散則爲神明，流爲日月，分爲五行也。」第三十五章言：「治身則天降神明，往來於己也。」似乎可作精氣解；三、就人而論。如第十六章曰：「治身正則形一，神明千萬」、第三十五章言：「治身不害神明，則身安而大壽也。」又似乎指精神而言。指稱神祇是顯而易見的，而精神與精氣並不相同，神明是否橫跨二者？

《莊子・天下》論道與人之間，說：「神何由降？明何由出？」〔註83〕後面列舉天人、神人、至人說明守一的道理，並認爲當時天下之士皆「一曲之士」〔註84〕，「判天地之美，析萬物之理，察古人之全，寡能備於天地之美，稱神明之容」〔註85〕。也就是說若能守一合道就可以「稱神明之容」，而不能全面掌握完備者，就只屬「一曲之士」。《春秋繁露》說得更加明確，〈離合根〉曰：「爲人主者，法天之行，是故內深藏，所以爲神，外博觀，所以爲明也。」〔註86〕〈天地之行〉論天曰：「藏其形所以爲神也；見其光所以爲明也」〔註87〕，又說人君法天，「不見其體，所以爲神也；任賢使能，觀聽四方，所以爲明也」〔註88〕。《淮南子・兵略訓》也提到：「見人所不見，謂之明；知人所不知，謂之神。神明者，先勝者也。」〔註89〕此處清楚地看見神明是神與明的合稱。可以理解「神」謂內藏的神奇、神靈，如：「天地至神，合爲飄風暴雨」（第三十三章）、「人乃天下之神物」（第二十九章）；「明」謂外顯的靈明、通曉道理，如：「能知道之所常行，則爲明」（第十六章）、「人能自知賢與不肖，是爲反聽無聲，內視無形，故爲明也。」（第

〔註83〕陳鼓應註譯：《莊子今註今譯》，頁872。
〔註84〕陳鼓應註譯：《莊子今註今譯》，頁873。
〔註85〕陳鼓應註譯：《莊子今註今譯》，頁873。
〔註86〕賴炎元註譯：《春秋繁露今註今譯》，頁154。
〔註87〕賴炎元註譯：《春秋繁露今註今譯》，頁429。
〔註88〕賴炎元註譯：《春秋繁露今註今譯》，頁429。
〔註89〕劉文典：《淮南鴻烈集解》，頁517。

三十三章）之所以將天地之間的神祇稱作神明，可能也是根據這類意涵。從
古籍文獻所析論的神與明，來看《河上公章句》中所言的神明就不難瞭解，
所指的內涵是一切具有神與明性質的對象。

　　就天與道而言神明。《河上公章句》第三十五章曰：「治身則天降神明，
往來於己也。」《淮南子・精神訓》曰：「夫天地之道，至紘以大，尚猶節其
章光，愛其神明，人之耳目曷能久熏勞而不息乎？」〔註90〕二書都視天道具
有神明，其神明與其光輝一樣，都是應當節養的能力，並會下給於人，因此
人當與道同，修治自身而存養之。《河上公章句》第二十一章言：「道唯窈冥
無形，其中有精實，神明相薄，陰陽交會也。」〈兵略訓〉言：「所謂道者，
體圓而法方，背陰而抱陽，左柔而右剛，履幽而戴明，變化無常，得一之原，
以應無方，是謂神明。」〔註91〕神明處於道之內，也展現道的變化神奇、明
白四達，不僅是形容道的神妙彰明，也是道的內涵。《河上公章句》第二十
八章說：「若道散則爲神明，流爲日月，分爲五行也。」〈道應訓〉：「罔兩問
於景曰：『昭昭者，神明也？』景曰：『……若神明，四通竝流，無所不及，
上際於天，下蟠於地，化育萬物而不可爲象，俛仰之間而撫四海之外。昭昭
何足以明之！』」〔註92〕神明出自道，如元氣一樣爲道之用，具有道的性質，
即便言昭昭也不足以形容之。在這個部分，神明用以形容道、表現道、出自
於道，具有多種引伸的用意，不限於一種詞義，但是總不出神與明的基本意
涵。

　　就人來說神明。《河上公章句》第五章：「人能除情欲，節滋味，清五藏，
則神明居之也。」《淮南子・精神訓》：「夫靜漠者，神明之宅也；虛無者，道
之所居也。」〔註93〕人若能守清靜、不貪淫、使體內空虛，神明就會居處在
身上。《河上公章句》第十六章言：「公正無私，則可以爲天下王。……能王，
則德合神明，乃與天通。」《淮南子・本經訓》：「神明定於天下而心反其初，
心反其初而民性善」〔註94〕，「是故知神明然後知道德之不足爲也，知道德然
後知仁義之不足行也，知仁義然後知禮樂之不足脩也」〔註95〕，「是故神明藏

〔註90〕劉文典：《淮南鴻烈集解》，頁221。
〔註91〕劉文典：《淮南鴻烈集解》，頁429。
〔註92〕劉文典：《淮南鴻烈集解》，頁411。
〔註93〕劉文典：《淮南鴻烈集解》，頁219。
〔註94〕劉文典：《淮南鴻烈集解》，頁250。
〔註95〕劉文典：《淮南鴻烈集解》，頁251。

於無形，精神反於至眞」〔註96〕。對天道能有所獲得於心，就能夠既神且明，符合天的規律。《河上公章句》第十六章曰：「能知道之所常行，則爲明。不知道之所常行，妄作巧詐，則失神明」。《淮南子‧脩務訓》：「昔者，蒼頡作書，容成造曆，胡曹爲衣，后稷耕稼，儀狄作酒，奚仲爲車。此六人者，皆有神明之道，聖智之跡」〔註97〕。瞭解道的律則就能明白通達，所做的事也就能神妙昭明、崇高而聰慧，如果不能知道意，自作聰明地胡妄作爲，就會失去神明的作用。神明居處於人身，使人達道、既神且明。

神明不單純指精氣、精神或精、氣、神其中一項，也可以是其中任何一項。神明一詞展現人何以能爲天下神物，與一般言聖或賢一樣，是一個具有多重詞義的肯定性、價值性的稱許詞。陳麗桂說：「『神明』指靈明的精神，保持內在精神靈明，是愛精養生的終極。」〔註98〕這個說法只對了一部份。神明的確是「愛精養生的終極」，在某些情況下也可以用來指稱靈明的精神，但卻不能單純地解釋神爲精神，也不能將明視爲形容神的補充描述，二字分別所代表的意涵是等比重，且內外相配合的。鄭燦山將「清五藏，則神明居之也」（第五章），以及「使五藏空虛，神乃歸之」（第十一章），都解釋作天地間的神靈，而說《河上公章句》：「作者是肯定神明世界的存在以及神明扮演掌握人間禍福的角色」〔註99〕，「基本上認爲五臟（物質）與精氣神（精神與物質的精華）以及神明之間具有融貫性」〔註100〕，並認爲這是「天人感應思想所衍生出來的」〔註101〕。前面分析過，《河上公章句》的神明有神祇之義，書中的確肯定神明世界，且扮演佑助人的角色。但是，五臟神並不是某一位，或某一性質的神明附著於人的五臟內，並不能作神靈解釋。且與五臟及精氣神具有融貫性的神明，是指神妙明達的、可以囊括精氣神之義在其中的內容，不能直就神靈來說。又，書中的天人感應思想，如第三十章：「天應之以惡氣」，並無神靈附身一類的觀念。因此，有關神明的觀念，應當理解《河上公章句》中所重視的是治身修養對形神的重要性，而不在於神祇如何操作人的生死禍福。

〔註96〕劉文典：《淮南鴻烈集解》，頁260。
〔註97〕劉文典：《淮南鴻烈集解》，頁646。
〔註98〕陳麗桂：〈《老子河上公章句》所顯現的黃老之理〉，頁200。
〔註99〕鄭燦山：〈老子河上公注長生思想析論〉，頁187。
〔註100〕鄭燦山：〈老子河上公注長生思想析論〉，頁189。
〔註101〕鄭燦山：〈老子河上公注長生思想析論〉，頁189。

第三節 長生久壽之道

由於《河上公章句》對於養身理論的強調，於是便有學者認定此書具有邁向不死的宗教之路的性質。實際上若仔細檢視《河上公章句》中對於生死的看法及其用詞語境，就可以發現《河上公章句》追求長生之道，但並不認為人可以，或應該永不死亡。《河上公章句》於第三十九章言：「萬物當隨時生死，不可但欲長生無已時，將恐滅亡不為物。」認為萬物的生死有一定的時機或時間，因而不可以一昧地求長生而無終了之時，否則將遭遇毀滅。吳相武說：「三十九章注不是對得道者的描述，而是對一般之物的描述。三十九章注所表述的是，一般之物應該隨著時間變化經歷生死，衹要生存而沒有死亡之時是不可取的，一般之物將會滅亡而不為物。人是萬物中之一物，同時與其他物不一樣，可以通過修養達道最高境界。」〔註 102〕認為第三十九章的這段文字是針對萬物而言，不包含人在其中，人不同於其他物，是能經由修養以達到不死之境。金春峰先生則相反地認為，正因為人明確地包含在萬物之中，如：「天地生萬物，人最為貴」（第五章），因此人並不能例外於萬物而不滅亡。他說：「通觀全書，《河上公注》反覆教導的，就是侯王、人主、人都應謙虛，戒盈，而人如果一昧求長生不死，在《河上公注》看來，就是最大的貪欲，最大的不滿足，不安命，結果就會受到懲罰，反而要走向死滅了。」〔註 103〕

關於這個爭議，應該從兩個層面來探討。首先，人究竟是否包含在萬物之中？《河上公章句》說：「天地生萬物，人最為貴。」人是萬物之一，是已然確知的；但書中也說：「天地人共生萬物也。天施地化，人長養之。」（第四十二章）人似乎又可以獨立於萬物之外，優於萬物，具有與萬物不同的能力或特質。自先秦以來，諸子百家的各種言論，探討人何以異於禽獸？人如何能與造化者遊？對於人類的特殊性，已經有相當程度的重視，《河上公章句》自然也不例外。就生成意義來說，人與萬物同；就思考探究的目的來說，自然不能不先行肯定人類的特殊性。因此，爭議的重點並不在於人是否屬萬物之一，而是應該追問：長生的追求與死亡的必然性是否有衝突？《河上公章句》在第四十二章說：「萬物中皆有元氣，得以和柔，若胷中有藏，骨中有髓，草木中有空虛與氣通，故得久生也。」這裡所論述的主體是萬物，認為萬物內含元氣就能長久生存。配合第三十九章來看，萬物是必定要經歷生死的過

〔註 102〕吳相武：〈關於《河上公注》成書時代〉，頁 235。
〔註 103〕金春峰：〈再論《河上公注》成書之時代〉，頁 119。

程，中間可以經由對氣的涵養來達到長久生存，但是如果貪求長生無終止，反而將邁向滅亡。因此，第三十九章所顯示的道理，並不是萬物有生死之別，只有人能經由修養達致長生，而是萬物皆可達致長生，但終將面對死亡。無論萬物是否包含人在其中，元氣生萬物與人，以及人與萬物含氣則能長久的道理，是完全相同的。

從第四十二章可知萬物與人一樣皆可久生，第三十九章則告訴我們，萬物必定經歷生死，但人是否與萬物一樣必經生死呢？誠如吳相武所說：「主張《河上公注》認為不死是不可取的，其惟一的根據就是如下三十九章注。」〔註104〕因此，跳開第三十九章涉及不死是否應當的爭議，直接來瞭解《河上公章句》對於生死的觀念。

對於生死的探討，在《莊子》裡常出現，其主要論點在消除生死觀念的差別。《河上公章句》則將生死對立而言，曰：「出生謂情欲出於五內，魂定魄靜，故生。入死謂情欲入於胸臆，精勞神惑，故死。」（第五十章）「人生含和氣，……人死和氣竭」（第七十六章），又說：「堅強者死，柔弱者生」（第七十六章）。生與死是兩種不同的狀態，是眾多因素所造成，任何一項因素都會影響生死。情欲入於五臟就會導致死亡，情欲不入五臟就能存活不死亡；含和氣者生存，和氣竭者死亡；堅硬剛強者致死，反之則能生存。這樣的語氣與說法亦見於《黃帝內經》，曰：「失神者死得神者生」〔註105〕、「五臟者中之守也……得守者生失守者死」〔註106〕、「五臟者身之強也……得強則生失強則死」〔註107〕。《河上公章句》與《黃帝內經》都從人的形神方面來論述人的生死，也可從中見到其對養生的重視。翻讀古籍文獻，對於死字的使用，多半是用以說明某人在某種情形下死亡，譬如《呂氏春秋》中，〈論威〉：「夏桀之所以死於南巢」〔註108〕、〈忠廉〉：「吳王不能止，果伏劍而死」〔註109〕。《春秋繁露》中，〈楚莊王〉：「人臣之行，貶主之位，亂國之臣，雖不篡殺，其罪皆宜死」〔註110〕、〈滅國下〉：「曹伯之所以戰死於位」〔註111〕。無論是暴君、忠臣、亂臣、戰將之死，甚至罪犯、

〔註104〕吳相武：〈關於《河上公注》成書時代〉，頁233。
〔註105〕《四部叢刊續編・靈樞經》，頁90。
〔註106〕《四部叢刊續編・黃帝內經素問》，頁37。
〔註107〕《四部叢刊續編・黃帝內經素問》，頁37。
〔註108〕陳奇猷校釋：《呂氏春秋校釋》，頁431
〔註109〕陳奇猷校釋：《呂氏春秋校釋》，頁588。
〔註110〕賴炎元註譯：《春秋繁露今註今譯》，頁1。
〔註111〕賴炎元註譯：《春秋繁露今註今譯》，頁121。

病患的死亡，都是在結果上言其死去，很少就壽終正寢而說的。《河上公章句》在第四十二章解釋「強梁者，不得其死」，云：「不得其死者，爲天命所絕，兵刃所伐，王法所殺，不得以壽命死也。」可知壽終正寢、終其天年一類的壽命觀點是存在的。只是《河上公章句》對生死的討論，不在於壽命是如何決定，又可否打破命限，而是著眼於養身的角度來說，也就是對形神衰竭導致死亡的這方面所作的探討。

　　《河上公章句》說：「人所以生者，以有精神。」（第七十二章）表示人因爲有精神的存在，所以才得以活繃亂跳地活著，因此，如果失去了精神，人就會死去。這樣的觀念也見於《淮南子‧要略》：「精神者，所以原本人之所由生。」〔註112〕〈精神訓〉》論述人生存的根本所在，以精神爲主，包含人的形軀、感情、魂魄，〈要略〉歸納說：「所以使人愛養其精神，撫靜其魂魄，不以物易己，而堅守虛無之宅者也。」〔註113〕《淮南子》這種生或死取決於對於精神形軀的愛養，這樣的觀念貫通《河上公章句》全書。因此《河上公章句》常言長久與大壽，曰：「人能抱一，使不離於身，則身長存」（第十章）、「人能自節養，不失其所受天之精氣，則可以長久」（第三十三章）、「治身不害神明，則身安而大壽也」（第三十五章）、「治身者神不勞，……故可以長久」（第四十四章）、「修道於身，愛氣養神，益壽延年」（第五十四章）、「人能保身中之道，使精氣不勞，五神不苦，則可以長久」（第五十九章）。人是道藉由精氣所創生，保持身中的精氣，使道一能不遠離，也就是愛養自身的精氣神，就能夠延年益壽、長存久生，這便是《河上公章句》的養生論之綱要。《春秋繁露‧循天之道》曰：「壽有短長，養有得失，……人之所自行，乃與壽夭相益損也；……是故天長之，而人傷之者，其長損；天短之，而人養之者，其短益。」〔註114〕人的生死取決於壽命的長短，而養生則能增長壽命，這樣的觀念在先秦文獻裡較少涉及，當時並不一定無這類思想，但至少不是主要的探討主題，而西漢《春秋繁露》、《淮南子》的說明，以及醫經《黃帝內經》的系統性思想的出現，明顯地表現出《河上公章句》的養生論點其來有自。《河上公章句》說：「治身者壽命延長」（第三十五章），其藉由養身之道所欲達到的長生，其實是對延年益壽的追求，對於長生的觀念，指的是長久、長存，而不是沒有終止。

〔註112〕劉文典：《淮南鴻烈集解》，頁702。
〔註113〕劉文典：《淮南鴻烈集解》，頁703。
〔註114〕賴炎元註譯：《春秋繁露今註今譯》，頁419。

在瞭解《河上公章句》的生死觀念，及其對長生久壽的追求之後，再來看其中幾個較具爭議性的說法。

第一，長生不死。許多研究《河上公章句》的學者，如：王明、吳相武、陳麗桂、熊鐵基、鄭燦山、張運華，都認為書中具有神仙家的長生不死思想。吳相武歸納說，第四章：「當湛然安靜，故能長存不亡」、第三十五章：「用道治國，則國富民昌，治身則壽命延長，無有既盡之時也」、第五十四章：「為人子孫能修道如是，則長生不死，世世以久，祭祀先祖宗廟，無有絕時」，是「對長生不死的提及。……甚至有些地方具體敘述得到不死的方法」[註115]，指的是第六章：「人能養神則不死，……不死之道，在於玄牝」。

分析這幾個章節的內容，首先，第三十五章的注文段落如下：

道之出口，淡乎其無味。

〔章句〕道出入於口，淡淡，非如五味有酸鹹苦甘辛也。

視之不足見，

〔章句〕足，得也。道無形，非若五色有青黃赤白黑可得見也。

聽之不足聞，

〔章句〕道非若五音有宮商角徵羽可得聽聞也。

用之不可既。

〔章句〕既，盡也。謂用道治國，則國富民昌，治身則壽命延長，無有
　　　　既盡之時也。

《道德經》這個章節的本意是在形容道，《河上公章句》在這裡的注解也是以道為主語，說道無味、無形、不可聽聞，也沒有用盡的時候。因此這部分說治身只提到「壽命延長」，並非說治國可以無止盡，更不是說壽命延長可以無止盡了。

前面提到，《河上公章句》說人含和氣則生、和氣竭則死的生死對舉觀念，生當然不是說「born」，而是說「live」；死當然是相對於生而言，較「die」更深層、更具體的意義，也就是「not live」。在 live 與 not live 之間的掌握，也就形成《河上公章句》的養生理論。以《河上公章句》的生死觀念套用在第五十四章與第六章，便可以得出，第五十四章是說為人子孫能修道，就能長保生存的狀態而不致 not live，一代接一代都是如此，那麼祖先宗廟也就必定得以傳續維持，不會出現因為子孫的早死而出現斷絕毀壞的情形。第六章則

<hr>

〔註115〕吳相武：〈關於《河上公注》成書時代〉，頁233～234。

可直接用替換詞句來理解，說「人能養神則不死，……不死之道，在於玄牝」，其實就是「人能養神則生，……生之道，在於玄牝」。至於所謂「得到不死的方法」，指的是鼻口呼吸的注重，應該理解為「得生的方法」。前面論鼻口之門時曾經強調過，《河上公章句》對於呼吸的理論，是當時很基本的養生觀，它不是一套功法，也不是追求永生不死的步驟。因此就生死觀來看，第六章並不是追求永恆不死；就方法來說，也只是在強調對於天地間元氣的愛養，不能將之與後世以吐納胎息之術修煉以求成仙不死的觀念聯想在一起。

　　第四章強調人要修身法道，其中之一，是法道安靜就能夠「長存不亡」。這點應該配合第十六章一起看：

> 夫物芸芸，
>
> 〔章句〕芸芸者，華葉盛也。
>
> 各復歸其根。
>
> 〔章句〕言萬物無不枯落，各復反其根而更生也。
>
> 歸根曰靜。
>
> 〔章句〕靜謂根也。根安靜柔弱，謙卑處下，故不復死也。
>
> 是謂復命。
>
> 〔章句〕言安靜者是為復還性命，使不死也。
>
> 復命曰常。
>
> 〔章句〕復命使不死，乃道之所常行也。

前半段以花葉與根的比喻，點出安靜柔弱、謙卑處下的重要性，後半段強調能安靜者，能復還性命而不死。以根為喻也出現在第二十六章曰：「人君不重則不尊，治身不重則失神，草木之花葉輕故零落，根重故長存也。」《道德經》第五十九章曰：「是謂深根固蒂，長生久視之道。」《河上公章句》解釋說：「人能以氣為根，以精為蒂，如樹根不深則拔，菓蒂不堅則落。言當深藏其氣，固守其精，無使漏泄。深根固蒂者，乃長生久視之道。」根的存在使得即便花葉枯落，草木仍然維持生生不息，不會因為花葉的掉落而枯死，套用在人身上，也就強調應該要重視精氣神。《淮南子・要略》精要地說明〈精神訓〉論述精神、魂魄、形軀是人生存的根本所在，欲令人審明這些「人之所由生」〔註116〕，「以反其性命之宗」〔註117〕。與《河上公章句》所說「復還性命」，

〔註116〕劉文典：《淮南鴻烈集解》，頁 702。

其實是同一個道理，就是要回歸到對精氣神的愛養以維持生命。對於安靜的重視，也是《河上公章句》的修養理論中極重要的一環。第四章論道曰：「至今在者，以能安靜湛然，不勞煩。欲使人修身法道。」第二十三章：「天地至神，合為飄風暴雨，尚不能使終朝至暮，何況於人欲為暴卒乎？……人為事當如道安靜，不當如飄風驟雨也。」第十五章：「誰能安靜以久，徐徐以長生也。」安靜是人當效法道的其中一項，在《河上公章句》的強調中，是對立於暴卒而言，也就是要求人不應如飄風暴雨般驟急且淫逸，修身的作為應當重視徐緩且適量。道之所以能長久存在，是因為安靜不勞煩，如此才能夠細水長流、徐徐長生，這也就是《河上公章句》強調安靜的意義。因此，第四章與第十六章所論者，在於安靜不驟急，就能夠回復精氣神的保有，不會因為躁急而急促地耗盡，如此就能夠維持生命，不會驟然死亡了。道之常行，在使復命不死，以草木為喻，就是葉落歸根的生生不息，用以說人，其實就是指增長年壽，使生命得以長久，意在勉人「與道合同，乃能長久」（第十六章）。反之，若如「小人不知道意，而妄行強知之事以自顯著，內傷精神，減壽消年也」（第七十一章），違背道意只是徒然使自己的生命受損傷而已。

第二，輕舉昇雲，修道解死。《河上公章句》除了長生不死的說法易令人產生誤解外，第十三章言：「使吾无有身體，得道自然，輕舉昇雲，出入無間，與道通神，當有何患？」更令人有得道成仙的聯想。鄭燦山說：「顯然地這是一種得道成仙飛昇的思想，是一種對於神仙境界的嚮往。」〔註118〕試看《道德經》第十三章，所論是「寵辱若驚，貴大患若身」的問題。《河上公章句》注解說：寵辱都會驚動魂魄，懼怕會有禍害降臨，這都是因為人有身體的緣故。《道德經》於是設問：「及吾無身，吾有何患？」《河上公章句》因而有此段描述靈魂出竅、神遊成仙的注解。所要表達的是說：假如沒有身體的存在，自然能與世隔絕、不著痕跡，更無須擔心有無禍患加身的問題。但是在現實的人世中，身體與精神都是生命的必須與象徵，不可能棄之不顧，「人生存在根本不可能有“無身”的理想狀態，所以我們必須面對現實生命有智慧地生存」〔註119〕。因而，《道德經》與《河上公章句》在第十三章的結論皆勸勉人當愛養身體為上。

〔註117〕劉文典：《淮南鴻烈集解》，頁703。
〔註118〕鄭燦山：〈《河上公注》成書時代及其思想史、道教史之意義〉，頁104。
〔註119〕胡興榮：《老子四家注研究》，頁16。

　　谷方與鄭燦山以道教思想的觀點切入，將《河上公章句》中的神與神明都解釋作神祇、神仙之義，強調其「肯定鬼神的存在，承認成仙有道」〔註120〕，甚至認爲「其『治身』說，實際上是圍繞著『五臟神』而衍生出的一套養生學……是可以『自然輕舉，昇雲出入無間』的成仙之道」〔註121〕。再加上將「神明祐之若赤子」（第七章）、「神明保佑含德之人」（第五十五章）、「其德如是，乃有餘慶及於來世子孫」（第五十四章）視爲「承負福報」〔註122〕之說。於是，從天地間有神仙，神仙掌管人間禍福、會降居人體，人可以修道成仙，就構成宗教面向的仙道他界。而得出結論說《河上公章句》「標示著異於人世的他界之存在，大不同於儒道二家把重點放在現世。他界觀的提出，予亂世中水深火熱的百姓以一線希望，至少在絕望之際，猶能希企天國的美好未來而有存活奮鬥下去的勇氣」〔註123〕，認爲《河上公章句》是屬於「神學系統」〔註124〕。這種以後世宗教觀來解釋早先古籍的作法，是將《河上公章句》的鬼神觀念作了擴張，硬生生地將之與後來的道教內容作連結，而未針對書中文句究明其義。前面討論神明觀念時已經說過，《河上公章句》肯定鬼神世界的存在與鬼神的作用，但並不主張神靈附身或鬼神主宰人之類的觀點，更遑論對於神仙世界的追求。

　　然而，《河上公章句》在第六十二章解釋「有罪以免耶」說到：「有罪謂遭亂世，闇君妄行刑誅，修道則可以解死，免於眾耶也。」似乎直言修道者可以異於眾人、免於死亡？在曲解的仙道他界觀點下，鄭燦山說這是「爲廣大百姓預鋪從此界混濁險惡人世解脫、避罪而通往彼界樂土的康莊大道」〔註125〕，認爲《河上公章句》講的修養工夫皆是「救贖解脫的方法」〔註126〕。這又更是一大誤解。若將第六十二章注文內容上下連貫來看，其論點是設定在亂世之中，昏君當道的情況下。導致死亡者，是「治國者刑罰酷深，民不聊生，故不畏死也」（第七十四章），「人民所以輕犯死者，以其求生活之事太厚，貪利以自危。以其求生太厚之故，輕入死地也。」（第七十五章）由於昏君亂行刑罰、課稅過

〔註120〕谷方：〈河上公《老子章句》考證——兼論其與《抱朴子》的關係〉，頁52。
〔註121〕鄭燦山：〈老子河上公注長生思想析論〉，頁177。
〔註122〕鄭燦山：〈老子河上公注長生思想析論〉，頁185。
〔註123〕鄭燦山：〈《河上公注》成書時代及其思想史、道教史之意義〉，頁104。
〔註124〕鄭燦山：〈《河上公注》成書時代及其思想史、道教史之意義〉，頁104。
〔註125〕鄭燦山：〈《河上公注》成書時代及其思想史、道教史之意義〉，頁104。
〔註126〕鄭燦山：〈《河上公注》成書時代及其思想史、道教史之意義〉，頁105。

重，使人民生活困苦，爲了求生存也就無畏死亡的危害而輕易涉入死地。苛政猛於虎，這是亂世之中人人都難以避免的境遇，而《河上公章句》認爲修道之人「天子不得臣，諸侯不得屈，與世沈浮，容身避害」（第五十六章），可以解除「人所以動之死地者，以其求生活之事太厚，違道忤天，妄行失紀」（第五十章）的死境，此乃所謂的「解死」、「免於眾」。第六十二章最後因而說這樣的人能「全身治國」，是爲「天下貴」。與身體的存在一樣的道理，如果遭逢亂世也是不可避免的現實，如何在亂世之中不失道亂紀、輕入死地，才是《河上公章句》所要強調的修道之必要性。

長生不死雖在道教成爲一種修煉可以達致的成仙境界，但《河上公章句》所關懷的，完全是在於人要如何不會因爲迷失於情欲的貪淫，而導致精氣神散失所造成的死亡。並非「從人的心理體驗而言」﹝註127﹞，更非「受了神仙思想的影響」﹝註128﹞，追求「肉體不壞」﹝註129﹞、「煉養神明」﹝註130﹞的「道家求仙之行徑」﹝註131﹞。神仙的觀點、方術的內容、養生的理論等，在兩漢之前就已經形成。追求永恆不死的目標，從秦始皇派遣徐福出海，便足見此觀點亦出現得不晚。但是，後出者不一定使用早已存在的觀念，晚出的說法亦不一定較詳細，與後世雷同的用語也不一定同義，如何解讀完全取決於文本本身以什麼樣的立場與方向立論。《河上公章句》的立場是以天人合一的角度，論述人如何藉由養生得道，全身進而治國。因此，《河上公章句》有鬼神觀，但並非宗教著作；有陰陽五行，但並不講求方技法術；求長生久壽，卻並不同於永恆不死；重養身論，卻不似《黃帝內經》著重在生理、醫學的理論建構，這些觀念皆是當時的知識背景。特殊點在於《河上公章句》用養生觀念來解說《道德經》，建構出其內聖外王的系統性思想。也因爲將養生觀念引入《道德經》，使得後世道教在許多養生功法上，都引申自《河上公章句》。但是，從《河上公章句》全書的立場出發，可以說《河上公章句》的說法影響道教，卻不能說《河上公章句》的說法與道教的說法一樣。

﹝註127﹞ 張運華：〈身國並重的道家養生論——《老子河上公章句》〉，頁103；張運華：
〈《老子河上公章句》與道家思想的世俗化〉，頁14。

﹝註128﹞ 熊鐵基：《秦漢新道家》（上海：上海人民出版社，2001年3月，第1版第1
次印刷），頁446。

﹝註129﹞ 鄭燦山：〈老子河上公注長生思想析論〉，頁198。

﹝註130﹞ 王明：〈《老子河上公章句》考〉，頁313。

﹝註131﹞ 王明：〈《老子河上公章句》考〉，頁313。

第五章 《老子河上公章句》的治國論

除了養身，《河上公章句》之理論的另一個重點在於治國。以道爲遵行效法的對象是《道德經》的基本準則，也是《河上公章句》的基本預設，因而《河上公章句》在第四十三章言：

> 無爲之益，
>
> 〔章句〕法道無爲，治身則有益於精神，治國則有益於萬民，不勞煩也。
>
> 天下希及之。
>
> 〔章句〕天下，人主也。希能有及道無爲之治身治國也。

強調效法於道的無爲，不僅有益於治身，亦有助於治國。然而眞正能夠做到以道治身治國的君主卻是少之又少，這也點明了《河上公章句》所反覆強調而欲訴說的重點，即在勸說法道無爲以治身治國的重要性。第三十五章言：「用道治國，則國富民昌，治身則壽命延長」、第四十一章言：「中士聞道，治身以長存，治國以太平，欣然而存之。」說明以道治身就能延長壽命而不致早死，治國就能國富民昌致太平。治身的理想在延年益壽，治國的理想在達致太平，二者都必須藉由對道的體會及施行才能夠達到。因而《河上公章句》言「國身同也」（第五十九章），就是指治國與治身的道理是相同相通的，都應當依循道來運作。

所謂法道，最主要即在效法其自然無爲。第五章言：「聖人愛養萬民，不以仁恩，法天地任自然」；第五十三章言：「使我介然有知於政事，我則行於大道，躬行無爲之化。……獨畏有所施爲，恐失道意。」爲政爲君應當遵行於道，實際的作爲則是自然之教、無爲之化。若是反自然無爲而行，就是背道而馳，如同小人失道意而消壽減年般，君王失道意將危及國家的安定。因

而第七十三章論到：

　　　　勇於敢則殺，

　　　　〔章句〕勇於敢有爲，則殺其身。

　　　　勇於不敢則活。

　　　　〔章句〕勇於不敢有爲，則活其身。

　　　　此兩者，

　　　　〔章句〕謂敢與不敢也。

　　　　或利或害。

　　　　〔章句〕活身爲利，殺身爲害。

　　　　天之所惡，

　　　　〔章句〕惡有爲也。

　　　　孰知其故？

　　　　〔章句〕誰能知天意之故而不犯之？

　　　　是以聖人猶難之。

　　　　〔章句〕言聖人之明德猶難於勇敢，況无聖人之德而欲行之乎？

天意惡有爲，有爲者終遭禍患，不敢有爲者才能保其生命。聖人與道合同，自然不失道意，也就不敢違逆天意而行無爲，一般君王不若聖人般道德深遠，不能處處合於道，則最基本應當把握天意無爲的原則，做到不敢於有爲，也就不至於輕易遭禍。

　　何以無爲能治天下呢？第四十八章說到：「治天下常當以無事，不當煩勞也。及其好有事，則政教煩，民不安，故不足以治天下也。」君王若是行有爲之政，則令煩禁多，使百姓無所適從、不得安寧，則本欲治理天下反而使天下動盪不安，故而行有爲者不足以治天下。第二十九章：

　　　　將欲取天下，

　　　　〔章句〕欲爲天下主也。

　　　　而爲之，

　　　　〔章句〕欲以有爲治民。

　　　　吾見其不得已。

　　　　〔章句〕我見其不得天道人心已明矣。天道惡煩濁，人心惡多欲。

天下神器，不可爲也。

〔章句〕器，物也。人乃天下之神物也。神物好安靜，不可以有爲治。

爲者敗之，

〔章句〕以有爲治之，則敗其質朴。

執者失之。

〔章句〕強執敎之，則失其情實，生於詐僞也。

明確地點出有爲之政不僅違反天道，亦不得人心。天道與人心皆質樸，有爲者多欲而煩亂，不但失天道人心，甚至敗壞其樸實的本質，如此不但不能治天下，反而亂天下，自然不能成爲掌管天下的君王。因此《河上公章句》不斷強調要法道守道，如第三十二章言：「侯王若能守道無爲，萬物將自賓服，從於德也」、第三十五章言：「聖人守大道，則天下萬民移心歸往之也。」只要能把握天道尚無爲的原則，不必有所施爲，天下自會服膺於君王的道德而自動歸順。

所謂無爲之化，實際內容的重點即在「因」。第四十九章說：

聖人無常心，

〔章句〕聖人重改更，貴因循，若自無心。

以百姓心爲心。

〔章句〕百姓心之所便，聖人因而從之。

聖人爲政所施爲並不在於本身想要什麼或想做什麼，而是在於百姓想要什麼、需要什麼。聖人的一切作爲都是以百姓心之所欲來決定的，因而聖人似若無心，其實聖人是無一己之私心，而以百姓心之所欲作爲己心之所欲。《河上公章句》說君主想要治理百姓，「當用天道，順四時」，又說上古無名號之君「因循自然，養人性命」。能夠因循自然、遵從天道、不奪民時，順成民之所欲、滿足人民生存之所需，就是法道無爲的表現。

較之於《道德經》，《河上公章句》在治身方面的比重提高很多。《河上公章句》將治身視爲一種達道的手段，認爲通過治身之道的實行，能讓治理天下的君王通曉天地間的大道，進而達到以道治國的目標。治身與治國在《河上公章句》裡，分開來單獨看，二者皆是天道在人間的展現，也就是人道的兩個重點；合在一起來看，則是以學習治身爲方式，成就治國爲目標，有意識地從天道至於人身至於治國一貫的天人合一思想。《河上公章句》的國身之道，可以從三方面來說：（1）君王爲天下保其身；（2）君主正身以化民；（3）

君主以治身之法治國。

第一節　君王爲天下保其身

第十三章論到：

> 故貴以身爲天下者，則可以寄於天下，
>
> 〔章句〕言人君貴其身而賤人，欲爲天下主者，則可寄立，不可以久也。
>
> 愛以身爲天下者，乃可以託於天下。
>
> 〔章句〕言人君能愛其身，非爲己也，乃欲爲萬民之母。以此得爲天下
> 　　　主者，乃可以託其身於萬民之上，長無咎也。

身體是人類生存的必要存在條件，因而重視身體自然是應有的態度，但是就君王而言，若是重視自己的身體大過愛護人民的心意，那麼他所掌管的天下就不會長久。因此君王應當認知到，重視身體雖是必然，但並不是爲了求一己之長生，而是爲了能長久地愛養照顧百姓，並且以正身之道治國，國家也能長存無害。

爲萬民而保其身，身爲君王除了戒貪淫、除情欲的治身要領，推而廣之還應當尚謙下。治身乃欲達到「知止知足，則福祿在己」（第四十四章），以君王的身份來論，更展現於「匿德藏名，不爲滿大」（第三十四章）的目標追求。第七十七章言：

> 是以聖人爲而不恃，
>
> 〔章句〕聖人爲德施惠，不恃望其報也。
>
> 功成而不處，
>
> 〔章句〕功成事就，不處其位。
>
> 其不欲見賢。
>
> 〔章句〕不欲使人知己之賢，匿功不居榮名，畏天損有餘也。

天道維持中和協調，因而損有餘而益謙，謙下者天道自助之，滿大者天道自損之。所以君王當處謙下，法道愛養萬物而不求其報，功成不居而匿德藏名。如果對於自己的權力與地位不能知足知止，反而妄自尊大，過度地自我膨脹，就會遭受危害。在第二十二章說到：

> 不自是，故彰；
>
> 〔章句〕聖人不自以爲是而非人，故能彰顯於世。

　　不自伐，故有功；

　　〔章句〕伐，取也。聖人德化流行，不自取其美，故有功於天下。

　　不自矜，故長。

　　〔章句〕矜，大也。聖人不自貴大，故能長久不危。

　　夫唯不爭，故天下莫能與之爭。

　　〔章句〕此言天下賢與不肖，無能與不爭者爭也。

所謂「曲從則全身」（第二十二章），謙下不與人爭者，可以保其身體不受危害。君王行曲從，還更需不自是非人、不自取功名、不自尊貴滿大，才是真正做到謙虛下人，也就能全其身而無有傷害。

　　為了天下百姓，君王應當愛護其身體、應當依循天道而行。天道尚謙，君王也應當尚謙，否則就會對自身造成危害。所謂謙下者，第四十五章言：

　　大成若缺，

　　〔章句〕大成者，謂道德大成之君也。若缺者，滅名藏譽，如毀缺不備也。

　　其用不弊：

　　〔章句〕其用心如是，則無弊盡時也。

　　大盈若沖，

　　〔章句〕大盈者，謂道德大盈滿之君也。若沖者，貴不敢驕，富不敢奢也。

　　其用不窮。

　　〔章句〕其用心如是，則無窮盡時也。

君主治理百姓當如道之於萬物，愛養卻不彰顯自己，使民以為其自然，不知上有君。君王對於自身的恩德、功勞、尊貴，以及富裕的生活，都應該謙虛退讓，不能視為理所當然地誇耀、驕傲、奢華且不可一世。能夠不自滿於自己的表現，不斷地施德惠於百姓，將功名地位拋在一旁，將財富資源分與百姓，才是身為君王應有的心態與作為。第八十一章言：

　　聖人不積。

　　〔章句〕聖人積德不積財，有德以教愚，有財以與貧也。

　　既以為人，己愈有；

　　〔章句〕既以為人施設德化，己愈有德。

既以與人，己愈多。

〔章句〕既以財賄布施與人，而財益多，如日月之光，無有盡時。

天之道，利而不害。

〔章句〕天生萬物，愛育之，令長大，無所傷害也。

聖人之道，爲而不爭。

〔章句〕聖人法天所施爲，化成事就，不與下爭功名，故能全其聖功也。

聖人，也就是君王的楷模，散佈自己的恩德反而更加有德；分派自己的財富反而更積累自己的富裕。所謂「其用心如是，則無窮盡時」，聖人不自我彰顯卻更顯其有德；不自我奢華卻更增其財富；不爭功名卻更成就其事功，因其謙讓之心使其如日月的光明一樣，時刻散發卻絲毫不減損，沒有窮盡的一天。

猶有進者，聖人不以自身爲優先，而以萬民所需爲首要考量。第七章說聖人後己：

是以聖人後其身，

〔章句〕先人而後己也。

而身先：

〔章句〕天下敬之，先以爲官長。

外其身，

〔章句〕薄己而厚人也。

而身存。

〔章句〕百姓愛之如父母，神明祐之若赤子，故身常存。

非以其無私耶？

〔章句〕聖人爲人所愛，神明所佑，非以其公正無私所致乎？

故能成其私。

〔章句〕人以爲私者，欲以厚己也。聖人無私而己自厚，故能成其私也。

因爲聖人以眾人爲先，所以天下敬愛之，以之爲首；愛護百姓更甚於自己，所以百姓視之如父母般地愛戴他。聖人不僅在消極方面對於自己所擁有的名位財富不自以爲是，更積極地將天下的福祉視爲首要之務，這樣的謙下與無私，使聖人更爲厚實，爲人愛戴而不危殆。

身爲君王就應以民爲先，除了爲百姓謀福利，還要承受國家的不祥之災殃。第七十八章說：「人君能受國之垢濁者，若江海不逆小流，則能長保其社稷，爲一國君主也。……人君能引過自與，代民受不祥之殃，則可以王天下。」人君學全身之道，謙退不與人爭，以百姓福祉爲優先，並且以自身護衛國家百姓免於災禍，如此不僅國家得以安寧，天更增益君主使之無損，這樣的君王才可以爲天下之主。

謙下者，謙虛且下人，不僅不自顯，尚且善於用人顯人。如第三十九章言：「侯王當屈己以下人，汲汲求賢，不可但欲貴高於人無已時，將恐顚蹶失其位。」君主不應當自以爲貴高而輕視眾人，反而應該將自己的身份放低，盡力地索求賢者的幫助，否則將失其君位。第三十九章解釋說：

> 是以侯王自稱孤寡不穀，
> 〔章句〕孤寡喻孤獨。不穀喻不能如車轂爲眾輻所湊。
> 此非以賤爲本耶？
> 〔章句〕言侯王自尊貴，能以孤寡自稱，此非以賤爲本乎？以曉人。
> 非乎！
> 〔章句〕嗟歎之辭。
> 故致數車無車，
> 〔章句〕致，就也。言人就車數之，爲輻、爲輪、爲轂、爲衡、爲轝，無有名爲車者，故成爲車。以喻侯王不以尊號自名，故能成其貴。

以車爲喻，並非有單獨爲車者存在，而是包含車輪、車輻、車轂、車衡、車轝等組合才成爲車，缺少任何一部份，則車就不能成爲車，不能發揮其作用。君王亦是如此，集合眾人之力、百姓、臣子、土地之存在，才使得君王能爲君王，故而君王自稱孤寡者。因爲君王尊貴的地位是建立在眾多的卑賤與微不足道之上，自當以之爲本，不可忘本，並且應不恥下求，使天下百姓共輔助擁戴。

君王能處卑下，則百姓、聖賢歸輔之，治國能處卑下，就能畜養小國且令他國臣服。第六十一章論大國與小國，其中的主從要領即在謙下：

> 故大國以下小國，則取小國；小國以下大國，則取大國。
> 〔章句〕能謙下之，則常有之。此言國無大小，能執謙畜人，則無過失也。

或下以取，或下而取。

〔章句〕下者謂大國以下小國，小國以下大國，更以義相取。

大國不過欲兼畜人，

〔章句〕大國不失下，則兼并小國而牧畜之。

小國不過欲入事人。

〔章句〕入爲臣僕。

夫兩者各得其所欲，大者宜爲下。

〔章句〕大國小國各欲得其所，大國又宜爲謙下。

大國之所以爲大，是因爲其如江海匯聚河流一般，居下且不拒小國。即所謂「治大國者當如江海居下流，不逆細微」（第六十一章），故爲眾望所歸，自然成其大。治國能謙則無過失，能下則眾所歸之，所以欲成大國必謙下，才能得眾且養護天下。第六十六章說得詳細而實際：

江海所以能爲百谷王者，以其善下之，故能爲百谷王。

〔章句〕江海以卑下，故眾流歸之，若民歸就王者，以卑下，故能爲百谷王也。

是以聖人欲上民，

〔章句〕欲在民之上也。

必以其言下之：

〔章句〕法江海，處謙虛。

欲先民，

〔章句〕欲在民之前也。

必以其身後之。

〔章句〕先人而後己也。

是以聖人處上而民不重，

〔章句〕聖人在民上爲主，不以尊貴虐下，故民戴仰而不以爲重。

處前而民不害，

〔章句〕聖人在民前，不以光明蔽後，民親之若父母，無有欲害之心也。

是以天下樂推而不厭。

〔章句〕聖人恩深愛厚，視民如赤子，故天下樂共推進以爲主，無有厭

之者。

以其不爭，故天下莫能與之爭。

〔章句〕天下無厭聖人之時，是由聖人不與人爭先後也。言人皆爭有爲，
　　　　無有與吾爭無爲者。

聖人能居下，故天下萬民歸順之；聖人後己身以百姓爲先，故能爲天下之首。聖人守道無爲，他的動作表現都是爲了百姓設想，所以聖人處上位也不會令百姓感到沈重；在民前也不會令百姓失去恩澤的披戴。若君王能謙退且居下，其用心乃是以天下萬民而考量，所得到的結果，不僅百姓親附，連上天也會助佑他。君王之治身也是相同的情況，所謂「天使正身之人，使至有國」（第五十七章），君王治身雖有益於己，但其用心乃是爲天下人。

第二節　君主正身以化民

第二章言：

故有無相生，

〔章句〕見有而爲無也。

難易相成，

〔章句〕見難而爲易也。

長短相形，

〔章句〕見短而爲長也。

高下相傾，

〔章句〕見高而爲下也。

音聲相和，

〔章句〕上唱下必和也。

前後相隨。

〔章句〕上行下必隨也。

是以聖人處無爲之事，

〔章句〕以道治也。

行不言之教。

〔章句〕以身帥導之也。

……

〔章句〕此言不行不可隨，不言不可知矣。上六句有高下長短，君開一
　　　　源，下生百端，百端之變，无不動亂。

世間存在著有無、難易、長短、高下、音聲、前後等種種兩向或對立的情況，
常使人迷失方向，所以君王應當以身作則，使百姓得以有所遵從效法的對象。
君王的言語可使百姓有知，君王的行為能為百姓楷模，故而聖人法道無為，
不以命令或規定的方式，而是在平日的言行舉止中，直接以身作則。反之，
若君王放縱天下事之各端，而無確立一行事準則，則由一變多，將導致萬端
的無窮變動與禍害。

　　所謂「上所行，下必隨之」（第二十九章），君王的言行無不影響著百姓，
最基本的即在自身情欲的掌握。第三章說聖人之治國安民：

　　不貴難得之貨，
　　〔章句〕言人君不御好珍寶，黃金棄於山，珠玉捐於淵也。

　　使民不為盜；
　　〔章句〕上化清靜，下无貪人。

　　不見可欲，
　　〔章句〕放鄭聲，遠佞人。

　　使心不亂。
　　〔章句〕不邪淫，不惑亂也。

人的天性本是好安靜不為奢泰，但由於對情欲的失控，不能知足知止，反使自
身遭受禍殃、危亡早夭。人君治其身以帥導天下眾人復歸其本性，不重視珍貴
的寶物，使黃金在山不為人所掘，珠玉在淵不為人所求，上位者能如是以清靜
作為示範，則處下位者也就無人欲求珍貴之寶物，而能安於生活，不為貪圖財
寶之事。又，放逐淫靡的音聲，遠離奸佞之人，君王走正道而不偏倚，心志純
正而不受魅惑迷亂，則百姓亦能行正道且心純淨。君王正其身，教民去情欲，
不為奢華，使民自給足，不為求生而輕涉死地，乃是治國安民的基礎。

　　第三十四章言：「聖人以身帥導，不言而化，萬事修治，故能成其大。」由
於君主的標竿作用，民風所向即建立在君王的作為上。如第四十七章舉例說：「上
好道，下好德；上好武，下好力。……上無所為，則下無事，家給人足，萬物
自化就也。」君王若愛好且上同天道，則臣下百姓皆喜於道德；君王若是喜歡

用兵、動干戈，則人民亦崇尚力氣的強勢。故而身爲君王應當守道無爲無事，則天下萬民無欲無事無煩亂，自給自足地過生活，萬物亦自成就。

「人主修道於天下，不言而化，不教而治，下之應上，信如影響。其德如是，乃爲普博。」（第五十四章）爲天下王者，效法天道無爲以治理天下，以自身躬行作爲模範，不用命令而百姓自化成，不用施教而國家即得治，人民能回應其風範，是其修於道而德深遠所致。人民有其天下神器的自然天性，但卻也常有迷失本性的時候，君王必須德化百姓，這是君王的重要性之一。第四十九章論及君王之於百姓：

> 善者吾善之，
>
> 〔章句〕百姓爲善，聖人因而善之。
>
> 不善者吾亦善之，
>
> 〔章句〕百姓爲不善，聖人化之使善也。
>
> 德善：
>
> 〔章句〕百姓德化，聖人爲善。
>
> 信者吾信之，
>
> 〔章句〕百姓爲信，聖人因而信之。
>
> 不信者吾亦信之，
>
> 〔章句〕百姓爲不信，聖人化之使信也。
>
> 德信。
>
> 〔章句〕百姓德化，聖人爲信。

聖人修道承天、因循自然是其應有的作爲，故而順從百姓善與信之本性，使他們得其自然。若有違背本性之信與善者，聖人則以身作表率使其感化以成就其天性。第三十七章言：

> 侯王若能守之，萬物將自化。
>
> 〔章句〕言侯王若能守道，萬物將自化效於己也。
>
> 化而欲作，吾將鎮之以無名之朴。
>
> 〔章句〕吾，身也。無名之朴，道德也。萬物已化效於己，復欲作巧僞者，侯王當身鎮撫以道德也。
>
> 無名之樸，亦將不欲，不欲以靜，
>
> 〔章句〕言侯王鎮撫以道德，民亦將不欲，故當以清靜導化之也。

君王有德化百姓的責任，以道德使百姓自然化成，或以道德來鎮撫未化的百姓使其化，這些都必須藉由君王的以身作則才能達到，故而君王治身也包含著上行下效的目標，若君王自身能清靜無欲，百姓亦將無欲。

偶有不從君王之道德教化者，便需以王法執殺之。第七十四章言：「人君不寬其刑罰，教民去其情欲，奈何設刑法以死懼之？……以道教化而民不從，反爲奇巧，乃應王法而執殺之，誰敢有犯者？老子疾時王，不先以道德化之，而先刑罰也。」說明君王對待百姓，當以教化爲先，刑罰爲末。君王修持己身，不好珍寶，不爲殘剋，使民有所遵循，不重利欲而愛己身，則畏死而重生。若能以道教化，使人民重生懼死，則可以設刑法遏阻那些偶欲爲奇巧者。反之，若一昧施行刑罰，不教民除情欲返樸質，則人民因求生之厚而不知懼死，如此則是君王殘暴失道，也就無法治理天下。

第三十八章以德爲判準，將君王分爲兩種，一種是「上德不德」者，指的是太古無名號之君主，因其恩德不自現，不爲人所見，故而言其不德；一種是「下德不失德」者，指的是具名號之君王，因其有名號而恩德可得見，事功爲人所稱著，故言其不失於德。上德無爲，《河上公章句》釋爲「法道安靜，無所施爲」；下德者爲之，《河上公章句》釋作「爲教令，施政事也」。大體來看，世間君王似乎僅有無爲與有爲之分。在實際的情況中，君王背負著教化百姓的責任，然而大多數的君王並不能如太古之君主般地全然合道無爲，因而君王治理人民可細分爲幾個層級。第十七章：

> 太上，下知有之。
>
> 〔章句〕太上謂太古無名之君也。下知有之者，下知上有君，而不臣事，
> 　　　　質朴也。
>
> 其次親之譽之。
>
> 〔章句〕其德可見，恩惠可稱，故親愛而譽之。
>
> 其次畏之。
>
> 〔章句〕設刑法以治之。
>
> 其次侮之。
>
> 〔章句〕禁多令煩，不可歸誠，故欺侮之。

太古之君是得道的君王，其法道合道，所以民自歸質樸的狀態，無所造作。其次是以恩德施於百姓，不若道匿名藏德，故而人民可親近、讚譽之。其下

者，其道不足以使民自化，其德不足以令百姓德化，故而必須藉由刑法使百姓恐懼來治理人民。再下者，禁令繁多，擾民清靜，人民因此不心悅臣服，甚而欺詐侮辱其君主。

法道無爲是作爲君王的理想目標，若不能及，至少應以德化民，輔以刑法，而非處處以法令限制人民，過於繁雜反使百姓心生反意。第六十三章言：「因成循故，無所造作。不預設備，除煩省事也。深思遠慮，味道意也。陳其戒令也。欲大反小，欲多反少，自然之道也。脩道行善，絕禍於未生也。」扼要地說明了爲政應當因循既成的、舊有的，不當興事、有所作爲；應當去除煩擾的規定，簡省不必要的事端，不應杞人憂天，徒然爲無稽之憂而勞師動眾；體現天道的含意，舉事動作都先經過詳細的考慮；保持舊有的戒律法令而不另行制訂新法，想要治理人民應當採取不加限制干涉的態度，才能達到目標，這些都是法道自然以成事的最佳作法。人君之所以當有這些作爲，都是效法天道而期能在禍亂成形前使之消彌無形。

帶領人民免於禍患是君王的責任，因而君王的德化及政令，在符合於天道的原則下，都是爲人民著想的施爲。第五十八章提到：

　　其政悶悶，

　　〔章句〕其政教寬大，悶悶昧昧，似若不明也。

　　其民醇醇，

　　〔章句〕政教寬大，故民醇醇富厚，相親睦也。

　　其政察察，

　　〔章句〕其政教急疾，言決於口，聽決於耳也。

　　其民缺缺。

　　〔章句〕政教急疾，民不聊生，故缺缺日以疎薄。

同樣是教導人民，符合天道的君主，他的政令及教化都是寬大不拘束，大而化之、若有似無，目的在杜絕動亂的產生，不在強勢地管理人民，故而能收自然而化之效，百姓流露自然本性，民風純樸忠厚、相互親愛和睦。如果政令教化過於嚴苛，忘記了使人民安居樂業的目標，一昧地以刑罰管教人民，任意以口所言、耳所聞來決斷他人的罪刑，不僅是本末倒置，而且也違背了天道自然化成的道理，如此則百姓苦於生活，則日益背離天性，遺失其善與信的本質。因此人君行政令教化必定有所依據，而非依照個人喜好來斷定。

第七十九章言：

> 和大怨，
>
> 〔章句〕殺人者死，傷人者刑，以相和報。
>
> 必有餘怨，
>
> 〔章句〕任刑者失人情，必有餘怨及於良人也。
>
> 安可以爲善。
>
> 〔章句〕言一人吁嗟，則失天心，安可以和怨爲善？
>
> 是以聖人執左契，
>
> 〔章句〕古者聖人執左契，合符信也。無文書法律，刻契合符以爲信也。
>
> 而不責於人。
>
> 〔章句〕但刻契爲信，不責人以他事也。
>
> 有德司契，
>
> 〔章句〕有德之君，司察契信而已。
>
> 無德司徹。
>
> 〔章句〕無德之君，背其契信，司人所失。
>
> 天道無親，常與善人。
>
> 〔章句〕天道無有親疎，唯與善人，則與司契同也。

對殺人者求以死刑，對傷人者動用大刑，讓犯罪者受到與被害人同樣的遭遇，以求雙方扯平，這種以牙還牙、以眼還眼的治理方式，是過度地使用刑法，忽視了人的本性與常情。如此的作法將使人民怨聲載道，民怨將使君主失去上天與神明的佑護，而天災也就接連而至，因此君王不應該將這種令人民相互報復的方式視作理所當然。古代沒有書寫的文字與規定，只有以木石刻製的契，聖王以左契與右契的符號相合作爲憑信，只就明訂的事項來司察功過，而不任意設立名目以定人之罪。無德的君王才會以自己的喜好，處處責難他人的過失；有德的君王，則制訂明確的方向讓人民依循而無大過，因爲天道本身也是如依照契符去省察般，僅要求善的方向，而無處處事事苛責於萬物。

因而人君依循天道的方向，自然不當特別崇尚刑殺，天道自有天道的律則，君主若強行要逆天而行或越俎代庖，只是自招禍患而已。第七十四章說：

> 常有司殺者。
>
> 〔章句〕司殺者謂天，居高臨下，司察人過。天網恢恢，疎而不失也。

夫代司殺者，是謂代大匠斲。

〔章句〕天道至明，司殺有常，猶春生夏長，秋收冬藏，斗杓運移，以
　　　　節度行之。人君欲代殺之，是猶拙夫代大匠斲木，勞而無功也。

夫代大匠斲者，希有不傷手矣。

〔章句〕人君行刑罰，猶拙夫代大匠斲木，則方圓不得其理，還自傷其
　　　　手。代天殺者失其紀綱，不得其紀綱，還受其殃也。

天司掌刑殺之事，從高處俯視以察看人的過失，天的律則看似疏漏模糊，但
是實際上清楚而有定律，因而不會冤枉好人，也不會放縱罪人。天道是至為
清楚明確的，如符信那樣有常規而非可隨意變動，好比春天出生、夏天長成、
秋天收穫、冬天藏匿，又好比星辰的運行移動，是有所依循與規律的，天道
行殺伐之事也有既定之時節。君主若欲以自己的喜好來取代天所訂定的刑殺
常規，不依循著天時節度來行殺伐之事，就如拙劣的鄙夫欲代替精通木理的
大匠來砍伐木頭般，只是徒增勞累，而無法收到功效，是不會成功的。鄙夫
不瞭解木材的紋理，故而無論方圓都不能成功，反而使自己受傷；君王不能
瞭解治理天下當順天道而行，反而欲以自己的喜好來取代天的常道，不但破
壞天的規則，自己的紀律也難以成立，最終反使自身招致禍害，因而人主制
訂刑法必以天道作為基本原則來遵循。

第五十七章完整地說明了君主與人民的關連：

天下多忌諱而民彌貧。

〔章句〕天下謂人主也。忌諱者防禁也。令煩則姦生，禁多則下詐，相
　　　　殆故貧。

民多利器，國家滋昏。

〔章句〕利器者權也。民多權則視者炫於目，聽者惑於耳，上下不親，
　　　　故國家昏亂。

人多技巧，奇物滋起。

〔章句〕人謂人君、百里諸侯也。多技巧，謂刻畫宮觀，雕琢章服，奇
　　　　物滋起，下則化上，飾金鏤玉，文繡綵色日以滋甚。

法物滋彰，盜賊多有。

〔章句〕法物，好物也。珍好之物滋生彰著，則農事廢，飢寒並至，故
　　　　盜賊多有也。

人主治理天下也代表天下，若人主爲了預防人民犯錯而設置太多的禁令，則人民便會爲了求生存而鑽漏洞，反而多生奸詐，君主與人民相互不信任之下，國家將日益貧困。如果君王放縱臣子與百姓，對於任何情況都不採取約束，使得在下者日益坐大放縱，而混亂了君主的視聽，則人與人之間相互猜忌，君主也難以收到人民眞正的心聲，如此則國家昏暗混亂。因而在嚴苛與放縱之間，君主應當教導人民清且正，也就是讓人民回復其本性，也就不會使國家貧瘠混亂。君王或上位者若喜好華麗、繁複之事，無論雕龍畫棟或彩衣珍寶，則百姓也隨之追求繁華的裝飾、珍貴的寶物與華麗的衣裳，不僅破壞人類本性的純樸，而且將因百姓對華麗事物的追求，致使荒廢了農事，強盜奪取之事也將不斷發生。

故聖人云：

〔章句〕謂下事也。

我無爲而民自化，

〔章句〕聖人言：我修道承天，無所改作，而民自化成也。

我好靜而民自正，

〔章句〕聖人言：我好安靜，不言不教，民皆自忠正也。

我無事而民自富，

〔章句〕我無徭役徵召之事，民安其業，故皆自富也。

我無欲而民自樸。

〔章句〕我常無欲，去華文，微服飾，民則隨我爲質朴也。

我無情而民自清。

〔章句〕聖人言：我修道守眞，絕去六情，民自隨我而清也。（第五十七章）

聖人依循天道律則，不自大而妄作更改，使人民也能在天道的運行中自化成就；聖人喜好安靜，使百姓也回復神器安靜的本性，不需言語就令百姓忠誠而行正道；聖人隨天時而動，不隨意徵召人民，也就不會使人民錯失農時，則人民自給自足，都能使自己的生活得到富足；聖人修身而能不放縱自身的情欲，不崇尚華麗的紋飾與細緻的服飾，以身作則使人民得以遵從而回歸質樸；聖人修身法道，故能保持人的眞性情，不爲放縱的情慾所迷惑，人民亦以聖人爲模範，清靜不因情慾而心煩意亂。

第三節　君主以治身之法治國

　　治理天下的君王，必須懂得治身之道，因爲君王本身的行止，除了上行下效地教化人民，也直接影響了人民的的生活情況。第七十五章言：「人民所以飢寒者，以其君上稅食下太多，是以民皆化上爲貪，判道違德，故飢。民之不可治者，以其君上多欲，好有爲也。是以其民化上有爲，情僞難治。」君王若是向人民徵收過多的稅務，超過百姓的負荷而使其難以溫飽，百姓爲了求生存，就會如上位者般地貪婪求索，不擇手段地滿足欲望的需求，因而做出違反道德之事。君王若是有過多的欲望與作爲，頒佈繁雜的命令規章，違逆人類喜好安靜的自然天性，將會使人民爲了應付瑣碎的法條而陽奉陰違，失去純樸忠信的民情。又如第五十三章言：

　　　　朝甚除，

　　　　〔章句〕高臺榭，宮室修。

　　　　田甚蕪，

　　　　〔章句〕農事廢，不耕治。

　　　　倉甚虛，

　　　　〔章句〕五穀傷害，國無儲也。

　　　　服文綵，

　　　　〔章句〕好飾僞，貴外華。

　　　　帶利劍，

　　　　〔章句〕尚剛強，武且奢。

　　　　厭飲食，

　　　　〔章句〕多嗜欲，無足時。

　　　　財貨有餘，是謂盜誇。

　　　　〔章句〕百姓不足而君有餘者，是由劫盜以爲服飾，持行誇人，不知身
　　　　　　　　死家破，親戚并隨之也。

　　　　盜誇，非道也哉！

　　　　〔章句〕人君所行如是，此非道也。

一個君主所掌管的國家，修築了高大的樓臺，華麗的宮殿，卻有廢治的農事與荒蕪的田地；國家窮困，糧倉中沒有儲備的米糧，而君王自身卻穿著華麗、

好戰興事、欲望永無止盡。像這樣百姓窮困而自身奢華的君王，就如同搶劫的強盜，是奪取別人的財產來滿足自己的私欲，完全違背天道而行。「使此自矜伐之人，在治國之道，日賦斂餘祿食以爲貪行。此人在位，動欲傷害，故物無有不畏惡之者。」這樣以自身爲優先，完全不爲百姓設想的君主在位，只會虐待壓榨人民，一舉一動都對人民造成有形無形的傷害，所以「有道之人不居其國」，沒有人不厭惡這樣的君王，如此國家也就不能長久。第四十六章說到：

> 罪莫大於可欲。
>
> 〔章句〕好淫色也。
>
> 禍莫大於不知足，
>
> 〔章句〕富貴不能自禁止也。
>
> 咎莫大於欲得。
>
> 〔章句〕欲得人物，利且貪也。
>
> 故知足之足，
>
> 〔章句〕守眞根也，
>
> 常足矣。
>
> 〔章句〕無欲心也。

好淫色、不知足、多嗜欲，是違背人之天性的作爲，應該要極力避免，除情去欲以把持本性的眞實內容，以免自種禍根。所以聖人「守五性、去六情、節志氣、養神明。……去彼目之妄視，取此腹之養性」（第十二章），重視本來的性情，去除後天受外務所導致的情緒與情慾，節制自身的精氣使之不亡失，善於養護體內靈明的精神，不使其受到損傷，這些都是重於把握自身而不受外界迷惑的治身之理。如果君王懂得治身之道，則百姓也就能安然地過生活，所以說：「天子身能節儉，故民日用廣矣。」（第六十七章）

「人學治世，聖人學治身，守道眞也。」（第六十四章）《河上公章句》認爲想要治理天下，要學習的並非繁瑣的治世之方，而是學習守本眞的治身之道。經由治身通曉天道，不僅能夠把持自身，作爲人民的模範，爲人民設想、不壓榨人民，並且可由治身之道推及治國之道。說君王以治身之道治國，其實是由治身學習天道以治國。《河上公章句》在談論各種道理時，多將治身與治國並列，認爲世間流行的大道，是近及治身、遠至治國的通用不變之常理。第三十五章說：「聖人守大道，則天下萬民移心歸往之也」，「萬民歸往而

不傷害，則國家安寧而致太平矣」。又說用大道「治身則天降神明，往來於己」，「治身不害神明，則身安而大壽也」。用大道來治理天下才能獲得人民的支持，能受普天之下的百姓愛戴，則國家不會有動亂的禍事發生。在上位者善於治理，則處下位者必安於治理，就能夠達到天下太平的目標。治身也要合於天道，能以大道愛養身體，就能充滿精神，精神充實在身體之中不受損害，就能長保形神安然的狀態，也就得以長生久壽。第二十八章也說：「聖人用之則以大道制御天下，无所傷割。治身則以大道制御情欲，不害精神也。」聖人知曉大道之用而運用之，治身治國皆以大道來治理，無論對身體或天下都不會有傷害。

天道自然，令萬事萬物自化成就而無所傷害，因此人要依循天道，其方法就是要懂得愛惜。第五十九章說到：「治國者當愛惜民財，不爲奢泰。治身者當愛惜精氣，不爲放逸。……夫獨愛惜民財、愛惜精氣，則能得天道也。」國家少了人民就不能成爲國家，身體少了精氣就不能完整，故而治理國家的人要愛惜人民，保護其生命財產，不能自貴高而奢華浪費；欲治理身體的人要愛惜精氣神，不能執一己之私意地放縱情欲，致使精氣神放失難以保存。能夠懂得愛惜自己的人民、自己的精神，就是知道本源、合於天下大道的人。第十一章談論國身本源的重要性：「治身者當除情去欲，使五藏空虛，神乃歸之。治國者寡能，摠眾弱共扶強也。」認爲治身者當令自身空虛，不充塞情欲，而使精神能進駐；治國的在上位者亦當自稱孤寡，不自以爲有能力，而能善於取人長處，任賢相輔助。以車輻合湊而有車輪之作用作爲比喻，說明治身治國之成就不在於個人或君王單一的力量，而在精氣神的匯聚及臣下百姓的總集，所以說：「治身者愛氣則身全，治國者愛民則國安」（第十章），治身與治國者切忌一意孤行、捨本逐末，只記得自身的喜好而忽視了根本所在。

愛養根本應當崇尚安靜。第十章提到：「治身者呼吸精氣，无令耳聞；治國者布施惠德，无令下知也。」治身者重視呼吸吐納與精氣的保存，但不因此而干擾到身體其他部位的運作；治國者應當向百姓布施身爲君王的恩德，讓百姓在君王的佑助下平靜地過生活，但卻不應當大張旗鼓地強調自己的作爲，唯恐不爲百姓所知，如此反而打擾人民，使之不得安寧。所謂「治身當如雌牝，安靜柔弱，治國應變，和而不唱也。」就是強調治身治國應當要安靜不雜擾、柔軟處下、不爭強鬥狠，隨萬物自化而不標新立異。第六十章說天道好安靜之理：「烹小魚不去腸，不去鱗，不敢撓，恐其糜也。治國煩則下亂，治身煩則精散。」

烹煮小魚的時候，不去除牠的腸肚與魚鱗，也不勤於翻攪，因爲害怕過多的動作會使小魚糜爛不成形，治國與治身也是相同的道理。治理國家若是以太多的規定與命令，就會使人民不能安於生活而產生動亂；欲治理身體者若是每天酒色財氣，生活繁雜忙亂，精神就不能安然地充實在體內，而影響身體狀況。《河上公章句》說：「治身治國安靜者易守持也」（第六十四章），又說「能清能靜則爲天下之長，持身正則無終已時也」（第四十五章）。天道重安靜而厭惡煩亂，故而治國治身也是應當遵行安靜之道。

治身與治國相通的道理，除了愛惜根本、崇尚安靜，還有如第四十四章論：「人能知止知足，則福祿在己，治身者神不勞，治國者民不擾，故可長久。」能夠知道滿足，不放縱情欲、不妄求，則個體的精神不會因貪淫而勞煩，國家的子民不會因勞役、戰事而生活受到打擾，如此則治身者不早夭，國家不早亡，所以說福氣與榮祿都在於自身的作爲。第四十六章說有道的天下「却走馬以糞」，《河上公章句》釋作：「治國者兵甲不用，却走馬以治農田，治身者却陽精以糞其身。」以走馬糞田之事，說明天下太平，無征戰之事，故無徵召馬匹而荒廢農事的狀態。馬匹當用以耕田與農事，令百姓能自給自足，滿足其生活之所需，而非上戰場殺伐犧牲。人的精神也是一樣，相對於「陰道殺人」（第三十一章）、「死人貴陰」（第三十一章），人的精氣神偏重陽氣，此陽強之氣不應用在向外與人爭鬥，而應向內涵養於身軀之中。去剛強、尚柔弱是天之道，也是治國治身相同的道理。第二十六章論王者靜重之風範：

重爲輕根，
〔章句〕人君不重則不尊，治身不重則失神，草木之花葉輕故零落，根重故長存也。

靜爲躁君。
〔章句〕人君不靜則失威，治身不靜則身危。龍靜故能變化，虎躁故夭虧也。

是以聖人終日行，不離輜重。
〔章句〕輜，靜也。聖人終日行道，不離其靜與重也。
……
輕則失臣，
〔章句〕王者輕淫則失其臣，治身輕淫則失其精。

躁則失君。

　　〔章句〕王者行躁疾則失其君位，治身躁疾則失其精神。

穩重者較輕浮者爲根本，沈靜者則是急躁者的主帥。穩重才能得以長久、不
易潰散，沈靜才能應變自如、臨危不亂。爲君與治身都應當沈靜、穩重，不
當輕浮、急躁。輕浮者失其根本，故而君失其臣下、身失其精氣；急躁者失
其主帥，故而君王君位不保，身軀精神不居。因而聖人行大道，每日皆不忘
沈靜與穩重，治身治國之道亦當重此靜與重。

　　對於一位君王而言，治國與治身應該是同一件事，即是法道而行。故而
第三章言：

　　是以聖人之治，

　　〔章句〕說聖人治國與治身也。

　　虛其心，

　　〔章句〕除嗜欲，去煩亂。

　　實其腹，

　　〔章句〕懷道抱一，守五神也。

　　弱其志，

　　〔章句〕和柔謙讓，不處權也。

　　強其骨，

　　〔章句〕愛精重施，髓滿骨堅。

　　常使民無知無欲，

　　〔章句〕反朴守淳。

　　使夫智者不敢爲也。

　　〔章句〕思慮深，不輕言。

　　爲無爲，

　　〔章句〕不造作，動因循。

　　則無不治。

　　〔章句〕德化厚，百姓安。

眞正能夠依循天道的君王，去煩亂、重清靜、除情欲、不貪淫，持守大道、
令身軀充實而不空虛，居下處柔、不好剛強、不與人爭，愛惜根本、不使放

逸。並且不僅自身做到如此的修爲，也教化百姓使他們回復自然天性，遵循大道無爲的原則，令奸詐虛僞無從生出，因而上至君王、下及百姓皆能浸潤在道德的涵養中。《河上公章句》言：「善以道立身立國者，不可得引而拔之。」（第五十四章）能知依循天道、身國爲一的君王，就能屹立不搖、長久不衰。

第六章　結　論

第一節　本文之回顧

　　《河上公章句》作爲注老的最早注本，其重要性是不可忽視的。從唐代的劉知幾對此書的懷疑與貶抑開始，此書的時代與價值就一直未能定位，也使得本可資藉此書以佐證的相關研究，如早期的道家思想流變、漢代的天人關係、先秦兩漢的宇宙論建構，都鮮少能涉及這個環節。又由於《河上公章句》被列爲道教原始經典，書中的思想也就被朝向道教養生來解釋，使其定位也就更晚了。

　　《河上公章句》的定位問題，在近代學術分工越細的環境下，日益受到注意。經由王明的率先發難，以及日本學者前仆後繼地推論，出現了以交叉比對的方式，譬如較之以《抱朴子》、《黃帝內經》、《淮南子》，來彰顯《河上公章句》思想，進而定位其時代的學術論著。推論的過程或許有不成熟、不夠深入之處，但也引發了更多具有專職領域知識的學者投入其中，《河上公章句》之研究所獲得的發展，是最大的收穫。

　　學者們以道教的觀點、黃老的觀點、養生的觀點，來說《河上公章句》的思想同於《抱朴子》、同於《想爾注》、或同於《論衡》之所指。在這些預設框架以解說《河上公章句》思想之研究成果的累積下，《河上公章句》思想的眞實面貌逐漸地顯露而自成體系。從《河上公章句》中各個重要的概念來究明全書的中心思想、彰明全書的價值取向，便是本文所欲追求的目標。

　　《河上公章句》的道論，是由道、一與氣所建構出來的。由於中國古代

思想的方式，並非以存有論及宇宙論作區隔，因而在理解《河上公章句》之道論時，應以同情的理解來識知其架構，以探知其旨趣在於說明萬物之價值目標及追求價值的可能性。

《河上公章句》以《道德經》言道的立場為預設，用一與氣展示道的實現。從與王弼注本的比較，可以看出《河上公章句》注解《道德經》時，在論道的部分，多著重在於道的作為以及展現的價值上。譬如提到道無為以生萬物這樣的內容時，《河上公章句》強調的是道生萬物的作為，以及無為對於人世來說的價值意義。此與王弼用力於得意忘言，以彰顯道的無以形象、不可言喻，二者的取向有明顯的區別。

道即一的說法，從《道德經》開始，就已經出現了，只不過在一開始當是如強名之曰大一樣，以稱謂詞的作用來使用一以名道。在天下間一理、天下萬物一體、通天下一氣等觀念出現後，本用以指稱道之絕對性唯一的「一」，內容逐漸地充實豐富，因而從強名道的指稱詞，發展出在各方面代表道的某對象。《河上公章句》中，一用以代表道之氣、道之德、道之無為，兼括根源意義與始源意義，將無以名之的道展現出來。《河上公章句》企圖經由天道觀的建構，以呈現道之作用，進而確立人的價值內涵。

漢代以元氣構成世界的觀念，是從《莊子》的「一氣」、《管子》的「精氣」，而逐漸成形的氣化宇宙論。以氣而不以其他，如似道性的水，來建構世界，是漢人以其不可見、不可捉摸、流通於天地之間的特性，來想像或認知道的落實。在現今來說，這中間或許充滿矛盾，不合邏輯，但是在當時卻是視為理當如此的科學知識。

《河上公章句》的氣概念可分為三個層次。一是大化流行的太和之精氣，也是代表道的其中一個面向的「一」。其中含括了根源義與始源義，是非物質性的形上部分。二是天所施予萬物的精氣，也可以說是道所施予。道生萬物的生化意義，就是經由精氣的下施以實現。這類精氣與太和之精氣的關係，是多與一的不同，本質上都是自道而出，內含道之根源義與創生義，因此能生萬物。這類精氣近似於精神性的物質，因為其所賦予萬物的不僅是形軀，更重要的是其賦予萬物遺傳自道的根源意義與價值意義。三則是就人而言的精氣。太和之精氣分化為眾多的萬物精氣，萬物由精氣構成，自然也是憑藉著精氣以生存，所以說人要愛養自身的精氣，因為人的形神，也就是整個生命，皆是經由精氣才能得道而貞定。這一類的精氣與第二類的精氣之差異，

在於一爲展現主體性原則，一爲表現客觀規律。經由這三個層次的氣，構成了《河上公章句》的氣化萬物系統。

　　雖然氣在現今的科學觀點下，是屬物質性的、可分析的物體，但是在《河上公章句》中並非如此，若是直接以氣爲形而下之物來評斷其氣化宇宙論，就忽略了書中本有的道的根源意義。

　　《道德經》中的養身論調，正確來說應該是其修養論的一部份，注重分別心的消解而欲達到一種心靈上的修養境界。《河上公章句》則是在精氣生萬物的觀點已經成熟，加上當時的養生理論，而從形神合一的生命關鍵，來說明對生命之保有的追求。

　　《河上公章句》的治身之法，重在形與神兩方面的愛護。在形軀方面，講求保持與自然精氣貫通，而論口鼻呼吸的重要性；講求不惑於情欲，而論九竅四關當不妄動；講求腹中空虛使神得處，而論五臟藏神的觀念。在精氣神方面，可以分爲精、氣、神三者來看，而展現人的特殊性，另一方面卻也不能分割地，是爲一個整體，表現人的主體性。天道也有其精、氣、神，但天道所代表的是客觀規律，而人之所以爲人、之所以異於萬物，是在於人亦有其屬於人的精、氣、神。無論形軀或精氣神的愛養，方式都在於依循天道、順其自然，目標都在與天道貫通而長久生存。從這裡也可以看出《河上公章句》的精氣生萬物，是著眼於精氣所賦予萬物的生成依據，而不在血氣、意氣等材質肉體方面。

　　《河上公章句》講求治身以達長生，實際上是一種內聖外王的追求。由於道與人之間，是經由氣以血脈相連，因此，能把握構成自身的精氣，就能夠瞭解道的箇中要義，如此則對內治身而長存，對外治國而致太平。《河上公章句》是以君王作爲預設讀者，其中以治身爲工夫，治國爲目的，可從三方面來說：一則君王爲天下保其身。君王能知除情欲、去貪淫，就不會以一己之私而亂天下，也不至天怒人怨，使天下因爲暴君在位或無君在位，而長久處於動盪之下。二則君主正身以化民。人民與君王皆由天道所生，但人之常情常昧於情欲。君王爲聖人、爲天下楷模，因而當治身體道，以作爲天下人之導航者，引領之回復純樸本性。三則君王以治身之法治國。先秦時有以星辰對比中原區域之說，漢時有人副天數之說，但《河上公章句》並沒有類似的思想。所謂以治身之法治國，並非以心比君、以器官比百官之意，而是君王把握「守道眞」的大原則，令天下除情欲、去貪淫、反本樸、守道眞，這

也就是君王經由治身所體悟的無爲而天下自化的道理之實踐。

　　從《莊子》、〈解老〉、《呂氏春秋》、《春秋繁露》、《淮南子》、《黃帝內經》、《想爾注》等書的類似字義及觀念使用的比較下，所逼顯出的《河上公章句》之思想，可以知道其並非神仙家一系注重功法要領的方術作品，也不是《想爾注》或《太平經》一類神化天道、煉養成仙的宗教著作。《河上公章句》是以樸實的古代氣化觀來建構其理論，以天道推衍人事來尋求人世問題的解決之道，其要旨全然不出於司馬談曰：

> 凡人所生者神也，所託者形也。神大用則竭，形大勞則敝，形神離則死。死者不可復生，離者不可復反，故聖人重之。由是觀之，神者生之本也，形者生之具也。不先定其神形，而曰「我有以治天下」，何由哉？〔註1〕

是漢初道家之言論。

第二節　未來發展之展望

一、道家思想流變

　　老莊一向被視爲道家正統。近代由於帛書老子的出土所形成的版本問題，加上《黃帝四經》的出現引發黃老思潮研究的勃興，使得《道德經》的詮釋系統浮現另一條路線。

　　甲乙本老子的內容擴大了道經在前或德經在前的爭論，此一分別關係到老子是以道爲第一序或第二序的思考，連帶影響到整個道家思想的詮釋取向。《河上公章句》的《道德經》引文保留了古老的用語，其版本近於帛書而距王弼本較遠，注解的內文也較王弼本爲樸實、近於秦漢字義。因此，在早期的《道德經》釋義與理解上，《河上公章句》作爲最早的注本，當可提供不同的思考方向與認知。

　　姑且不論在秦漢時期是否存在著「黃老」這樣一個學派，《河上公章句》以精氣說與養身論來注解《道德經》，並且以天道究明人事，其思想類近於〈解老〉、《管子》及《淮南子》的部分內容，符合於戰國中晚期到西漢的思想潮

〔註1〕漢・司馬遷撰、宋・裴駰集解、唐・司馬貞索隱、唐・張守節正義，《史記》（臺北：德興書局，1982 年 2 月），頁 3292。

流。對於道家在秦漢時期的形象及演變，有助於勾勒其輪廓，使其更加明朗。

二、秦漢時期的天道觀

自然神以及祖先的崇拜，是三代時就存在的原始宗教信仰，對天的敬畏也常帶有人格特質的神性。《道德經》指出世間有超越性的道，是爲人世的規律與價值源頭，這是從對人的思考而上推出的形上體系。天與道，一個就經驗層次來說，一個就價值層次來說。在上古時期的觀念中，二者都是在上的主宰者，因而二者常是作爲相同意義被使用。從方法論來說，這是將二者混同了，但就經驗與智思的綜合感知來說，二者本就是統一的。因此，秦漢時人言天人合一、天人感應，實際上就是說道與人的合一、道與人的感應。

秦漢時期的天道觀，道兼括根源義與創生義，氣則貫通形上與形下，自上至下地形成一個包含世間一切物事及道理的知識系統。在此系統的基礎下，所展開之人的小宇宙或天下的大宇宙，其應用的意義，更是古代學者以解決人間問題爲出發點，進而建立天道觀，所欲追尋的解答。《河上公章句》忠實而完整地展現了這類天道觀的理論架構，藉由其所使用的道、一、氣等概念，可以對秦漢的天道觀有扼要的掌握。並且在天道觀的應用意義上，也可以從《河上公章句》的國身一理作爲基本的方向，來看待養生、五行、陰陽、符瑞等秦漢時期的流行思想。

三、道教的形成

道教與百家一樣，名稱是後定的。《河上公章句》在道教被列爲早期的經典，但是，與《道德經》的情況一樣，在成書之時皆非以宗教爲立基或目的。論《河上公章句》與道教的形成，並不在於《河上公章句》促使了或者代表著道教的形成，而應該從兩方面來看。其一，《河上公章句》展現了養生理論的成熟，以及天人相通的既定觀點，這股時代風氣是孕育道教的搖籃。其二，《河上公章句》援引當時的養生觀及天人系統以注解《道德經》，令道教在形成的過程中，無論就教義或誡律，有更多的方向以從經典中尋求理論的依據。《河上公章句》是時代思潮的縮影，從中可以獲悉道教形成的線索，並且可以區別道家與道教的差異。

主要參考文獻

一、古籍專著（依時代及校注者姓名筆劃排列）

1. 漢·司馬遷撰、宋·裴駰集解、唐·司馬貞索隱、唐·張守節正義:《史記》,臺北:德興書局,1982 年 2 月。

2. 漢·班固:《漢書》,北京:中華書局,1997 年。

3. 漢·嚴遵,王得有點校:《老子指歸》,北京:中華書局,1997 年 10 月。

4. 魏·王弼等:《老子四種》,臺北:大安出版社,1999 年。

5. 魏·王弼:《老子指略》,臺北:華正書局,1983 年。

6. 宋·范曄:《後漢書》,北京:中華書局,1997 年。

7. 宋·王溥:《唐會要》,北京:中華書局,1998 年 11 月。

8. 宋·李昉等奉敕:《太平御覽》,臺北:臺灣商務印書館,1997 年。

9. 清·姚振宗、編纂委員會編:《隨書經籍志考證》,《續修四庫全書》,上海:上海古籍出版社,1995 年。

10. 《四部叢刊續編·靈樞經》,臺北:臺灣商務印書館,1966 年 10 月。

11. 《四部叢刊續編·黃帝內經素問》,臺北:臺灣商務印書館,1966 年 10 月。

12. 王卡點校:《老子道德經河上公章句》,北京:中華書局,1997 年 10 月。

13. 王志銘編:《老子微旨例略·王弼注總輯》,臺北:東昇出版事業公司,1980 年。

14. 安井衡纂詁:《管子纂詁》,臺北:河洛圖書出版社,1976 年 3 月。

15. 朱謙之:《老子校釋》,北京:中華書局,1996 年。

16. 東萊先生重校:《音注河上公老子道德經》,臺北:廣文書局,1990 年 9 月。

17. 邱鶴亭注譯：《列仙傳今譯⊙神仙傳今譯》，北京：中國社會科學出版社，1996 年 12 月。

18. 張雙棣校釋：《淮南子校釋》，北京：北京大學出版社，1997 年。

19. 梁運華點校：《管子》，瀋陽：遼寧教育出版社，1997 年 3 月。

20. 陳奇猷校釋：《呂氏春秋校釋》，臺北：華正書局，1985 年 8 月。

21. 陳奇猷：《韓非子校釋》，臺北：莊嚴出版社，1984 年 10 月。

22. 陳鼓應註譯：《老子今註今譯及評介》，臺北：臺灣商務印書館，2002 年 10 月。

23. 陳鼓應註譯：《莊子今註今譯（上冊）（下冊）》，臺北：臺灣商務印書館，2000 年 12 月。

24. 陳鼓應：《老子今註今譯及評介》，臺北：台灣商務印書館，1997 年。

25. 劉文典：《淮南鴻烈集解》，北京：中華書局，1997 年 1 月。

26. 鄭成海：《老子河上公斠理》，臺北：中華書局，1971 年 5 月。

27. 鄭良樹：《老子新校》，臺北：學生書局，1997 年。

28. 賴炎元註譯：《春秋繁露今註今譯》，臺北：臺灣商務印書館，1996 年 12 月。

29. 嚴靈峰：《無求備齋老子集成初編》，臺北：藝文印書館，1965 年。

30. 嚴靈峰：《道家四子新編》，臺北：臺灣商務印書館，1968 年。

31. 蘇輿撰、鍾哲點校：《春秋繁露義證》，北京：中華書局，1996 年。

32. 饒宗頤：《老子想爾注校牋》，香港：著者，1956 年 4 月。

二、現代專著（依姓名筆劃排列）

1. （日）小野澤精一、福永光司、山井涌編，李慶譯：《氣的思想——中國自然觀和人的觀念的發展》，上海：上海人民出版社，1992 年。

2. 方東美：《生生之德》，臺北：黎明文化事業股份有限公司，1982 年。

3. 方東美：《原始儒家道家哲學》，臺北：黎明文化事業股份有限公司，1993 年。

4. 王永祥：《中國古代同一思想》，山東：齊魯書社，1991 年。

5. 王有三：《老子考》，臺北：東昇出版事業公司，1981 年 1 月。

6. 王邦雄：《中國哲學史》，臺北：國立空中大學，1995 年。

7. 王邦雄：《生命的大智慧——老子的現代解讀》，臺北：漢光文化事業股份有限公司，1993 年。

8. 王邦雄：《老子的哲學》，臺北：東大圖書公司，1997 年。

9. 王邦雄：《老子道》，臺北：漢藝色研文化事業有限公司，1998 年。

10. 王叔岷：《先秦道法思想講稿》，臺北：中研院中國文哲研究所，1992 年 5 月。

11. 王明：《道家和道教思想研究》，北京：中國社會科學出版社，1990 年 8 月。

12. 王明：《道家與傳統文化研究》，北京：中國社會科學出版社，1995 年。

13. 王博：《老子思想的史官特色》，臺北：文津出版社，1993 年。

14. 司修武：《黃老學說與漢初政治平議》，臺北：臺灣學生書局，1992 年。

15. 白奚：《稷下學研究——中國古代的思想自由及百家爭鳴》，北京：三聯書店，1998 年 9 月。

16. 任繼愈：《中國哲學發展史》，北京：人民出版社，1998 年 5 月。

17. 任繼愈：《老子新譯》，臺北：谷風出版社，1987 年。

18. 朱哲：《先秦道家哲學研究》，上海：上海人民出版社，2000 年。

19. 牟宗三等：《中國哲學思想論集（兩漢魏晉隋唐篇）》，臺北：牧童出版社，1976 年。

20. 牟宗三：《才性與玄學》，臺北：臺灣學生書局，1989 年。

21. 牟宗三：《中國哲學十九講》，臺北：臺灣學生書局，1997 年。

22. 牟宗三：《心體與性體》，臺北：正中書局，1995 年。

23. 牟宗三：《現象與物自身》，臺北：學生書局，1990 年。

24. 牟宗三：《智的直覺與中國哲學》，臺北：臺灣商務印書館，1974 年。

25. 余英時：《中國知識階層史論》，臺北：聯經出版事業公司，1993 年。

26. 李存山：《中國氣論探源與發微》，北京：中國社會科學出版社，1990 年。

27. 李杜：《中西哲學思想中的天道與上帝》，臺北：聯經出版事業公司，1991 年。

28. 李零：《中國方術考》，北京：人民中國出版社，1993 年。

29. 李增：《淮南子哲學思想研究》，臺北：洪葉文化，1997 年。

30. 李澤厚：《中國古代思想史論》，臺北：三民書局，1996 年。

31. 周桂鈿：《秦漢思想史》，湖北：人民出版社，2000 年。

32. 林聰舜：《西漢前期思想與法家的關係》，臺北：大安出版社，1991 年。

33. 金春峰：《漢代思想史》，北京：中國社會科學出版社，1997 年 12 月。

34. 侯外盧：《漢代社會與漢代思想》，香港：嵩華出版事業公司，1978 年。

35. 胡楚生：《老莊研究》，臺北：學生書局，1992 年。

36. 胡適：《中國古代哲學史》，臺北：遠流出版事業，1994 年。

37. 胡興榮：《老子四家注研究》，南寧：廣西教育出版社，2000 年。

38. 韋政通：《中國思想史》，臺北：水牛出版社，1994 年。

39. 唐君毅：《中國文化之精神價值》，臺北：正中書局，1979 年。

40. 唐君毅：《中國哲學原論（原道篇）》，臺北：臺灣學生書局，1986 年。

41. 唐君毅：《中國哲學原論（導論篇）》，臺北：臺灣學生書局，1986 年。

42. 徐復觀：《中國思想史論集》，臺北：學生書局，1975 年。

43. 徐復觀：《中國思想史論集續編》，臺北：時報出版事業有限公司，1985 年。

44. 徐復觀：《兩漢思想史》，臺北：學生書局，1993 年。

45. 袁保新：《老子哲學之詮釋與重建》，臺北：文津出版社，1997 年。

46. 袁濟喜：《兩漢精神世界》，北京：中國人民出版社，1994 年。

47. 高亨：《老子正詁》，臺北：開明書店，1996 年。

48. 康韻梅：《中國古代死亡觀之研究》，臺北：國立台灣大學文學院，1994 年。

49. 張立文主編：《天》，臺北：七略出版社，1996 年。

50. 張立文主編：《氣》，臺北：漢興書局有限公司，1994 年。

51. 張岱年：《中國哲學大綱》，北京：中國社會科學出版社，1997 年。

52. 張起鈞：《老子哲學》，臺北：正中書局，1989 年。

53. 張舜徽：《周秦道論發微》，臺北：木鐸出版社，1988 年。

54. 張運華：《先秦兩漢道家思想研究》，吉林：吉林教育出版社，1998 年 12 月。

55. 張運華：《中國秦漢思想史》，北京：人民出版社，1994 年。

56. 張運華：《先秦兩漢道家思想研究》，長春：吉林教育出版社，1998 年。

57. 張榮明：《中國古代氣功與先秦哲學》，臺北：桂冠圖書股份有限公司，1992 年。

58. 張顯成：《先秦兩漢醫學用語研究》，成都：巴蜀書社，2000 年。

59. 許抗生：《老子研究》，臺北：水牛圖書出版有限公司，1999 年。

60. 郭沫若：《十批判書》，北京：東方出版社，1996 年 3 月。

61. 陳來：《有無之境》，北京：人民出版社，1991 年。

62. 陳鼓應主編：《道家文化研究（第一輯)》，上海：上海古籍出版社，1992 年。

63. 陳鼓應主編：《道家文化研究（第二輯)》，上海：上海古籍出版社，1992 年。

64. 陳鼓應主編：《道家文化研究（第三輯)》，上海：上海古籍出版社，1993 年。

65. 陳鼓應主編：《道家文化研究（第四輯）》，上海：上海古籍出版社，1994年。

66. 陳鼓應主編：《道家文化研究（第五輯）》，上海：上海古籍出版社，1994年。

67. 陳鼓應主編：《道家文化研究（第六輯）》，上海：上海古籍出版社，1995年。

68. 陳鼓應主編：《道家文化研究（第七輯）》，上海：上海古籍出版社，1995年。

69. 陳鼓應主編：《道家文化研究（第九輯）》，上海：上海古籍出版社，1996年。

70. 陳鼓應主編：《道家文化研究（第十四輯）》，北京：三聯書店，1998年。

71. 陳鼓應主編：《道家文化研究（第十七輯）》，北京：三聯書店，1999年。

72. 陳鼓應：《管子四篇詮釋——稷下道家代表作》，臺北：三民書局，2003年2月。

73. 陳鼓應：《老莊哲學新論》，臺北：正中書局，1999年。

74. 陳廣忠：《中國道家新論》，合肥：黃山書社，2001年9月。

75. 陳德和：《淮南子的哲學》，嘉義：南華管理學院，1999年2月。

76. 陳麗桂：《秦漢時期的黃老思想》，臺北：文津出版社，1997年。

77. 陸玉林、彭永捷、李振綱：《中國道家》，北京：宗教文化出版社，1996年2月。

78. 陶建國：《兩漢魏晉之道家思想》，臺北：文津出版社，1990年。

79. 傅佩榮：《儒道天論發微》，臺北：學生書局，1988年。

80. 勞思光：《新編中國哲學史》，臺北：三民書局，1997年。

81. 馮友蘭：《中國哲學史新編》，臺北：藍燈出版事業公司，1993年。

82. 黃漢光：《黃老之學析論》，臺北：鵝湖出版社，2000年。

83. 黃錦鋐：《秦漢思想研究》，臺北：學海出版社，1979年。

84. 楊儒賓主編：《中國古代思想中的氣論及身體觀》，臺北：巨流圖書公司，1997年。

85. 楊儒賓：《先秦道家「道」的觀念的發展》，臺北：國立臺灣大學文史叢刊，1987年。

86. 楊樹達：《老子古義》，北京：中華書局，1998年。

87. 葛兆光：《中國思想史——七世紀前中國的知識、思想與信仰世界》，上海：復旦大學出版社，1998年。

88. 熊鐵基等：《中國老學史》，福州：福建人民出版社，1997年。

89. 熊鐵基：《秦漢新道家》，上海：上海人民出版社，2001 年 3 月。

90. 蒙文通輯：《老子徵文》，臺北：萬卷樓圖書公司 1998 年。

91. 鄢良：《人身小天地——中國象數醫學源流・時間醫學卷》，臺北：明文書局，1994 年。

92. 劉笑敢：《莊子哲學及其演變》，北京：中國社會科學出版社，1988 年 2 月。

93. 劉笑敢：《老子：年代新考與思想新詮》，臺北：東大圖書股份有限公司，1997 年。

94. 劉福增：《老子哲學新論》，臺北：東大圖書股份有限公司，1999 年。

95. 蔡仁厚：《中國哲學史大綱》，臺北：學生書局，1988 年。

96. 蔡璧名：《身體與自然》，臺北：臺大文學院，1997 年。

97. 蕭天石：《道家養生學》，臺北：自由出版社，1963 年。

98. 蕭兵、葉舒憲：《老子的文化解讀——性與神話之研究》，武漢：湖北人民出版社，1996 年。

99. 蕭登福：《先秦兩漢冥界及神仙思想探原》，臺北：文津出版社，1990 年。

100. 錢穆：《中國學術思想史》，臺北：聯經出版事業公司，1998 年。

101. 錢穆：《兩漢經學今古文平議》，臺北：東大圖書公司，1989 年。

102. 魏元珪：《老子思想體系探索》，臺北：新文豐出版股份有限公司，1997 年。

103. 龐樸：《一分為三——中國傳統思想考釋》，深圳：海天出版社，1998 年。

104. 嚴靈峰：《老子研讀須知》，臺北：正中書局，1996 年。

105. 嚴靈峰：《老子莊子》，臺北：正中書局，1987 年。

106. 嚴靈峰：《老子達解》，臺北：華正書局，1992 年。

107. 顧頡剛：《秦漢的方士與儒生》，上海：上海古籍出版社，1998 年。

108. 顧頡剛：《漢代學術史略》，北京：東方出版社，1996。

109. 顧頡剛：《顧頡剛讀書筆記》，臺北：聯經出版事業公司，1990 年。

三、學術論文（依姓名筆劃排列）

1. 王清祥：《《老子河上公注》之研究》，臺北：私立天主教輔仁大學宗教研究所碩士論文，李豐楙 指導，1993 年 6 月。

2. 江佳蒨：《《老子河上公注》思想考察》，臺北國立台灣大學中國文學研究所碩士論文，林麗眞 指導，2001 年 6 月。

3. 〔韓〕吳相武：〈關於《河上公注》成書年代〉，《道家文化研究》，第十五輯，1999 年 3 月。

4. 申國昌：〈《老子河上公注》養生教育思想探析〉，《中國道教》，2001 年 1 期。

5. 杜保瑞：〈《河上公注老》的哲學體系之方法論問題檢討（上）、（下）〉，《哲學與文化》，二十九卷第五期、第六期，2002 年 5 月、6 月。

6. 谷方：〈河上公《老子章句》考証——兼論其與《抱朴子》的關係〉，《中國哲學》，第七輯，1982 年 3 月。

7. 金春峰：〈也談《老子河上公章句》之時代及其與《抱朴子》之關係——與谷方同志商榷〉，《漢代思想史》附錄三，自貢市：中國社會科學出版社，1987 年。

8. 金春峰：〈再論《河上公注》成書之時代〉，未發表，見附錄。

9. 張運華：〈《老子河上公章句》的思想特色〉，《中國道教》，1997 年 1 期。

10. 張運華：〈《老子河上公章句》與道家思想的世俗化〉，《江西社會科學》，1997 年第 8 期。

11. 張運華：〈身國並重的道家養生論——論《老子河上公章句》〉，《宗教哲學》，第二卷第一期，1996 年 1 月。

12. 陳麗桂：〈《老子河上公章句》所顯現的黃老養生之理〉，《中國學術年刊》，第二十一期，2000 年 3 月。

13. 黃釗：〈《<老子>河上公章句》成書時限考論〉，《中洲學刊》，2001 年 3 月第二期（總第 122 期）。

14. 雷健坤：〈治身與治國——論《老子河上公章句》的思想主旨〉，《人文雜誌》，1997 年第 6 期。

15. 蔡振豐：〈嚴遵、河上公、王弼三家《老子》注的詮釋方法及其對道的理解〉，《文史哲學報》，第五十二期，2000 年 6 月。

16. 鄭燦山：〈《河上公注》成書時代及其思想史、道教史之意義〉，《漢學研究》，第十八卷第二期，2000 年 12 月。

17. 鄭燦山：〈老子河上公注長生思想析論〉，《孔孟學報》，第七十七期，1999 年 9 月。

18. 嚴靈峰：〈日本康應二年老子河上公章句鈔本斠證〉，《大陸雜誌》，第七十卷第六期。

附錄：再論《河上公注》成書之時代

金春峰

一

最近，看到韓國吳相武先生《道家文化研究》第十五輯上的文章：〈關於《河上公注》成書年代〉，有一部份是與我商榷的（1）。文章發表時，我在美國，不知有此大作。最近因教學需要，翻閱、蒐集有關著作，才有機會拜讀。吳文的結論是：《河上公注》成書於兩漢之際、嚴遵《道德指歸》以後，不同意我成書於《指歸》以前的結論。

《河上公注》成書年代，確是一個重要問題，弄清楚，有利於弄清道家思想的沿流和演變。

吳先生的大文，有力地批駁了幾種成書於魏晉的說法。這是吳文的貢獻；但其引王充的說法作支點，以證明成書於東漢前，則基於對王充的誤解；其成書於兩漢之際、《指歸》以後之幾個論點，亦很難成立。

以《河上公注》出東漢者，主要論據是，道家在西漢時，講治國，是人君南面之術；在東漢，則變而爲神仙家，講長生不死、成仙。何以知道東漢時道家有此一變？因爲：（一）楚王英喜黃老，祠浮屠。桓帝祭老子，好神仙事；（二）《論衡・道虛篇》中，王充批評的道或道家，即已與神仙家合流。用這一支點與標準，他們檢查《河上公注》，認爲它的思想：（一）以養生爲內容；（二）求長生不死，以成仙爲目標；故必成書於東漢。我在以前的論文中，已充分證明，對《河上公注》的這種看法，不能成立；因爲成仙的意思，不僅是長生不死，而且要能輕舉昇雲，即飛昇、上天；而《河上公注》絕無此種思想。

因此，分清長壽意義的長生與成仙意義的長生不死，特別重要，兩者絕不可混同；而吳先生恰恰把它混淆了。

成仙意義的長生不死，以後成為道教的中心思想。這種不死，並非僅僅愛精養氣即可做到，它一定要藉助種種方術。例如，《淮南子》講成仙，有成仙的黃白之術。漢武帝熱中於長生不死，成仙，方士就提出種種方術向他行騙；如李少君的「祠灶卻老方」，奕大的「不死之藥」等等。《論衡·道虛篇》所舉，亦有「服金玉之精，食紫芝之英。」「食氣。」「不死之藥。」「辟穀不食。」「服食藥物」等。正如王充所說：「世見黃帝好方術，方術仙者之業。」（《論衡·道虛篇》）但《河上公注》中並無這些方術的說法。它反反覆覆提出的，只是愛精養氣而已。這是道家從老子以來就講的。《呂氏春秋》、司馬談《論六家要旨》及董仲舒《春秋繁露》、《淮南子》內篇，講養生，都強調這種觀點。《河上公注》亦是如此，故《河上公注》所有關於長生或不死的用語，都應理解為長壽，而它也確是在這一意義上使用這些詞彙的。

如三十三章：「不失其所者久。死而不亡者壽。」《河上公注》說：「人能自節養，不失其所受天之精氣，則可以長久。目不妄視，耳不妄聽，口不妄言，則無怨惡於天下，故長壽。」很明確地解「死而不亡」為長壽。

三十章：「物壯則老。」《河上公注》說：「草木壯極則枯落，人壯極則衰老也。言強者不可以久。」這裡，久即是長壽之意，不是不死。

十章：「載營魄，抱一，能無離。」《河上公注》說：「人載魂魄之上，得以生，當愛養之……。魂靜志道不亂，魄安得壽延年也。」就是說，魂魄永不分離，是不可能的，只能愛養之，使得以長壽延年。

七十一章：《河上公注》說：「內傷精神，減壽消年。」不內傷精神，則可以益壽延年。

五十四章：「子孫祭祀不輟。」《河上公注》說：「為人子孫，能修道如是，則長生不死，世世以久，祭祀先祖宗廟，無有絕時。」不死與久，指子子孫孫不輟，就是說是指子子孫孫這個集體，而不是子孫中的某一單獨個體。

六章：「谷神不死。」《河上公注》說：「谷，養也。人能養神則不死。」這裡，因原文有不死兩字，故亦用不死一詞，但意思還是：人如果善於愛養精神，則可以長壽，不至夭折早死。

五十五章：「不道早已。」《河上公注》說：「不得道者，早死。」這話，從反面說，就是得道則不會早死，並不是不死。與早相對的是遲、不早。

因此，第一章「非自然長生之道也。」吳先生釋「長生」說：「這不是長生不死之道，而是『本來如此、永恆存在之道』。」是很對的；可惜在下面，他又說《河上公注》講長生不死之道，如神仙家所言，從而自相矛盾了。

我的文章曾說，《河上公注》甚至主張長生不死是不可取的，因三十九章《河上公注》說：「萬物當隨時生死，不可但欲生無已時，將恐滅亡不爲物。」吳先生認爲人與其他物不一樣，可以通過修養得到長生不死，因此這裡講的萬物，不包括人在內。實際上，這章講的是天地、萬物、侯王、包括鬼神在內都要遵循的普遍規律或教誡，人自然不能例外。難道人可以不受這條規律、法則的支配嗎？通觀全書，《河上公注》反覆教導的，就是侯王、人主、人都應謙虛，戒盈，而人如果一味求長生不死，在《河上公注》看來，就是最大的貪欲，最大的不滿足，不安命，結果就會受到懲罰，反而要走向死滅了。第五章注：「天地生萬物，人最爲貴。」人明確地包含在萬物之中。

實際上，在神仙思想中，長生不死與輕舉飛昇是一體的兩面，互爲因果；不能輕舉飛昇，就不能長生不死；不能長生不死，也不可能輕舉飛昇。《河上公注》沒有輕舉飛昇的欲求，認爲輕舉飛昇是不可能的；也沒有長生不死的訴求，個別地方雖然使用了這種詞句，但從精神上看，都是益壽延年至最大限度的意思，絕不能混同其爲神仙家思想。

神仙思想，本質上是一種出世思想，所謂「遺世而獨立，羽化而登仙。」《河上公注》強調的，是治國修家修身，念念不忘與追求的，是現世的完美與和諧。從這方面看，它之沒有神仙家的思想，並非偶然。《河上公注》如此，老子亦是如此。

在《論衡・道虛篇》中，王充對老子思想作了正確的論述，指出：世俗認「老子之術，以恬淡無欲延壽度世者，復虛也。或時老子李少君之類也，行恬淡之道，偶其性命亦自壽長。世見其命壽，又聞其恬淡，謂老子以術度世矣。」就是說，老子不過是一個長壽者，類如李少君。世人以其長壽，又聞其行恬淡之術，就誤以爲他是度世不死之眞人。吳先生竟把王充對老子的看法完全弄反了。

老子確講恬淡無欲、愛精養氣，以之爲根深蒂固、長生久視之術。但其所謂長生久視，皆指長壽、延年。此種養生思想，爲《莊子》《管子》《呂氏春秋》、董仲舒、《淮南子》所共有，並非《河上公注》所特有；因此也不能由此而論證王充一定見過或讀到過《河上公注》。這一點，吳先生也疏忽了。

　　附帶指出，我在以前的文章中，指出，西漢時章句之學與注經體裁已大盛；不僅儒家如此，道家在西漢亦有章句之學與體裁，如《徐氏經說》六篇及成帝時的安丘望之《老子章句》。此安丘先生非安期生。吳先生混兩者為一而大發議論，亦是極大的誤解。

二

　　下面，我們討論吳先生關於《河上公注》成書於《指歸》以後、而不可能是它以前的幾個論點。

　　（一）關於和帛書的比較。吳先生列舉了四條引文，指出《指歸》都與帛本《老子》相同或相近；而《河上公注》則與之不同，以此論證《指歸》應早於《河上公注》。

　　應該考慮，帛書《老子》並不能證明是《老子》的唯一傳本；與帛書同時或前後，尚可能有其他版本，在不同層次、地區流傳。帛書可能是在貴族上層流傳，而《河上公注》是在民間流傳的。民間流傳的，也可能有不同的傳本。《指歸》與帛書的比較，吳先生只看到兩者之某些文句的相同，未看到其大異。

（1）帛本與《河上公注》皆為八十一章，而《指歸》則分為七十二章；其分章的根據，為《易傳》的象數思想。

（2）六十一章：帛本與《河上公注》文字為：「大邦（國）者下流。」《指歸》則為「大國者，天下之所流。」

（3）五十七章：帛本與《河上公注》皆以無為、好靜、無事為序；《指歸》則已將好靜置於末尾。

（4）六十六章：帛本與《河上公注》文字次序為「居前民弗害，居上民弗重。」《指歸》則倒置過來。

（5）六十九章：帛本與《河上公注》皆有「故抗兵相加，哀者勝矣。」《指歸》則無此句。

（6）八十章；此章眾本與《指歸》皆為：「小國寡民，使有什伯之器而不用……。」惟帛本與河上本為：「小國寡民，使有什伯，人之器而不用。」由此，意義亦大異（參閱我前文的論述）。此種現象豈不反而更能說明兩者之接近嗎？

實際上，兩種本子接近，也不能證明兩種本子時間接近。王弼本時在魏

晉，然而其文本卻與河上本相近；這只不過說明王本採用了河上本一類的抄本作底本而已。同樣，《指歸》即便與帛本全部相同，也只說明它用了帛本作底本，而不能證明它比《河上公注》早出。

（二）韓非本、帛本、《指歸》本皆以德經置前、《河上公注》以道經置前。吳先生認為這也是《指歸》在前的證據；但郭店《老子》出土，使我們有另一種看法，即：可以存在另一種傳本，排列次秩與《河上公注》本相同。郭店《老子》甲本，排在前面的，依次是《河上公注》本的第十七章十八章三十五章三十一章；而後是六十四章，即道經在前，德經在後。如果郭店本是節抄，而其底本亦分道經德經的話；則顯然是與河上本相同。

司馬遷《老子列傳》，謂其「著書上下篇，言道德之意五千餘言。」又說「老子修道德，其學以自隱無名為務。」以道在德之先，當也不是偶然的。

（三）關於從思想發展來看《指歸》和《河上公注》成書的先後。這本來是很難說的。就吳先生所舉的道與一的關係言。《河上公注》說一是道之子，又說一是精氣。道是什麼呢？它說是元氣；那麼，這就是說，一是元氣之子、精氣是元氣之子；然而它注四十二章說：「道始所生者一也，一生陰與陽也。」又成了精氣生陰氣與陽氣。而下面又說「陰陽生和、清、濁三氣，分為天地人也。」似乎人是濁氣；或天地人皆有和、清、濁三氣。這樣說，思想是很混亂的。就一而言，它既說一是道之子；但又說「人能常無欲，則可以觀道之要，要謂一也。一出布、名道、贊敘、名是非也。」就是說，一就是道或道之要。講「神明」，有時指精氣、精神，所謂「神明居之。」（第五章）「治身則天降神明，往來於己也。」（五十五章）「聖人為人所愛，神明所祐。」（第七章）但《指歸》沒有這種混亂和不清。

三

要證明一本未知時代之作品之時代，關鍵是找到一可靠的支點以及確知時代的作品作為比較參照。東漢說者以《論衡・道虛篇》及《漢書・桓帝紀》《楚王英傳》作支點，以其描述的神仙思想作參照；現已充分證明其不能成立。那麼，以之為出於兩漢之際的，是否有新的支點和參照系呢？並沒有。而以之為西漢中期以前者，則可以以西漢前期黃老思潮之特點；養生與治國相結合，養生為了治國，主要面向人君，為人君南面之學，以為支點與標準。以此為支點，《河上公注》完全與之相符。以司馬談《論六家要旨》及董仲舒

《春秋繁露》爲參照，兩者亦相吻合。如（一）「因陰陽之大順。」（二）「採儒墨之善。」這兩點《河上公注》都極顯著。

其儒家思想，更與董仲舒相近，許多觀念兩者完全相同。如：

（1）陰陽五行思想籠罩全書；其具體論述，如元氣說、陰陽說、五行說、五行之王相死囚之說、等等，或同於《春秋繁露》，或同於《淮南子》。

（2）中和觀念。《河上公注》謂「稟氣有厚薄，得中和滋液則生聖賢。」「除情去欲守中和，是謂知道之門戶也。」（一章）「天道損有餘而益謙，常以中和爲上。」（七十七章）此與董仲舒論中和同。董說：「中者，天地之所終始也而何者，天地之所生成也。夫德莫大於和，而道莫正於中，……是故能以中和理天下者，其德大盛；能以中和養其身者，其壽極命。」「中者，天之用也，和者，天之動也，舉天地之道而美於中和，是故物皆貴氣而迎養之。」（《春秋繁露・循天之道》）

（3）七十九章注：「一人嗟吁，則失天心。」三十章注：「天應之以惡氣，即害五穀，五穀盡，則傷人也。」三十二章注：「天降甘露善瑞。」此爲董仲舒天人感應思想。「天心」爲董常講的核心觀念。

（4）三十二章注：「人能法道行德，天意將自知之。天知之，則神靈祐助，不復危殆。」五十七章注：「聖人言：『我修道承天，無所改作。』」與董仲舒之天及「奉天法古」思想一致。

（5）七十三章注：「誰能知天意之故而不犯之。」六十七章注：「天將救助善人，必與慈仁之性。」與董講天意一致。

（6）七十八章注：「人君能引過自與，代民受不祥之殃，則可以王天下。」七十四章注：「老子疾時王不先以道德化之，而先刑罰也。」五十四章注：「修道於國，則君信臣忠，仁義自生，禮樂自興，政平無私。其德如是，乃有餘慶及於來是子孫。」二十七章注：「聖人常教人忠孝。」如此等等。突出忠孝，講仁義、禮樂、忠信，此皆與董思想相同。

全書講節儉、反戰、有鬼、則與墨家思想相符。講天心、天意，「與天同道。」（五十六章注）亦與其上同、尊天、及天志思想相通。

（7）第五章注：「天地生萬物，人最爲貴。」董仲舒則說：「天地之精所

以生萬物，莫貴於人。」兩者亦同。人為貴，乃儒家思想。

（8）《河上公注》全書突出精氣的作用。天生萬物主要是以精氣生萬物道生一，一指精氣。德亦指精氣。精氣是道之子。養生亦主要是愛養與保持精神。神明亦指精氣。這與董仲舒、《淮南子》完全相同。董講「天積眾精以自剛。」天是精氣構成的，亦以精氣生萬物，故養生主要是保養精氣。

然而，所有以上的思想特點，在《指歸》中都不見了。代精氣而起的，是神明這一觀念。養生的思想不見了，治國養生同一原理的思想與提法不見了。

（9）《河上公注》與《春秋繁露》兩者的分章標題，風格也相近，如《河上公注》之法本、韜光、象元、立戒、歸元、顯德、順化、三寶、配天、天道與《春秋繁露》之奉本、立元神、離合根、觀德、順命、天道施、循天之道等等，皆相當相近。

（10）《河上公注》全書講宇宙生成論：元氣生天地，生陰陽，生萬物等，無本體論思想。《春秋繁露》亦如此。兩者皆認為，天地、宇宙與人是陰陽五行與精氣構成的營運生化系統。《指歸》宇宙論比《河上公注》更清晰完整；但主要是講本體論，呈滿了思辨論式和色彩，論辨與哲學思維水平比董仲舒、《淮南子》高多了，比《河上公注》高多了。如果與《河上公注》比較，怎麼可能得出《指歸》反而更接近於董仲舒、《淮南子》時代的思想特徵的結論呢？

2001 年 10 月